中国近代人物日记丛书

张廷银　刘应梅　整理

王伯祥日记

第四册

中华书局

第四册目录

1932 年(民国二十一年)

1 月 1 日(辛酉　下弦)星期五

晴暖。早晨浓霜。上午四五,下午四七。

今日有报,明日起当有数日之停。消息当甚难得也。锦州撤兵已确然无疑,张学良必与日妥协矣,华北风云真大有变幻耳。南京统一政府方于今日宣布成立,而李宗仁、白崇禧盛唱西南五省另设政治委员分会及军事财政等委员分会,同时何成濬即发起豫、陕、甘、苏、浙、皖、赣、鄂、湘九省联防以隐制之,是前途暗礁正到处可触也。然则冀、鲁、晋三省及残馀之热河及察哈尔、绥远等又将别有组织乎?抑再分裂为数部乎?统一之名甫立,分割之兆已露,欺人欺己,其谁能信托安心以任之!

硕民、圣陶来,悦之夫人来,达人、禅生来。午与硕民、圣陶赴知味观饭。饭后归,打牌八圈,夜仍小饮。饮后于十时就睡。

1 月 2 日(壬戌)星期六

晴暖,晨有浓霜。上午四二,下午四八。

本有朴安、乃乾皇宫之约,以心绪不佳,懒于奔赴,乃作函辞之。

济群书来,知在巩县孝义镇任军政部军事交通机械修造厂主任材料员。近状尚好,甚慰。惟政局变更后不识能否避免迁调耳?

承其询候殷殷,即复函报之。

福崇来,少坐即去。

安甫来信,谓病日剧,钱日短,须措借四五十金云。予有心无力,甚感为难。午后即由珏人挈清儿前往省候,贷十金与之。移时归,据云人尚出外,或不若所言之甚也。但悬念澄儿,竟又失眠,至深夜二时许始得合眼。

1月3日(癸亥)星期日

晴暖,晨有浓霜。上午四六,下午五二。

今日本拟往上海大戏院看卓别林《城市之光》,以昨晚欠睡故,颓然不果。饭后圣陶过我,约同出游,往大世界看仙霓社昆剧。至则新排之《玉麒麟》正上场,自《收固》至《告密》,中间有打有做颇热闹,故观众极盛。尚有后部在排练中,须缓日始公演云。五时一刻散,遂步至高长兴觅饮,遇云彬,合饮焉。至九时始归,顺道过来青阁,少选乃行。抵家已将十时矣。睡尚好。

偶阅《时报》号外,知锦州已陷,辽省府已移设滦州。正式军队始终未抗而退,张学良且通电自白多所曲护也。凌迟至于如此,尚复成何局面,攫位者方欣然自衿胜利,独不审己之实况正等鼎鱼幕燕乎!

1月4日(甲子)星期一

浓霜如雪,晴暖。上午四八,下午五三。

晨八时许,硕民过我。谈至十时,同访剑秋于克明里财政局营业税稽征处。以时早,尚未来,少坐待之,始见至,因约十二时在五芳斋午饭再谈,乃辞出。二人徜徉于北四川路,迤逦由博物院路、

圆明园路、黄埔滩路折至南京路。且行且谈,及到五芳斋,已十二
时矣。坐待半小时,剑秋乃来。饭已,不及二时,硕民赶车返嘉善,
剑秋亦回处,予以不甘即归,乃独自步入豫园,巡游一周而出。复
步至南京路、福建路乘电车以还,抵家正三时二十分也。

　　晓翁送苏州稻香村野鸭与予,硕民昨亦带赠老三珍酱肉,入夜
乃取以佐酒,甚美。夜睡尚好,微觉欠适耳。

1 月 5 日(乙丑)星期二

　　晴暖。上午五二,下午五八。

　　依时入馆,看积收信件及杂志。以第一日开馆,到者寥寥,惟
本组同人则全到也。午后审查朱中翰《中国上古史要略》稿,未
毕。

　　云彬清晨见过,颇不悦开明近日之举措,予慰解之。

　　接翼之书,知苏地年假今年仍将移于阴历举行也。

　　夜小饮,饮后看《七修类稿》。九时许濯足就寝,睡尚好,惟多
梦。

1 月 6 日(丙寅　小寒)星期三

　　晴暖如三春,夜起风。上午五二,下午六一。67.5—59.4

　　依时入馆,续审朱稿。

　　为章来访,散馆后偕之归,谈至六时始辞去。

　　气候失常,疾苦丛生,天痘颇盛行,予家东邻一妇人,年逾三
十,亦复染此,不禁危慄。

　　夜小饮,饮后看《日知录》。九时许就寝,睡尚好。

1 月 7 日（丁卯）星期四

黎明雪积数分。旋晴转阴。上午四九，下午四七。32—27.5

今日始见报，故昨日上海最高最低温度得以补记之。

依时入馆，审毕朱稿送柏丞。柏丞约谈，颇细询朱底蕴，始知系名法曹朱献文之子。旧根柢尚不弱，又加用功甚勤，将来大有成就也。散馆出，与调孚同往上海大戏院看卓别林《城市之光》。七时散出，在南京酒家尝所谓原焖腊味饭以归。

复儿走路不慎，跌伤鼻梁，至险。予适归，急往请周医，会出诊未晤。因走药房购玉树神油归涂之，幸尚未发热，且获安睡，心稍舒放。多儿之累如此，真不易为父也！

1 月 8 日（戊辰　辛未岁十二朔　月建辛丑）星期五

晴寒。上午四〇，下午四三。37.6—19.2

依时入馆，制上年下半年度工作报告表。以福崇下午未来，须明日始可了结。

散馆后，请周医来家，为清、漱、润、滋四儿施种牛痘。

幽若来，下宿予家，与清儿同榻。

接乃乾信，属考一事。同时获振铎信，知十四日南返，十五日必可相见也。

夜睡又不好，二时后始合眼。

调甫久不见，今日来访，谈甚久，将散馆时始别去。

1 月 9 日（己巳）星期六

晴，较昨和。上午四一，下午四三。45.5—21.2

依时入馆,将工作报告了结,于下午四时前送出。并校夏曾佑《中国历史》复样第十二批四十页。

是夜本有聚餐之约,由李青崖召集于云记川菜馆。予以昨宵失眠,未能往,在家照常小饮而已。

珏人与幽若同往大世界看昆剧全本《十五贯》,一时半往,六时归,据云尚有可观也。

接子玉湖滨来信,知老境侵寻矣。可畏哉!

夜睡尚好,时醒时迷也。

美向中、日提警告,谓关于满洲问题如缔结有损于美国及门户开放利益者必不承认。并将副稿通知《九国公约》签字国。时局大有转变矣。

1 月 10 日 (庚午) 星期日

浓雾蔽日,近午开霁。上午四三,下午四六。50—23.7

晨,圣陶见过,谈移时去。饭后写信复乃乾及子玉。

报载美牒影响,英、法不附和,意、比从之。日本见其它帝国主义国步调不一致,利用时机,将逞狡辩。究竟如何,须看下文也。

饭后,珏人陪幽若往山西大戏院看《璇宫艳史》,潴、清、汉、漱、润从。四时,珏人偕润先归,盖不耐闷眩,竟至作恶也。适四舅及怀之先后来,谈至晚,四舅去。怀之则留宿焉。夜饭后因打牌四圈。

1 月 11 日 (辛未) 星期一

晴暖。上午四五,下午五二。60.6—32.2

依时入馆,处理杂务及看杂志。

幽若今日傍晚去。

接觉明书,知前书已达,《延平实录》已寄来矣。

夜小饮,饮后看《图书集成·山川典》。九时寝。

1 月 12 日（壬申）星期二

晴暖。上午四八,下午五一。49.5—51.1

依时入馆,仍编教科。写信复觉明。

夜小饮。饮后闲看架书,九时许就寝。睡尚好,惟时有梦耳。

南京新政府已露不支状,孙科以下俱来上海拉汪、蒋,大有不可终日之概。各省颇有截留国税者,直接影响公债,间接对新政府示威耳。蒋之潜势力如此,终恐求拜以挽之再出也。当时情景如画,实可笑之甚矣。

1 月 13 日（癸酉）星期三

晴暖。上午四六,下午四八。46.8—28.0

依时入馆,仍编教科。四时,硕民来访,谓顷自嘉善到此,已看剑秋,约五时在予家相会。因即偕出,归家以候之。及时,来,遂同步出,至天后宫,硕民引去,径返圣陶所,言明晨即归苏州矣。予与剑秋复步至福州路、浙江路角之孙济和小饮焉。以隔壁弄中之面筋、百叶、排骨、脚爪为下酒,味殊别致,亦得醉饱。何必求虚架以损实利哉!七时三刻散归,八时许到家,知梦岩曾来看我,未晤为憾。

是夕开始课濬儿以古文,清儿以《幼学琼林》。

夜十时寝,睡尚好。

1 月 14 日(甲戌)星期四

晴暖。上午四五,下午四八。51. 1—23. 4

依时入馆,仍编教科。

三九不寒反暖,真颠倒之象也。宜乎病痛盛行,传染日甚矣。

孙科等无法再留,已返京,吾恐其终无办法耳。美牒不能引起欧洲同调,力量不见充分,日本当仍持故态也。内外交煎若此,中国亦难乎其为国矣!

夜小饮,饮后课清儿,至九时止,十时就睡,尚好。

1 月 15 日(乙亥)星期五

阴寒。上午四六,下午四九。50—32. 5

上午入馆,振铎旋至,盖昨日由平到此矣。近午与功甫、觉敷、调孚、径三同出,公宴振铎、予同、乃乾、蛰云于小有天。铎初归,予今晚暂返瑞安,故叙谈;乾、云则邀来陪客者也。饭后散,予即未到馆,偕铎、云、乾共归乾所。为北平图书馆购买蒋氏所藏明人别集事,予与铎力为说合于乾、云之间,卒以三万五千元成交,先付三千元为定,立约限至四月底以前书款两交。予被拉作证人,竟署券焉。旋偕往皮书之姚石子家看书,如入琅嬛之府,计六百四十家,三千三百馀本,白皮纸居多,且五之二为天一阁旧物也。以时促,匆匆即行。归家晚饭,已将七时。梦岩适来访,谈至八时许始别去。九时三刻就寝,睡尚好。

幽若来,宿予家,谓日来厂中线物甚少,旧历年内恐无起色也。

1 月 16 日（丙子　上弦）星期六

晴，不甚寒。上午四六，下午四九。46.6—27.5

依时入馆，为陈元丰二子代报名于尚公幼稚园。

散馆后赴越然约，与调孚同去。即而振铎、蜚云、如荣、伯新俱至。至七时半，开饮。将终，乃乾始来。饮酒甚多，振铎当场醉吐，至十一时，由调孚及越然之子车送伴归。予返后已觉不支，睡至四时半醒，五时许竟吐，连续两次，天明始再合眼云。

曩所撰《郑成功》及选注之《三国志》俱已出版，今日由出版科送赠二部来。其《三国》之一部为叔迁索去。梦九所选注之《五代史》亦已转寄与之矣。大约三五天后当可递到也。

剑秋书来，托为其女芙英转学尚公。

铁笙来访，并馈冬笋红烧肉饷予。适予它往未值，真感歉交并矣。

1 月 17 日（丁丑）星期日

晴，晚转寒。上午四八，下午四六。

晨起，以宿醒不甚爽。看报后，圣陶、振铎、叔愚来访，因同出。午饭于新雅。饭后同过铎所谈，抵暮始归。承以所得明永乐刊《白衣大悲五印心陀罗尼经》见赠，并赠《故宫方志目》。据云尚有宋刊佛经续检赠予也。

夜未饮，补记昨前两日日记。将睡，里中哨声大作，因出视，知香兴里又告火警。幸未成灾，即扑灭，已大扰矣。

1 月 18 日（戊寅）星期一

阴，南风起，将雨。上午四八，下午五〇。51.4—32.7

上午入馆，近午与越然、振铎共出，赴蜚云皇宫菜社之宴。饭罢已三时，遂径归休息，未入馆。是晚振铎本约予过饮其家，兼与六逸、东华诸兄一商《说报》事。予以感倦，却之。

夜饭后周凤岐来，托为其邻儿报名转学尚公，并纵谈它事。至十时始去。就寝后又失寐。至二时后乃得合眼入梦。

1 月 19 日（己卯）星期二

阴雨，不闻檐溜。五〇。46.2—41.0

依时入馆，仍编教科。

元丰来谢，惟不能必餍其望为惭。又将剑秋、凤岐所托开单恳觉敷先为登记，俟有空额俾尽转学也。不图尚公之盛如此，皮相之誉真足震人哉！

振铎以《风流绝畅图》影片见贻，明刻之玩意也。惜已残失一帧，止连序得二十四片耳。但即此已足惊人，当什袭以藏之。

致觉录验方一则贻予，止生地三钱、麦冬二钱、北五味七个三色而已。谓连服三剂，不眠必愈。予当晚即煎服之，果大验，十时入睡，一时醒，旋入睡，黎明五时乃觉。

1 月 20 日（庚辰）星期三

晴暖。上午五〇，下午五一。50.5—40.8

依时入馆，看乃乾新影印之《磨忠记》。昌群赴津过此，来谈移时。

散馆后往访剑秋,知日人又在北四川路肆扰。本拟复往孙济和小饮,以此折归吾家。适云彬来,馈予阉鸡两头,因共饮焉。八时散去。十时就寝,睡尚好。

1月21日(辛巳　大寒)星期四

暖甚,午后阴,还润。傍晚细雨。上午五三,下午五八。61.7—41.0

依时入馆,续看《磨忠记》。下午开中学教科委员会,予不高兴出席,托辞请虎如为代表。散馆后先过振铎,会调孚同赴提篮桥人安里章雪村家晚宴。席间晤丏尊、云彬、圣陶、叔琴、光焘等,谈至十时,乃乘车归。

夜睡稍晚,尚不至失眠,时时醒觉而已。

浒关周氏表嫂及童氏表侄婿来。

信用储蓄会本年度予认十股,计月缴二十元,今日第一期款已付。上年度之款则须二十五日始可取还耳。

阅报知前晚日浪人竟袭击翔殷路三友实业社工厂,纵火毁线巾间,故昨有北四川路再捣毁华人商店事。日寇肆虐如此,尚复成何国家乎!

1月22日(壬午)星期五

阴,细雨如雾。午后停。上午五四,下午五五。49.8—44.1

依时入馆,上午仍编教科。下午出席评议会,会议仅例案,故四时即了,尚无大苦。较之上年情形,迥不侔矣。可见编所特性终不脱士大夫旧习也。

报载,日寇前日事日领已向我市府及租界工部局道歉,惟同时日舰又有大批开来,约明晨可到,且日侨又有乘机活动,效捣乱天津、青岛故智之警。然则明日或致扰事耳,可恨! 可叹!

汪精卫、蒋介石昨日入京,胡汉民则仍滞粤不肯北来。国难会议名单已发表,计一百八十人,举凡已倒军阀、复辟馀孽、财蠹、学棍、土劣、流氓一网收罗,其袁世凯参政院之故智乎? 抑着意点缀、炫宽容以博民治之美称乎?

1 月 23 日 (癸未　望) 星期六

阴,较昨寒。上午五一,下午五二。45.1—41.0

上午依时入馆。下午以为乡亲至邑庙买药黎,未入。

报载,今日午后三时日本侨民将举行居留民大会,游行大示威,且有海军司令致牒市府,要求撤销抗日运动说,租界边门亦启钥备用,大有山雨欲来之势。晚九时后就寝,尚无何项变动发生,或以吾有戒备临时戢其兽心乎?

予将《中国地方志》残稿八页并再拟以后细目及总论大纲共七页一起封固,备交圣陶转傅彬然。

夜睡尚好,惟乡亲明晨七时即须赶车还乡,故四时即为唤醒,五时起床,洗脸漱口,天犹未明也。

1 月 24 日 (甲申) 星期日

阴霾。上午五一,下午五三。54.9—40.8

清晨送乡亲归浒关,心为一舒。九时往看圣陶,适出未晤,而丐尊、雪村、均正乃踵至,遂同坐待之,因午饭焉。饭后归,见警士正在横滨路口铁路轨道旁堆置沙袋,知各隘口俱有布置,以防日寇万一之侵入。形势严重,可见一斑,不识能否稍戢日寇之野心耳。

　　二时许,圣陶来吾家问丏尊等行止,因与共出,访丏等于开明发行所。旋偕往邑庙购水仙花,正在付款之际,突有巨声猝发,附近玻窗俱纷纷堕。予疑日舰放炮,即偕圣陶急行北返,入法租界后,折至外滩观察,一切依然,似无放炮事。继至高长兴会丏等。得《时报》号外看之,始知浦江中炸毁制造局载运火药之小轮云,七时半归。

1月25日(乙酉)星期一

　　阴,夜细雨。上午五一,下午五二。53.6—42.6

　　依时入馆,仍编教科。馆中鉴于闸北毗连租界处叠置沙袋等布置,大起慌乱,又将稿件等装箱运出。以此,同人中又大受影响,其惊扰之态,较上次有过无不及也。今晚禅生母五十寿,本须往其江湾路寓所吃夜饭,坐是,遂未果往。

　　去年之信用储蓄今日取回,计获利五元四角。

　　珏人挈清儿往齐天舞台看《啼笑因缘》,向不出外,今日予偏劝成此行,盖明日虚扰,不欲伊在家空急也。七时归,予正晚饮,遂同进晚餐。据云外间甚安静,实看不出何等状况也。

1月26日(丙戌)星期二

　　阴雨,下午收燥。上午五,下午五一。46.9—40.1

　　依时入馆,仍编教科。午间偕达人、福崇往饭于禅生家。

　　形势依然紧张,各隘口之沙袋及铁丝网俱预备妥贴,默察大局似极可怖。入晚得东京消息(见《时报》号外),且有四十八小时内在上海激起剧变之说也。国联亦正开会,但终无济于事耳。予家人多,无法搬避,只有听其变化而已。

夜小饮,饮后随便坐看架书,九时就寝,竟失寐。至翌晨四时始睡。

乃乾见过,谈有顷去。催作《磨忠记跋》。

觉明书来,谓蜇云已归,颇感谢调停购得明人别集云。

1 月 27 日(丁亥)星期三

晴,早晨浓霜。上午四九,下午五二。

依时入馆,仍编教科。复信昌群、觉明,告代还之书已送去交割矣。

沪局仍紧张,相惊以伯有者自不少。但报端微露消息,当局于日本所提之条件大概一切屈伏承认矣,日人恐吓政策已收功,或不致酿成惨剧耳。顾狼子野心实无餍时,则亦难保不再有波折也。可叹可恨!

圣陶过我,将前编残稿之酬金一百十七元交付。云彬亦来,接洽三苏文选注,委托伊着手事。

散馆后过访铁笙,送十元助其卒岁。六时归,小饮焉。

1 月 28 日(戊子)星期四

阴霾。失记。

提要:是夜十一时许,倭贼突攻闸北,飞机下弹毁商务印书馆。从此,沪北各地遂化为大修罗场,毁家丧生者不可胜计。是诚生平最深刻之一日也!

晨起照常入馆。十时许,颉刚来,至午,与振铎、功甫、径三、调孚、圣陶共约颉刚往北四川路中有天聚餐。其时车水马龙,悉由北向南,箱箧什物,每车皆满,情状至紧张矣。草草食已,颉刚乘车赴北站，即转杭省亲。予与调孚归馆，则下层已阒无同人。予乃询之柏丞，知倭情叵测，租界已戒严，恐今晚不免有事也。遂即遄返，劝家人速行走避。珏人以年事正忙，家务丢不下，坚不肯行，予强之不可，而时机甚迫，乃只身携潜、清、汉、漱、润、滋六儿徒步走出。街车既不可得，而宝山路口已塞挤不通，十九路军亦露刃出防，乃由间道出福生路，始达公共租界，再走至北苏州路，始获一人力车，即命潜儿挈润、滋先乘以赴仲弟寓所。予挈清、汉、漱复行，至神仙世界门首又遇空车二，乃分乘以趋仲弟。地狭人稠，即托由弟妇觅得爱多亚路中央公寓暂住。心悬珏人，而《时报》号外载日方要求我市府已全盘承受，日领事且表示满意，形势已见缓和。予为稍舒，私计明日或可归视也。

1月29日（己丑）星期五

黎明雨，日出后止，大湿。失记。

昨在公寓本未合眼，至四时许，忽飞机声喧，轧轧不休，予已惊心，未几下雨，而机声不减，知必有事矣。至五时左右，竟发巨声如雷，乃大悸，私忖闸北、南市必同时糜烂，而珏人必遭罹不幸矣。急披衣起，冒雨出购报，知昨晚十一时倭贼即来袭闸北，我军力抗，竟获大胜，夺其铁甲车，使凶锋始终不得越宝山路而西云。但倭情急施毒，用飞机狂掷炸弹，商务印书馆总厂及火车站等处尤受攻击，商务竟全毁。予益念珏人，几致发狂，即将群雏送至仲弟处寄顿，己则废餐忘形，四出设法。访乃乾、晴帆、道始诸友，竭尽智能，迄无冒险入闸北拔救之方。延及夜初，卒废然归视诸雏。甫入门，珏人与吴妈赫然在焉。予初疑入梦，定神后始悉珏人于今晨八时随邻人胡子渊君由大场落乡走出，在枪林弹雨下旋步至下午四时始到仲弟所云。虽仅以身免,实亦不幸中之大幸矣!(以上二日俱二月十四日补记。)

1 月 30 日(庚寅　下弦)星期六

雨雪霏微。失记。

暂住元和楼上仲弟所,并租一亭子间。令濬、清、汉、漱诸儿及吴妈住亭子间,珏人带润、滋两儿先住仲弟房中小床上,予则席地房中,僵卧而已。窘态可见。

除在安卧及吃饭时,俱在外奔走,看各报号外,听谣言及炮机声。

全市停闭,钞票有好几处不能通用,兑价奇跌。租界上下午五时即戒严,九时即断绝交通。

1 月 31 日(辛卯)星期日

阴寒。失记。

情况如昨。遇息予,知已送眷返苏,己则暂住望志路君谋之友应云卫家,狼狈之状彼此正同。惟至开明访问,则亦大门紧闭,迄未得圣陶之消息,滋可虑耳。振铎、予同亦然,不知究否再得聚晤也?

夜无聊苦闷殊甚,仲弟力劝饮酒,遂进酒。睡未及明,大炮声又聒耳使醒矣。

日间在三马路访叔迁不着,无意中遇幽若,乃约其暂来予处。

2 月 1 日(壬辰)星期一

阴寒,偶露日光。失记。

情况如昨。晤道始、晴帆、铁笙、息予、致觉。

正午在福建路遇红蕉车过，即呼问圣陶消息，知已与之同住在辣斐德路刘海粟家暂避凶锋。遂与之俱往，晤其全家，彼亦仅以身免而已。相对黯然，即饭其所。饭后与圣陶同出，访晴帆，并步至四马路开明发行所晤雪村。

夜仍小饮遣愁。

2月2日(癸巳)星期二

晴寒，地润。失记。

情况仍如昨。听炮、饮酒、奔跑、访友外，无它事。

幽若急欲返苏，予即集资劝其行，嘱悦之送其登轮。

乃乾来访，见予等蜷伏一角，力劝予迁住其家。

予同住址已悉在云南路香宾旅社，乃按址寻之，已由杭州转道返温州矣。无任悽惶。

2月3日(甲午)星期三

阴森如故。失记。

是日，由元和楼上迁乃乾所，占其客室及后房，蒙一切设备周妥，并供膳食，感极！

战争仍烈，罢市如故，但银行钱庄已可聊应急需，一般恐慌乃稍平复。

2月4日(乙未)星期四

阴寒。失记。

战况市情如故。

访友奔走外,止有闲谈及听炮而已。

2 月 5 日 (丙申 立春) 星期五

阴寒。失记。

一切如故,无特殊事可记。

今日大除夕,乃一家播迁,客寄友家,虽承优遇,亦大感凄痛矣!而稚子无知,跳跃索饵,且求新衣,不几使予心碎欲死耶!室外则炮声隆隆,一若助此穷黎狂呼者,尤足悲已。

2 月 6 日 (丁酉 壬申岁正朔 月建壬寅) 星期六

晴寒,午后阴。失记。

晨八时许,偕珏人过圣陶夫妇于海庐。少坐,珏人与墨林同返陈宅。予则与圣陶往大中华三〇八号晤振铎、心南、颂久、寿白、圣五、以祥,谈救国工作及今后生活问题,至十二时,再往开明与雪村诸人商办《国民导报》事,因即便饭。

饭后与哲生、仲达赴中社商务编所同人茶话会。遇达人、禅生等,亦珍、为章来慰,痛谈被难情形。四时与振铎同归陈宅,复与之赴八仙桥一行,盖伊日内即将附轮北行也。

夜在陈宅北瞻,火光冲汉,不禁怵目惊心,想寓庐所有胥成灰烬矣。然则二十五年来心力所蓄,浩然一梦而已。

2 月 7 日 (戊戌) 星期日

晴寒。失记。

战况市情依然,谣言甚炽。

振铎来饭,明日即附轮北去矣。

2月8日(己亥)星期一

晴寒。失记。

情况如昨,无特殊事可记。

夜为《国民导报》草一文,未毕。

2月9日(庚子)星期二

晴寒。失记。

续草昨文毕,题曰《逃难纪实》,即交圣陶转去。

情况依然如昨。

2月10日(辛丑)星期三

晴寒。失记。

情形连日如故,谣言仍盛。

夜与晴帆访伯樵于其寓庐,思欲托其设法一探闸北寓中虚实。未晤,遂归。

2月11日(壬寅)星期四

阴寒。失记。

资遣吴妈回籍。

与晴帆往辣斐德路比德小学市政府联合办事处晤伯樵,托其设法调查闸北寓庐是否被毁,并询有无方法可以冒险回去一看。伊谓前途甚危,尚以不去为宜,有法可想,当再告,不得要领,即归。

夜闻明日有停战四小时之讯,即托组青雇汽车,并关照胡孟泉同于明晨回去看看,如尚有,当然取些出来也,一面即赴仲弟所,嘱其设法差干练有力之工役三人随予归,即宿后房,备明晨黎明即发。是夕因有希冀心,反致通宵未寐。(以上十二日二十二日追记。)

2 月 12 日(癸卯)星期五

濛雨,近午放晴,甚冷。失记。

未明起,偕珏人等走赴爱文义路永安搬场汽车公司待车出发,偶于门首逢仁馀里之管衖人阿宝及邻舍放印钱之某甲,向不招呼,以时会故,颠头问焉。据言予家已为炸弹所毁,并细轻之诸物俱为歹人携去矣。予大疑之,深知若辈即此道中人,因坚邀同车乘归,恐其唤渡先返再取它物也。天甫明,车发,予送珏人登车即往仲弟处详告所闻,伊亦言劫物者即里中歹人耳。旋归,心终不能贴,直待近午,珏人等始返,适所闻果确,较贵重之衣物俱囊括以去,所剩惟布被及爨具等,遂取实空箱以出。乃汽车作难先行,仅带箱五口,馀雇人力车八辆载至曹家渡,转装三手推车始达。共耗费用五十馀元,所得只破旧衣物,书则仅取十三年以来之日记凡七册,馀则旧封如故,未及携取半册也,一则枪声已作,无心再恋;二则汽车弃置先行,无法多载;三则书即不为歹人所喜,或再有机复往搬取耳。(四月廿八日补记。)

2 月 13 日(甲辰)星期六

雨,午前后雪。上午五二,下午五〇。

清晨尚未起,圣陶来访,知已迁居于福照路多福里。从容起,啖昨日取出之肉粽两枚,与共出,径赴开明书店发行所。晤雪村、雪山、哲生、光焘、薰宇、索非、海生。即将晴帆所作稿交与光焘,俾登《国民导报》。近午即饭于所中,并由雪村沽酒相饷,甚甘之。

午后二时,冒雪归,走至河南路南口,乘法租界廿二路公共汽车以行,由白尔部路口下车步返陈宅。

夜饭后开始重记此,正写字时,炮声又震耳矣。以前十馀日拟明日再补记之。

写信与振铎,即附入乃乾书中。

今日起,自治伙食,特记用账以自督刻之。

2 月 14 日(乙巳)星期日

晴寒。上午四八,下午五一。49.5—29.8

圣陶清晨来,早餐后与之同过致觉,未晤,因偕返其新寓所小坐。十一时半归寓午饭。饭后出访晴帆、铁笙,同步于福州路等处购杂物数事。三时许归寓。少顷,致觉、禅生先后见访,谈至四时半去。五时许,息予来,晚饭后八时许去。悦之亦来,谓幽若已安抵苏州矣。

写信与翼之,略告狼狈状。十一时始睡。大梦魇,家人为之惊醒。

战局如故,日军猛攻吴淞又失败。

2 月 15 日(丙午　上弦)星期一

晴寒。上午五〇,下午五二。52.7—34.2

战局仍旧,日军进攻无所获。

午前未出,亦无人来。饭后出寄信,旋归。悦之来,告其夫人与之呕气,珏人往排解。予则与乃乾同出,过中国书店,来青阁少息,晤寿祺。继访徐行可(恕)于金隆街。徐为乃乾之友,谈学颇不直蔡、胡诸人之所倡导者,谓人心败坏,国事蜩螗,举为其罪。盖纯然一顽固人物也。于其所获见王阳明手写诗卷,颇好。五时三刻,仍与乃乾同归。

息予适来,予与珏人共出沽酒购物,归共饮啖焉。

夜写信与子玉。十时就寝。

2 月 16 日(丁未)星期二

晴寒。上午五〇,下午五五。46.9—34.3

上午圣陶、息予、颂久来。谈移时,颂久先去。圣陶、息予则近午去。铁笙亦至,阅报后即行。

午后独出寄子玉信,顺道赴皖春公号商编职工善后委员会出席。晤稼轩、绍绪、公垂、文轩、原洁、通舟,并取得颉刚一日杭州所寄发行所转交信。旋开会议定常务各事,四时许散,偕绍绪同行步归。

夜与息予小饮,谈至八时半去。予亦就寝。炮声又大震,且盛传法租界亦将不稳也。总之,战局正在进展,日军方大事布防,准备图最后之一逞耳。

2 月 17 日(戊申)星期三

晴寒。上午下午均四八。40.1—28.9

上午未出,亦无人至。写信与颉刚及觉明,饭时始毕。饭后出寄信,顺道过仲弟,畅谈半日,因小饮,并夜饭焉。八时半归,仲弟送我至白尔部路口而别。即归,与乃乾长谈,至十一时始睡,竟失寐。

下午起竟宵不闻炮声,似已入休战状态。谣言甚炽,或谓法人将假道于日本济师以攻南市;或谓十九路军已有适可而止之意,将乘机罢手。不识究何如也？吾意，日人作战兼旬，毫无进展，三易主将，显有窘状，特出全力以事威胁，俾稍占面子耳。我当局苟能不为所扰，无动于衷，恐日寇虽狡，亦无所施其技也。

2月18日（乙酉）星期四

晴寒。上午四四，下午四七。

晨阅报，战况依然沉寂。大约埴田鉴于前车，不得不慎重布防，然后力扑吾垒耳。果也，入夜又闻炮声矣。

圣陶来，谈至十一时许去。饭后晴帆来，同访道始，复返晴所。须臾铁笙至，共谈至五时，乃齐出，徜徉于八仙桥菜场，各啖面一碗，平民之乐亦甚有味，何往日所怀不广若是哉！既而再涉足于爱多亚路一带，由东新桥步归。

息予两日未来，颇念之。剑秋以不得予耗，至登报访查，甚感之。明日当踵门一告其详。

2月19日（庚戌）星期五

晴，较暖于昨。上午四五，下午四八。50.7—25.7

清晨出，走金神父路南端打浦坊廿四号张宅访剑秋，晤其伉俪。欢然道幸，欣遇叹之后犹相见也。即饭其家，并承贻糖鱼多片，于二时步归。与乃乾谈至五时，出访铁笙，还其所假内衣，并约同出，小饮于恺自尔路之康逢仙。六时半散归，铁笙且送我至路口云。

夜看平景孙（步青）《樵隐昔瘰》，其中于群书题辞颇有可观，其长实合小传与书评为一体。书虽近印，已甚难得。假得乃乾，几为日来催眠常课，故每晚必展卷焉。

2 月 20 日（辛亥　雨水）星期六

晴，仍较暖。上午四八，下午五〇。54.9—33.4

倭寇定今日总攻我阵地，午后炮声突起，入夜尤震。但据各报号外所载，寇又大创，我方获战利品甚多云。寇袭兼旬，殆肆全力，卒不能一逞者，固赖我前敌忠勇将士之努力，抑亦师直为北，天实厌之也。似此大举无获，恐又将易将再图猛扑耳。然其气既馁，终不能侥幸得志矣。

晨十时，息予来，同往静安寺延年坊访子敦，未晤。盖已送侄返金华矣。即步归，午饭。饭后偕过圣陶，未遇，折至晴帆所。谈时局甚久。道始、铁笙先后至，直待垂暮乃散。既出，与息予归，少饮而别。

2 月 21 日（壬子）星期日

阴霾，傍晚细雨如雾。上午五一，下午五二。50—36.9

倭猛扑未见利，晨夜各报号外俱揭我军优势云。

晨九时，圣陶来，同过晴帆。至十一时半归，息予已在，因共饭焉，饭后长谈，至三时许，同步往打浦坊访剑秋。五时半归。

接颉刚复信，知尚滞杭垣，蒙为予介绍至武汉大学。但彼处既鲜稔识，又觉治安有不稳之象，拟谢却之。又据商编职工善后委员会转到子玉来信，劝予避往兰溪。夜饭后，写两书，一复颉刚，一复子玉，说明一切。

2 月 22 日（癸丑　望）星期一

晴，入晚微燠，致雨。上午五三，下午五四。57.9—43.2

日寇连日猛扑,卒未得逞,曾深入庙行镇,被击退。报载战况极佳,至愿狂寇早歼,俾可妥谋生活也。

上午致觉、息予、圣陶、铁笙俱来,谈至午间去。饭后,出访晴帆未晤,途遇剑华,因邀还共谈。息予适至,又续谈。移时,剑华去,予与息予过应云卫家小坐,晤君谋。旋辞出,复过晴帆,晤焉,并及道始。谈次获见《时事新报》号外,知寇军大挫,我正追击中,为之大慰。入暮,乃归。

2 月 23 日（甲寅）星期二

阴晴兼施。五三。49.2—39.4

倭贼各路俱败,竟致总退却,我军阵线大有进展,前锋已达岳州路矣。埴田无功自树,迭电求援,倭中已改派菱刈大将率援来犯,将以代埴田为司令长官云。但倭力仍注重江湾、庙行一带,屡却屡扑,肉搏甚久,是亦大堪忧念者。

上午息予来,同往访圣陶,而圣陶夫妇已来访,相左于道矣。亟遄返,则伊二人及致觉夫妇俱在,因共谈。致觉言其外舅将归乡,所赁屋可转让,当与圣陶等谈妥,拟三家合住也。未几,铁笙亦至。亭午,各散归,息予则饭后去。

接福崇信,饭后复之。旋访铁笙,偕返小饮,已五时矣。有顷,仲弟至,出翼之来书,知怀之迄未归去,殊为焦灼,不识究竟何如也？七时,仲弟与铁笙俱去,予则登楼与乃乾痛谈,至十一时始就寝。

2 月 24 日（乙卯）星期三

阴寒,下午雪。上午五一,下午四八。41.9—33.8

庙行战事仍烈,倭出死力来犯,前晚迄昨晚始得将敌解决,然我亦大耗士力矣。狂寇知庙行要区,志在必得,故死咋不休,入夜炮声震耳,犹在激战中也。

上午息予来,旋去。稼轩来,约同访圣陶,托在开明代售地图事。予订午后一时往邀之,至时过宏益医院晤谈,因同访圣陶于多福里,遂共往开明发行所,与雪山商安一切。知愈之已出院,住金台旅馆,即过访之,遇六逸、光焘、光标等。四时许归,剑秋适来访,谈至五时去。予亦过仲弟小饮,九时乃返。

写信与翼之,追询怀之行踪,不识吉凶如何也?

2 月 25 日 (丙辰) 星期四

晴寒。四八。43.9—25.7

庙行之敌仍死咋不休,晨夕号外均无解决讯,殊焦虑也。

上午息予、慰元、致觉、达人来,谈至午时散去。饭后,挈同儿出,过晴帆,遇铁笙,至五时始返。沽酒小饮,买酱鸭二角下之。夜饭后写信二通,分致梦九及调孚。十时就寝。至二时,为炮声所觉,其巨其烈,为开战以来所仅闻。中心惶惑,不识我军胜负何如也。转侧竟不寐,急待晨刊分晓之。

2 月 26 日 (丁巳) 星期五

晴寒。上午四七,下午仍。50.0—25.0

晨起得《时事新报》及《申报》看之,知庙行已转危为安,倭贼深入陷围,在小场庙歼灭千七百馀人云。此心悬悬为之稍贴。及暮又得号外,知六时后暂无战事。未几,又闻炮声续发,当十时后,复烈。

早看圣陶未晤。归后息予、致觉来,亭午去。圣陶夫妇来,铁笙来,铮子来。傍晚先后去。入夜小饮,饮后与乃乾长谈。十时许就寝。

接灿庭书,知已随父返苏。又接振铎书,知北方反日标语绝迹,天津且日货畅流,为之叹愤。承为予在北大史学、文学两系设法,并在清大、燕大谋兼课,至感。但一时未必即能成行也。

2 月 27 日(戊午)星期六

晴寒。上午四七,下午四六。40.8—28.2

晨五时又闻连珠炮声响。起看报纸,知我阵线仍未动,倭未得逞。但倭飞机竟往昆山、苏州、杭州掷弹,炸伤平民及我机三架;而其航空母舰且驶入乍浦窥探,逡巡而去云。夕刊所载,战事重心已分移闸北与吴淞,中路转见沉寂矣。

上午复灿庭书,告语一切。铁笙来,略谈即去。息予来,午刻去。午后圣陶来,少坐即去。四时许,息予复来,因偕访剑秋于其寓所,谈至六时,即留彼小饮,八时半乃走归。据剑秋言,军事绝可支持,外交亦有办法,心头为之稍舒。睡至一时,连珠炮又作,大约倭援续到,乘夜偷袭耳。

2 月 28 日(己未)星期日

晴寒,坚冰。上午四六,下午四五。缺

拂晓、午夜俱有猛烈之炮声,江湾镇已毁无可守,我军退守镇西北之防线。倭援仍大集,有死咋不休势。但同时有双方停战讯,究不审葫芦中卖何药也?

上午未出,饭后剑秋来。共访晴帆,圣陶踵至。既而道始亦到,谓方自八仙桥青年会参加"抗日血战周月纪念会"回。当场痛

哭失声者十之九,范其务报告战况尤沉痛激切,使人难过也。薄暮
与剑秋、圣陶归,沽酒浇愁。铮子寻至,因共饮焉。七时许散去。

今日致二十五元与乃乾,请其见收,复为月例。讵坚不受,约
闸北交通恢复后再说。予难为雅意,止得暂听之矣。然中心藏之,
至不安也!

苏州迄无信来,怀之下落毫无,悦之明日遄返探视,不知有何
好音也?

2 月 29 日(庚申)星期一

晴寒。上午四五,下午四七。50.2—23.0

我军放弃江湾镇已证实,倭援三万到,仍由租界登陆。吴淞沉
寂,闸北有激战,且有火。停战说甚盛,英、美、法、意四公使仍奔走
此事。大约倭方正拟出全力来扑,乘三月三日国联议会未开前,获
一胜仗,俾好说话,故作战仍烈耳。

上午十时往访致觉,告圣陶以变更计画不再顶商屋,前议作罢
云。

息予来,饭后三时去。予则于二时偕乃乾同出,访其友曹仲渊
谈无线电收音机事。薄暮始归。

翼之廿五所发信,今早到,怀之无下落,而省府民厅则已下令
通缉矣。为之大叹伤,恐凶多吉少也。

3 月 1 日(辛酉)星期二

晴,较昨稍和。上午四八,下午五一。58.1—27.3

敌攻八字桥及宝山路一带甚急,浏河杨林口且图登岸。但均
被击退。倭情叵测殊甚,一方照会我国将自二日起用飞机毁我上

海至苏州及嘉兴间之铁路,一方浓布和平停战之空气,大概援未到齐,或准备未周,故作缓兵计耳。

晨挈同儿闲步于霞飞路、圣母院路、蒲石路。归饭时,息予、君谋偕应云卫君见访,约同饮于知味观,饭后偕出赴之。二时许到皖春公号商编职工善后委员会,止晤绍绪、公垂、文轩、岳生四人,又流会。约后日二时重开。四时许,岳生与予同访圣陶,至五时半乃归。夜与乃乾谈,至十时就寝。

3 月 2 日 (壬戌) 星期三

晴和。上午五一,下午五四。59.9—32.0

拂晓仍闻排炮,战况想仍烈。乃午后剑华、圣陶来言,我军已于昨晚撤退矣。予初未敢信,而剑秋踵至,谓倭已在浏河登陆,我军之在闸北、南市者确已退走。内幕如何不得知,而将帅不合,群小拘扇以致此则无可疑。呜呼! 人心如是,尚有何望! 徒见我民族日沦日深,终于不拔而已! 予生平所受刺戟除先人见背外,此其最矣。

晴帆至,告予道始明午请饭,约合家同往。夜息予、铁笙来,亦告语前线撤退事。比送之出,北方红光烛天,盖倭已进占闸北,嗾江北蛮民纵火劫掠,藉为搜索并掩进之用也。我知我庐必已付之一炬矣。

晨寄振铎一快函,旋接绍虞来书,慰问近状并重申振铎代谋之说。

3 月 3 日 (癸亥) 星期四

晴暖和。上午五三,下午五九。70.0—35.4

我军在吴淞者亦已撤至浏河一带,正面已退南翔。从此消息日远,与此间隔绝矣。痛愤曷极!倭入闸北、真茹,大肆烧杀,我民之罹凶锋者不知凡几。一却一进,利害相悬固不可以道里计也。

晨访剑秋,知中央方面消息。息予来访,知十九路军方面消息。人各一说,说各有当,正不知究竟如何,且在夹缝中亦看不出若何真相也。闷甚!亭午,道始饬人以车来迓,予与珏人挈澝、润、滋三儿赴之。嗣晴帆夫妇来,予亦为邀圣陶至,乃共饮焉。饭后,珏人等先归,予与道始、晴帆、圣陶同往南京路,予则出席于商编善后会。晤由厓、通舟、公垂、文轩,仍以人数不足流会。四时许,偕稼轩步归。剑秋、息予、铁笙来,谈至暮,剑秋去,予与息、铁同出,小饮于三和楼,以遣闷怀,然终不能祛也。夜为窃贼所惊,几失眠。

3 月 4 日(甲子)星期五

晴暖。上午五六,下午五九。76.6—41.0

倭已深入,愤痛难名。闸北汉奸纵横,良民陷入魔窟者众,真不知人间何世也!

饭后往访晴帆,息予踵至,铁笙、道始亦到,谈次惟有叹息而已。四时半,予先归,知稼轩已来,送地图五分,约五时在福州路豫丰泰小叙。当出访圣陶,陪其至哈同路寻管衕人后径赴稼轩之约。至则酒店不开市,未晤。嗣于路上遇之,同到致美楼,并电话约雪山共饮。方坐定,爆竹声大起,继以狂呼,初甚疑惧,旋悉我军已反攻过南翔,浏河残敌已肃清,倭退麦根路,倭酋白川有阵死说,故我民众腾欢相贺云。草草食已,即步归,沿途热闹,实胜一切节景,外人亦扬巾致赞也。抵家后,悉剑秋曾来告语,家中人初亦致疑相惊,终乃大定。至十时后,犹闻爆竹不绝也。

接觉明、昌群、君畴慰问书。

3月5日（乙丑）星期六

晴暖。上午五九，下午六二。68.5—46.4

昨晚狂欢，悉等空花，倭锋已进犯黄渡矣，嘉定、太仓同时告急，昆山、常熟势亦岌岌，苏州为后方重地，故倭机时往投弹也。如此消息，取与昨晚所见闻相较，诚懊恼欲死矣。夜看《时报》号外，知仁馀里业于昨夜十时为汉奸三人纵火延烧，自一衖至五衖已毁，今日上午十一时火犹未熄云。我书一线之望，至此而绝。倭贼与汉奸之肉其足食乎！

息予、圣陶、达人、道始来。午后过晴帆谈。夜饮于乃乾所。

中宵屡觉，辄为我书籍所牵萦，拂之不去，诚苦痛也！

3月6日（丙寅　惊蛰）星期日

晴暖。上午五八，下午六〇。

我军日远，真相殆不可晓。总之不堪回首而已。我亦何心再问，致无端痛愤耶！

悦之今日本当返沪，但迄未见至，仍不得怀之确耗，甚念。

午后与道始、圣陶共过晴帆，抵晚，圣陶先归，予则偕晴、道小饮于大世界附近之天津馆。（标名四扒馆，不悉何所取意。）晴帆将有镇江之行，故聊借叙别，且浇自己胸次之垒块也。八时归，十时睡。中宵辄醒，仍不免恋恋于书籍，回想逐步经营，不觉潜焉出涕矣。

剑秋夫妇来，傍晚去，蒙慰问珏人，甚洽。

3 月 7 日（丁卯　二朔　月建癸卯）星期一

晴和。上午五〇,下午五二。57.9—36.3

军事沉寂,但倭仍增兵布防,终不免再为深入,可恨可叹!

圣陶、息予俱得工部局之通行证回家取物,息予完好无恙,圣陶则屋毁物存,仅木器损坏而已,惟致觉、达人、君谋诸家则迄未能入视,究不审何如耳。所愿诸家无恙,予亦如己之得也。

珏人挈清儿往看组青,同欲赴闸北一探究竟,始可息念。乃百方无效,卒废然以归。我意,既见报载,似难幸免,正不必冒此大险,且往看倭贼之脸也。但难违珏望,故亦听之。

傍晚与道始、晴帆小饮于正兴馆,景象之萧条得未曾有,草草终局而归。

日来接信甚多,以心绪失常,竟不能安坐作答,殊可笑。

3 月 8 日（戊辰）星期二

晴和。上午五二,下午五六。65.1—32.9

晨间剑秋来,谓有家具可借,询要否。予乐受之,既而息予、致觉至,因共谈,国事殆不可问矣。近午,剑秋、致觉先后去。息予留饭,饭后同出,过茂利公司。予则赴皖春公号,晤公垂、文轩,延至四时,无人续到,仍流会。归后,致觉、圣陶见访,入暮乃去。圣陶剩物已尽取之矣,为之大幸。六时许,铁笙来,邀同过晴帆谈,谓道始在彼相候也。至则小饮,谈至八时三刻,晴帆驱车登舟,将赴镇江。予与道始则同行各归。

图书萦念,时为切齿,倭贼汉奸真不共戴天之仇矣! 中夜惊觉,骤为浩叹。惟未经目睹,终不甘自必尽丧耳。

3 月 9 日 (己巳) 星期三

阴雨,转寒。上午五六,下午五七。48.4—35.2

清晨,偕珏人往访胡孟泉家,晤其尊人及夫人,悉孟泉于前日曾藉日同事之力取得护照,亲往仁馀里探视。路中杳无行人,危险万分,而全里尽付一炬,颓垣亦复倾倒,瓦砾之中不但不见烬馀之木,即烧残纸片亦甚罕见。是书籍什具必先已搬空,然后纵火者。浪人相纠,乃作此祸,可胜叹恨哉! 珏人归视之念已死,遂嗒然共归,相对默然而已。

午后圣陶来,谈至五时许去。七时,铁笙、息予先后至,知灵生坊、祥瑞里亦已罹火无存矣,为之慨然。九时馀,辞去。

夜买酒小饮,藉消块垒。饮后写信,竟不成。十时睡。

3 月 10 日 (庚午) 星期四

晴。上午五六,下午五八。缺

午后圣陶来,同过开明访丏尊、雪村,未晤。遂至高长兴楼下小饮,七时许归。谈次,知愈之还乡后复病甚剧,适十九路军退却之讯入其耳,竟痛哭狂吃云。甚念之。

访达人,未得建中里所在,直走至福开森路,不值,遂附电车东归,空步一小时,于以知上海寻访之难,不仅初到者感到也。

写信二封,一复颉刚,一复绍虞、振铎。

接北平景山书社汇来九十元,谓八十元系让股于颉刚之代价,十元系历年之版税。

3 月 11 日 (辛未) 星期五

晨雾,午晴,夜雨。上午五六,下午五八。56.8—40.1

晨八时,息予来,因共往剑秋所取物,珏人与偕。至则剑秋已到局办公,晤其夫人,当假得四抽马鞍桌一张,写字台一张,藤椅六把,缸一口,晾衣竹竿三根,雇一小车推运以归陈寓。时已十一时三刻,途遇剑秋,匆匆立谈片刻,即握别而行。

饭前圣陶来。饭后道始来。二时许,偕道始同出,予则赴开明晤丏尊及雪村,开明方拟出中学教科,因以国语一门相属。谈至五时许,圣陶亦至,复往北万馨小饮。饮后再过开明,谈至八时始乘车归。

陈寓楼下已布置一新,所假桌椅亦复周用。即日起,勉可坐定。四十日来,流落无着,至是乃得设坐窗下,亦大幸矣。

3 月 12 日 (壬申) 星期六

阴晴间施,黄沙弥漫。上午五四,下午五九。54.0—47.7

起坐已布置妥贴,添装之电灯亦已接通,惟适逢断火,竟未放光,大约须明日始可应用矣。

上午未出,息予来,知其夫人已由苏复出,住江苏旅馆。午后将迎以来。

下午铁笙至,因共访道始,赏其所藏扇面及它种书画甚多。至四时归,知硕民尝来访,或于明晨返苏也。息予夫妇及诸孩来,晚饭后去。

写信与硕民、颉刚、福崇、勖初,信甫发而硕至,相左矣。

3 月 13 日（癸酉）星期日

阴寒，风紧，近晚飞雪。上午五〇，下午五二，夜四七。45.0—
37.2

《申报》载商务印书馆被害损失清册已造成，计一千六百三十
三万又五百另四元，业分呈国民政府等机关请向倭廷索赔偿。呜
呼！仅一私家工厂，损失已臻巨额，它可知矣。以予方之，真沧海
之一粟耳。然受累已无穷，甚难复元也。

晨息予来，留二孩在此，约珏人伴其夫人同返祥茂里故居一探
之。

圣陶来，为予写国语教科办法大纲，旋返午膳。饭后剑秋来，
因共出，徜徉于黄埔滩头。旋走归，饮于大世界东首之言茂源。醉
后赶归，已七时矣。息予挈其二孩去，珏人亦安返寓邸矣。

夜追记先人生卒忌辰，以谱牒遭火，惧将失考也。

予同书来，知已暂就温州十中教事。

3 月 14 日（甲戌）星期一

晴寒，午后晴雪旋止。上午四二，下午五二。42.8—28.0

今日国联所派遣之"国际调查团"到沪，倭方略有顾忌，又腾
布止战空气。然贼情叵测，必捣玄虚，终恐入其勾当耳。恨恨！

晨偕珏人出阛市，购蔬肴数事归。

息予夫妇挈诸孩来。饭后，圣陶来。旋与息、圣同出，为息觅
屋，由成都路、威海卫路、慕尔鸣路、静安寺路、安南路、赫德路、海
格路、地丰路、善钟路、蒲石路一带行过，迄无当意者。最后询致
觉，则馀屋亦已另招寿氏同居矣。废然遂归。息等亦返旅邸。

夜小饮,饮后在乃乾所看其所藏书札,至十二时半乃下楼就寝。

写信复调孚。

3 月 15 日(乙亥)星期二

晴寒。上午四三,下午五四。49.8—27.9

上午息予夫妇来,圣陶来,因共往永吉里二十六号看定房屋一间,息予遂卜居焉。午后,圣陶来,道始来,息予、清泉来。薄暮,道始、圣陶先后去。晚饭后息予夫妇去。予最忌纷扰,而连日为友所纠,竟无坐定之会,不快甚矣!

今日为予四十三岁初度,午间食面,夜小饮。大乱前横,八口羁旅,复何足乐,亦暂忍须臾,聊且偷生而已。一切不存,转无算计,今后将惟乐是求,弗顾明日,或可纾死而后慰耳。

道始出示晴帆信,知已安抵镇江,方着手组织全省保卫团。

3 月 16 日(丙子)星期三

晴,较和。上午四六,下午五九。59.0—31.6

上午出外散步,近午乃归。知开明电约往谈。饭后赴之,初涉苏州河北,触目生怒,倭贼排队招摇过市,眉宇间骄气充盈,见之令人大愤。既到开明,与丏尊、雪村、圣陶商编《初中国语教本》事。共编六册,合酬二千金。约暑前先交三册,得支三分之一,稿齐后复支三分之一,印后再支三分之一。予无条件对提,已允之。

四时许遄返,知剑秋未来,而子敦及福崇均至寓见访,聿修亦来问近状。

夜小饮,饮后访息予新寓,未晤,知今夜仍住祥茂里。

道始夫人挈二子宗海、宗鲁来访珏人,薄暮乃去。

问雪村,知愈之病少减,已退热矣,大慰。

3月17日(丁丑)星期四

晴和。上午四九,下午五八。58.3—36.3

上午聿修来,谈苏、昆一带军队纪律甚不佳,闻之大痛。移时去。予与乃乾同往劳尔东路颐德里访越然,晤之。因共出,午饭于霞飞路东华俄菜馆。肴核甚丰,较流行西菜为佳。饭后偕返寓所,适寄尘来访乃乾,顺询近状,渠寓亦毁矣。未几,福崇来,贻予浦江竹叶腿一只,并告予暂住二马路源源旅馆廿三号。

剑秋来,告予已搬家在原里十号,昨日未来,系为局务不暇。

商编善后会电告赵肖甫寄予代转颉刚之书三包已取到。予即往取,躬送亚东图书馆汪孟邹、胡鉴初二先生收讫。顺道访福崇,未值,独在孙济和饮酒两碗以归。

乃乾处再三申请,始于今日决定,按月收予贴费十元。

3月18日(戊寅)星期五

晴寒。上午五二,下午五七。56.1—42.8

红耀送书一包来,开明饬以送备参考者。

予同见访,知得电来沪料检,已将存具搬出寄顿矣。

东华来,约至中国公学任教课,予谢之,不遑应也。

夜思饮,未得,乃乾招饮,乃餍之。

写信四封,寄出。

3 月 19 日（己卯）星期六

晴,夜寒。上午五二,下午五九。52.2—39.2

晨十时,与息予往访子敦,谈至十一时别。仍与息予到山西路,小饮于湖州食品公司,兼午饭焉。饭后归,挈潏、漱、润三儿往访道始家,未晤,晤其老翁。傍晚归,予同适在,约同出酒叙,乃先过圣陶,与乃乾期会于致美楼。途遇金仲华,偕往共谈,九时半散归。

《开明教本》未动手,大约须俟各友坐定不相往来始可进行也。

写信四封,寄出。负债一轻矣。

3 月 20 日（庚辰）星期日

晴寒。上午五一,下午六一。57.7—29.1

竟日未出,上午息予来。下午剑秋、道始先后至。道始约潏、漱、润偕其妻孥往看电影,己则留谈至四时半去。傍晚剑秋去,予同、圣陶来。因沽酒与乃乾共饮。半酣,息予至。痛谈至十时乃各散去。

子敦本约今日来访,待至下午四时,送一片至,谓在东华许打牌,属将息予稿带去。息予稿适于上午交到,遂转去。

予同言,辱国约必签,现时备战等空气全系戏法。果尔,则予等所牺牲者太无意义矣。政府如此而望其御侮,真滑稽之至。予等供其玩笑,以室庐书物为孤注,亦称"为国"而然,不其偊乎!

3 月 21 日（辛巳　春分）星期一

晴,较和。上午四九,下午六二。65.8—30.9

上午着手选文，并写两信寄晴帆、达人。饭后出，购《中国古今地名大辞典》于文明书局，照价八元不折扣，且无第二部书可售，别家亦竟缺货也。以本馆之人购本馆之书，乃须乞灵它店，坐受勒索，亦云扫兴之至矣。顺道访福崇，未值，留条而返。返后坐定，越然至，因留谈，至五时，同出饮于高长兴，七时三刻散归，仍过白尔部路晤乃乾，谈至九时乃去。

圣陶来。息予夫人携群雏来。圣陶言，如嫌寓中不静，可往人安里工作。予未能置可否，只得听其自然耳。

3 月 22 日（壬午　望　月偏食）星期二

阴霾，晨细雨。上午五五，下午五九。

上午选文，下午出门。先到皖春公号，知昨日与公司当局接洽仍无要领。劳方希先得二十元暂济眉急，资方则愿再发薪半月，一律解雇。相距不近，难决断。实则资方毒辣，终恐不能使劳方有利耳。

昨日在天主堂街中西书室指购《欧亚纪元合表》及《集说诠真》，当时无货，约留一元为定，即可向土山湾批货，今日即可拿到。但今日往取，并不如约，迁延殊甚，终于约期再说而罢。

傍晚福崇、达人来，同出访六逸于巴里二〇八号寓所，少坐即行，共过西门路醉有天小饮。谈至九时一刻方散，殊畅适也。

3 月 23 日（癸未）星期三

晴。上午五三，下午六〇。

晨九时，晴帆来，谓昨晚由镇抵此，将暂休数日始去。午后道始来，约在晴所相候，同赴邑庙一游。盖昨日得一讯，云闸北有大批书籍运至邑庙书摊上,故拟一往探视之也。二时许,予与乃乾同出,先过晴、道偕行,并邀铁笙齐往,至则熙攘如故,初无它象,设不见防御物者,竟若未闻战争事然,吁!怪矣!入庙巡视各摊,止见不全之杂志小说等等,绝未见新收完整之线装书。人言不足信,废焉而返。归过中西书室,居然将《欧亚纪元合表》及《集说诠真》取到,计价二元七角半。

夜小饮。息予、清泉来谈,稼轩亦来看我,未晤。

3 月 24 日 (甲申) 星期四

晴暖。上午五二,下午六〇。60.1—37.0

与倭停战会议今日上午十时开,未有结果,下午三时续开,仍无何等段落。谣言因之蜂起,惧战者大有戒心矣。实则丧权辱国,已臻水到渠成之境,千回百折,无非遮饰耳目,战平云云全不相干也。但两月以来,我军军实纪律,已屡试不灵,未见敌踪,辄为兵累,如昆山等地殆已不可讳言。则安所见其能御强寇乎!偶一思及,为之寒心。

午前息予、稼轩来,未能作事。午后仍续选文,大约一二两册可以就绪矣。四时三刻,福崇来辞行,谓明晨即赴杭矣。旋出访晴帆,抵暮乃归。入夜小饮遣愁,几致沉醉,不自知其何故而然也。

3 月 25 日 (己酉) 星期五

晴暖。早五〇,午六五,晚五六。67.1—36.9

晨起,与潜儿同过息予,邀共往雷米路雷米坊看屋。昨见报载该处有新建市屋及住宅出租,故行一视。至则屋尚未完成,询价,店面月租二十两,住宅月租六十八两云。昂贵如此,实无法应付,止得作罢。顺道过敦和里访剑秋，知里中亦尚有房一幢，月租四十两五钱，已较便宜，而"看不值"如故也。旋归，复与息予至职业教育社访卫玉及粹伦，谈人文图书馆借阅事。有顷各归。

饭后正着手选文，道始见过，同往晴帆所闲谈，薄暮偕出，过宝裕里各食物摊小吃，趣味殊佳。近七时归，知息予邀饮，且先已挈同儿去矣，不获已，赴之，九时半乃挈同儿返。席间据息言，胡石予先生近自昆山蓬阆镇逃出，军队骚扰情形甚不堪，闻之发指。养兵不能御侮，转致荼毒我民，又何贵乎具此虚名的国家耶！不胜叹愤。

接予同信，知已乘轮返温州矣。

3月26日（丙戌）星期六

晴暖。早五六，午六八，晚六五。75—47.7

上午写选文目，未能成一册，即午饭矣。饭后赴皖春公号，出席商编善委会。商务当局极可恶，对同人大抑勒，绝无办法可施，不知何以善后也。四时三刻归，知濬、清、汉、润为道始接去游兆丰公园矣。无聊甚，因出买熟菜数事，归以下酒。夜饭后始见归来。

夜看《集说诠真》，虽彼教宣传，实亦涣我真相，殊可观也。

3月27日（丁亥）星期日

阴霾，有风。早六〇，午六三，晚六一。55.4—47.1

晨九时，圣陶来，同访稼轩，偕赴提篮桥人安里雪村宅。晤丏尊、雪村、光焘、彬然、云彬，谈舆图事。原则已通过，纲目则须召集业务会议定之也。十二时，小饮于彼。午后四时始归。知剑秋、由廛、越然来访，惜未能接晤焉。

夜小饮于寓中，与家人谈时事。八时后仍写选文目，排次先后,颇不易也。

铁笙来夜谈,移时乃去。

3 月 28 日(戊子)星期一

晴暖。早五四,午六五,晚五六。61.1—38.8

午前在家着手编文目,配搭选择,殊匪易,仅记字数而已。

午后三时,挈同儿出游,惮其枯寂,故携以闲眺焉。途遇道始、晴帆,立谈片晌即归。归甫坐定,振铎忽至,□□□速,谓知沪寓未烧,且乘春假来料检一切也。谈至暮,偕访圣陶谈。入晚,复折回寓所对饮。九时许乃辞去。

振铎坚邀赴平,执教于北大、清大、燕大三校,谓功课已支配妥洽矣。予甚感其意,而事实上碍难即行,面辞之。但仍不能绝,或暑假后不免一行也。

3 月 29 日(己丑)星期二

晴暖。早五四,午五九,晚五七。60.8—38.7

晨出访息予,晤之。继访六逸未遇,留言而归。

子敦来,谈至近午去。傍晚振铎来,谈有顷去。

乃乾邀往东华俄菜馆午饭,席间遇胡朴安、惠生及姚石子、高君定。饭后归,复出访致觉,知渠外舅已归嵊县,馀屋亦已分租于人矣。日来为住房事真大成问题,看过者俱难协,报载云云又不敢骤信,颇踌躇。

选文查字数已将就绪,偶有几篇寻不到,致阅时极多也。

勘初书来,慰予遭际,以一切不理会相勉,殊透辟。

3 月 30 日（庚寅）星期三

阴,晨有细雨。早五二,午五四,晚五三。48.2—43.2

上午仍选文记数,未它出。下午为乃乾作《磨忠记》跋文一首。五时出,过圣陶,同赴胶州路合丰里高宅振铎之约,晤丏尊、雪村、六逸、东华,仲云则约而未至。谈至夜饭后九时半始散,知雪村所住人安里中有住房一幢可出顶,约明晨往看之。

振铎坚约赴平,予谢不往,似甚辜负其美意者殊歉仄也。

3 月 31 日（辛卯）星期四

晴和。早五二,午六一,晚五三。63.3—37.2

清晨起,与珏人同往看圣陶夫妇,迎朝暾,乘疾车,径赴提篮桥人安里晤雪村,偕往里中看屋。屋东向,凡二层,尚宽畅。当托雪村代洽,明日听信。少坐,归,顺道过元芳路元芳里闻宅,知乱剧时西邻曾中流弹,击毙甚众云。旋寓后接翼之书,谓苏州正布防,沙袋电网重重,殊怖人也。不识驻军何意,岂外传十九路军将自谋出路,必与蒋系部队冲突耶？抑别具用心耶？外侮日亟,内哄转烈,瞻念前途,欲哭无泪矣！

午后公垂来,商下星期邀客茶话,一申商务当局凌压同人状。予意,未必有效,以已发,则亦赞成之。三时许,偕乃乾往访越然,谈至薄暮,同行归吾寓,呼酒共酌,并电邀振铎与焉。十时半散。

息予来,谓梦岩曾来访未值,翌日或再谋一晤。

4 月 1 日（壬辰）星期五

晴和。早五二,午六五,晚五八。69.6—39.2

早晨出,寻面吃,直走至沪城桥五芳斋始得食,路经成都、白光诸路,弗恤也。十一时归,即入手写定国语选目一二两册,至晚始集事。

人安里屋已由雪村说定,顶费一百四十元,天然及云彬俱向予转租,已允之。事由墨林来说。

夜小饮,与珏人闲争,颇动气。盖予遭乱无家,主以后不再刻苦,得乐且享,而珏人则仍持俭约,谓难后愈需刻厉以图速复也。其实二说各有当于理,执着则举不可通耳。事后思之,一笑而罢。

振铎来,薄暮去,说定暂不赴平,且俟一年后再看情形如何也。

4 月 2 日 (癸巳) 星期六

晨晴,午阴,旋晴,复阴。早五六,午六三,晚六四。73.4—47.1

晨起写定《国语教本》第一、第二两册选文目。

接薛用裕书,告表兄周葆福已于旧历今岁正月初七日病殁。信由办事处转商编善后会,今晨始见送到,无法致唁,痛悼而已。

饭后往访道始,适值它出,未晤,晤其妇弟聂文权,前托代装之《欧亚纪元合表》已由聂君取到,即交予。便取以归,顺道取染片焉。抵家少停,复出访晴帆。渠尚未赴镇,故得晤谈。至四时半,同出,到中西书室托换《集说诠真》。旋过泗泾路利利公司文艺部闲看。薄暮归,过宝裕里各啖牛肉汤二碗。及抵寓所,已掌灯矣。

4 月 3 日 (甲午) 星期日

阴雨,晴日,乍忽不常。早六一,午六四,晚六五。72.2—52.7

饭后往访圣陶,偕返候振铎。三时许,铎来,谈至四时半,三人同出,小饮于高长兴。七时许散,购儿饵数事,乘车归。

夜八时,觉敷见过,谈馆中近事,至十时许乃去。是夕本已薄醉,睡魔纠缠,不可暂却,幸觉敷至,重鼓谈兴,遂得维持二小时云。

梦九书来,谓予却其接济为体谅,可征前此之所言都匪由衷,幸早却之,否则通问为告帮,似不犯出此矣。

4月4日（乙未）星期一

晴,大暖。早六五,午七五,晚六九。77—53.4

晨九时出,访振铎于胶州路合丰里,向借《涵芬楼古今文钞》一百册。谈至十一时,唤人力车载之以归。饭后正着手选教本后四册文,道始来,因与俱出,访晴帆。晴帆外出未晤,乃去而之棋盘街,小憩于冠生园。薄暮仍偕返晴所,晤之,知渠不日即将入省,任保卫团教练养成所教员云。七时归寓晚饭,知振铎在开明发行所,曾两次电话约往饮酒,但时已宴,未及赴。

夜呼汤濯足。选文三十篇,尚未写定。

4月5日（丙申　清明）星期二

昙热,下午大风扬沙。早六五,午七二,晚六八。77.7—55.8

午前选文,十一时即饭。饭后往晤仲弟,询悉在苏、在锡、在宁营业状,尚未折阅,甚幸。谈至二时许,偕出,伊赴齐天,予则过中西书室易得《集说诠真》第二册以归。归后仍续选,掌灯乃罢,沽酒自劳,七时半晚饭。

夜振铎见过,明日即须北行,特来话别也。

中日停战会议今日又休会,须明日再开小组会,后日再开大会云。但道路传言,条件等早经讲定,所以连连不决者,当局故作曲

折,俾民众空气缓和耳。果尔,则吾辈老百姓止有被蒙受欺矣,曷
胜痛愤!

4 月 6 日（丁酉　三朔　月建甲辰）星期三

晴,陡冷。早五六,午六三,晚六一。61.2—40.6

晨得圣陶电话,谓明日房屋即须交替,属予即搬,予以业定九
日移家,一切未及收拾,当转托云彬为予照料之。

饭后往访剑秋,告将搬家。旋归,知晴帆曾来访,乃走晤之。
三时许返,知蜇云、振铎俱在,因纵谈。薄暮各散。晴帆与振铎俱
于今晚行,一赴镇江,一归北平。

夜小饮。致觉来谈,少坐即去。

予以将搬,特向乃乾假得《四库提要》、《康熙字典》、《中外纪
年通表》及《历代帝王庙谥年讳谱》、《历代讳名考》、《涵芬楼文钞
小传》等六种,将携以行,资参考。

4 月 7 日（戊戌）星期四

晴,午后阴翳,微寒。早五六,午五七,晚五四。51.8—42.8

准备移家,颇不宁于伏案。饭后致觉来,坐至二时半,偕乃乾
同出,径赴新新酒楼大厅,参加商务职工善后会之茶话会。晤同人
不少,并及圣陶、仲云、雪村、六逸、东华、丏尊、望道等。席间演说,
以沈衡山(钧儒)为最透辟,潘公展次之,麦朝枢身处现官,说话较
难,故辞亦最下。薄暮散,予与由廑、越然、乃乾至高长兴小饮。邂
逅一朱某,无锡人,现任常州中学校长,为越然之友,因招与同坐。
此人好言相术,满口胡柴,殊可厌,不审何以得竞校长也? 九时许
散,与二周同乘归。十时,万里来,谈至十一时许乃去。十二时就

寝,因之睡不甚安。

4月8日(己亥)星期五

晴,不甚暖。早五四,午晚俱失记。

理物后触景生感,颇不怡。午后出访息予,不晤,废然独行。至南京路遇云彬,遂同往马上侯小饮。至五时许,各散归,知乃乾、道始、悦之俱送糕馒,聊壮吾行。不图辞离之后,乃有此象也。

夜十时,将睡,蜇云来,又谈至十二时始去。予就寝已将一时,而明晨将搬家,睡眠因而不佳矣。

4月9日(庚子)星期六

晴不甚烈。上午五八,下午六二。

晨起整理什物,待至九时,组青始来。乃电约平安搬场汽车公司放车即至,九时四十分起装,至十一时十分卸讫,连人带物由白尔部路到茂海路人安里新居,共历一小时半,便矣。下午晤雪村,办清搬场手续。旋归理物,至暮始粗定。夜与云彬、光焘、幼雄、彬然等共饮于雪村家,九时许乃归。以稍劳兼多饮,睡至二时,竟作吐。

里中环境尚好,惟南面有倭人所设料理店一家,水手等每哗笑轰饮其中,颇为恼厌耳。

4月10日(辛亥)星期日

阴霾,薄暮有雨。上午六〇,下午六一。66.6—53.8

晨起与珏人入菜市,百物俱有,仅亚于虹口及八仙桥耳。购《时事新报》归阅之,知时局依然混沌,而闸北汉奸活动之力乃大增,甚愤!

写信六封,分致悦之、道始、息予、致觉、孟泉、剑秋,告搬定矣。

饭后往直隶路同义公二楼编善会新会所开会。遇纬平、由崖、越然、稼轩、公垂、通舟、文轩等。文轩落魄无归,同坐醵资助之,予亦出一元。傍晚乘车归,车中遇倭甚多,几乎气破肚皮,然无可如何也。弱脆至此,亦复何说,惟有自求多福,勉图孟晋而已。

夜翻检《文钞》,冀有所获。至十时就睡。

4 月 11 日(壬寅)星期一

阴雨。上午六〇,下午六二。57.2—52.5

坐雨不出,闷甚。至傍晚,冒雨出视,行人不多而捕房之白俄军则出防立道侧,形势殊紧,意惴惴,少立即还。晚过圣陶、丏尊、雪村饮,且商教本编例。至九时许乃归。

向开明借得《古今文综》、《史记》、《汉书》及《历代文评注读本》各一部。案头多供,或自此始,惜俱收已有,不免触景兴感耳。予原借《楚辞集注》,误以云彬所假《评注读本》送来。旋将《读本》转云彬,俾再借。

4 月 12 日(癸卯)星期二

晴冷。早五六,午五九,晚六二。64.4—48.2

上午写信与颉刚、振铎、翼之、达人、觉敷及仲弟。

下午选文,修正一、二两册预定目。

夜小饮,饮后题记《帝王庙讳年谥谱》。十时就睡。

迁来新居已三日,渐习矣,竟日能坐定,大可慰,或将勉赴工作,藉获八口之粮乎!

时局依然,问亦无益,只索置之。

向圣陶借得《荀子集解》六册。

4月13日（甲辰）星期三

昙，时露日光。早五九，午六三，晚六四。64.4—47.5

上午重写定第一、二册教本目。饭后出，购信箱铜口于先施，菁华卫生香于老妙香室，三时许即赶回。候木匠不至，甚恚。入夜小饮，饮未毕，聂文权来，晚饭后，送其登车始返。十时就寝。

看《大晚报》，知马占山遁入俄境，又通电反正。是等反复之人，终难全国人谅解矣。予前亦激于义愤，慨然捐款汇黑以济之，虽杯水，然众擎之一拳，未始无力也。曾几何时，彼且出席沈阳，参加组织伪国矣。此番无能托足，远遁异域，又复肆其簧鼓，来相絮聒，岂前欲未餍，再冀人之受愚以大填其壑耶！呜呼！颠矣！

4月14日（乙巳　上弦）星期四

晴暖。早五九，午六五，晚六三。72.9—47.5

晨十时，与珏人偕往乃乾所。先过致觉，晤其夫人，知致觉已就职水灾救济会矣。旋赴仲弟居，谈至十二时许，复赴乃乾宴。同席为朴安、积馀、君定、蕰云、越然及吴昌硕之子，主客凡八人。二时许散，得瀞华电话，知道始夫妇在寓见访，因复电约至其家相晤，乃接珏人同往道始寓，则赋归已久，谈移时始别。七时到家。夜仍小饮。

途遇息予夫人，约息予及立斋于明日来午饭。

4月15日（丙午）星期五

阴霾。上午六二，下午六五。70.7—49.8

上午填写战事损失登记表，备送社会局存查。十一时半，息予、立斋来,谈近事甚畅。饭后梦岩来,谈至四时,俱去。旋致觉来,谈至薄暮去。夜过圣陶谈,托将所填之表带交联合办事处。八时归,仍小饮。十时寝。

日来选文,以手头乏书,颇感困难,回想己藏,悉成煨烬,不禁痛心!

曲园手写《病中呓语》诗蜕景四片,偶检得,适潊、清偕滋前往乃乾所盘桓,乃作书付之,俾面交乃乾备印出。

4 月 16 日(丁未)星期六

晴和。上午六二,下午六四。68—50.5

竟日排次选文目,至晚四册都毕。中间木匠来装修,略分力监视,致五、六两册卒未能就。夜饭后,携之过访丐尊、雪村、圣陶,商略增损,至十二时始定。归饭已晚,又为鼠子所扰,眠不甚安也。

本约息予、梦岩今日来饮酒,得电话,知有它事不克来。

战事损失登记表送去后,居然掣得印收一纸。或者将来有万一希冀之慰藉,此殆其左券乎?

文祺附云彬书中来一信,于敝庐及书籍被焚大致慰问,可感也!

4 月 17 日(戊申)星期日

晴阴兼施,傍晚微雨。早六一,午六五,晚六七。67.5—51.8

上午写信三封,分致子玉、君畴、福崇,告搬家。

下午处理杂事。二时许与珏人、同儿过存闻太太,晤其子云斋。四时归。五时复与圣陶出,共赴寿白、觉敷功德林之招。同席为心南夫妇、南陔、颂久、炼百、以祥、勤馀、允功等,大都商务旧同事也。谈甚酣。觉敷将有蜀行,已约定任教于成都四川大学。故同人特订十九日下午五时在原处设饯。八时半归,抵家已九时十分,略看堆案之书,至十时就睡。

4 月 18 日（己酉）星期一

晴,燥烈。上午六三,下午六八。73.9—46.2

早起布置卧室。至十时,与丏尊共到开明编译所,选定教本四册,并借书而还。方予之未还也,息予、梦岩寻踪来,因偕归,呼酒共饮。午饭后,谈至三时,辞去。四时,云斋来。四时五十分,乃乾夫妇来,云斋六时即去。乃乾则晚饭始行。

复儿呓嘈,颇不堪耐,扰至十时,予倦甚矣,即睡。乃耗子作恶,悉悉索索,时倾盆盖,因为之数起,苦极! 明日当亟求乌圆治之也。

选文诸事已定,即日可入手编参考书矣。外缘少减,当能顺流进行。设友朋往还频数,恐迟迟不得即成耳。

4 月 19 日（庚戌）星期二

晴暖,类初夏矣。上午六三,下午七二。83.3—49.1

早起重整室容,至十时,与珏人出,历访修妹及组青俱不晤,盖已搬走矣。上海搬家固不为奇,特事先绝不见告,致予等空跑则殊不快耳。此行本为乞猫,既空手而归,遂购一捕鼠之笼。十二时抵家,少坐即饭。饭后从事教本,备写齐篇目即发排。至四时许,钞二千馀言。五时十分,偕圣陶同出,共赴功德林公宴觉敷。到前日原班,谈甚乐。九时半散,归家已十时十分矣。略坐便睡。睡至十二时鼠子群出。有顷,笼机发,获一硕鼠。亟起杀之,投诸户外饲野猫,乃睡未几而啮声复作。恨极,终以蓄猫为念矣。

4 月 20 日(辛亥　谷雨)星期三

晴暖,较昨和。上午六五,下午六八。70.9—52.5

竟日未出,写所录文。傍晚过圣、丏、雪谈,因共饮。十一时乃归。

报载和会明日有续开说,大约早经秘协,一切屈伏而已。可叹!

达人正在办函授史学,今日接其来书,猥以讲席相属。予苦无暇,复乏此兴,止得婉谢之已。

乱后无书,每有所需,触手生障,恨甚!此次所遭,创最巨、痛最深者,莫过焚书矣!终身难忘,何日可已,惟有含辛茹苦,徐图恢复,再求得当以报耳。

夜又获一鼠,较昨获者差小。未即处之,翌晨将以喂邻猫。

4 月 21 日(壬子　望)星期四

晴,午后昙。夜雨。上午六一,下午六五。77—46.9

上午在家编教本之目。下午帮同家人搬箱移橱。二时半,与幼雄出,先过六马路汤有为律师处登记火险单被毁,备将来向承保之公司交涉。旋至直隶路同义公商编善后会出席,知公司解雇同人事已呈由市府批准矣。公司利用时机,横压同人,无所不用其极,将来终难幸免一场恶斗也。四时许归,仍编教本。晚过饮圣陶所,晤章元善。谈至九时半乃归。

夜张机捕鼠,无所获,盖迭获其类,已知敛迹多多矣。

4 月 22 日（癸丑）星期五

雷雨,午后止,晚晴。上午六六,下午六八。67.5—56.3

编写教本,初无暇晷。饭后立斋至,邀出为息予看屋,屋在百老汇路永裕里,地新而价昂,索顶费二百二十金。当然不成,即归,少选,立斋去,予仍续写教本。至六时半,予乃呼酒小饮,得当一休之。

教本四册之材料已选全,仅有五篇未及写。明日当尽一日之力写成交出,俾先发排之。

4 月 23 日（甲寅）星期六

阴霾,转冷。上午六六,下午六五。67.1—56.1

晨起赶写选文,至十时半毕,当即走仁兴里与丏尊、雪村一谈,面交发排。饭后抽空写信四封,分致子敦、乃乾、晴帆、朗泉。四时,挈同出游,步于昆明路、舟山路、汇山路以归。傍晚乃乾夫人电话至,谓新装无线电收音机,请珏人往听云。未几,雪村来,商选文发排诸问题。良久,予约下星一往仁兴里整理始定。旋归小饮,八时夜膳。

午后二时幼雄来,谓开明将送钱至,请先洽。四时,纪耀来,送到一百伍拾元。嗣问圣陶,知将月以为例云。大约依次致送,至预期之数满为止也。眼前生活,唯此是赖,过此以往,则非所计矣。时至今日,谁亦不能预为来日之计者,故暂得此数亦大足慰安耳。

4 月 24 日（乙卯）星期日

阴霾,下午雨。陡冷。上午六四,下午六○。62.1—54.7

晨餐后,与圣陶及其太夫人同乘四路电车到华龙路,彼等过访江家,予则径往息予所。未几,圣陶亦来。谈有顷,予则行,趋访剑秋。剑秋适出晤友,待其斋中良久,近午始见归。因饭其家。二时许辞出,本拟过道始、乃乾,以天雨,乘车即行,径归矣。

夜饭后看《绝妙好词笺》。

息予假予《辞源》及《续编》,由梦岩带来,适予出相左,未及晤,颇歉。

息予夫妇约二十六日来,剑秋夫妇约五月一日来。

4 月 25 日(丙辰)星期一

晴,不爽快。上午六〇,下午六二。69.8—44.6

晨九时,到开明编译所,编写教本,下午一时半复往,五时始毕。夜饭后仍过雪村讨论,抽去《红楼·刘姥姥访园》一篇,重选《入园题匾联》一篇,然犹未大定也。

文祺今日由碛石来沪,在雪村所遇之。谓二三日后将赴南京一行。

复儿体中不适,连日呀嘈,今昨俱发热。由吴天然小姐投以退热剂及消化剂,大约可无碍也。

教本四册虽已臻写定之域,而钞写纂钉,须第一批校样出后始可入手编参考书。故日内不必遽成,终日翻书写字耳。

4 月 26 日(丁巳)星期二

阴沉,下午雨,入夜尤甚。上午六三,下午六六。68—51.8

上午十时,悦之全家来,十一时许,息予全家来。因大谈,共食。饭后,云彬、文祺复集,又纵谈,忘窗外雨声矣。三时出,购奚铁生山水立轴及文衡山字幅于中华书局,五时归,今晚本有寿白、觉敷青年会会餐之约,以天雨道远,且家有客来去,遂径返未赴之。就雪村家打电话谢过,乃不得通,歉甚。夜八时许,悦之、息予两家冒雨乘汽车归去。予亦只索张画挂字,极劳而后睡。

4月27日(戊午　下弦)星期三

晨昙,午雨,遂连宵。上午六六,下午六八。72.1—57.0

上午写信两封,分致觉敷与寿白。

下午作《秋夜》参考,至暮毕,约得千馀言。明日当与圣陶、雪村一商榷之。

夜八时许即寝,以连晚为两儿所扰,颇少眠,故早睡以足之。但中夜啼作,依然数起也。

今日组青本约来饭,待至夜未见到,大约因雨改期矣。

4月28日(己未)星期四

昙,偶露晴光。上午六五,下午六六。70.7—56.3

晨与雪村、圣陶商参考书排列式,并增损内容数事。

上海和会又将续开,且日兵颇有撤离者,大约不致再有战事耳。予虽受害綦笃,而对此时局已成死灰,亦早漠焉置之矣。非敢忘也,实缘一人之力徒有出愤,无补时艰也。故日常看报,不过循例而已。

下午四时,云斋来,送予瓷碗二十、痰盂二、小凳二、蛋四十,感甚! 谈至傍晚去。

云斋去后,予挈同儿出寻纸店,欲购信封、信笺。乃行至公平路,竟不可得。所见押当居多,酒店次之,卤货烟纸店又次之,药材店又次之,足征是处居民为何等人矣。

作教本参考《没有秋虫的地方》篇,约数百言,未完。

4 月 29 日 (庚申) 星期五

阴雨。早未见点。冷。六六。64.3—55.8

早起闻角声,出里看之,见倭兵整队由汇山码头来,经茂海路、昆明路以去,历半小时,所过殆三千人。予疑国际形势突变,故又增兵往闸北也。既而阅报,知今日为其酋诞辰,所谓"天长节"也。大约参加阅兵式以事庆祝耳。旋出购纸,见倭舰、倭商店都悬旗,而十时左右复见前兵折回,仍向汇山码头去,是参加阅兵之测度为不虚矣。归后完结昨作之稿,并另起新稿。饭后正欲写信(以邮资将于下月一日加半,故乘时写之),而觉敷、息予先后至。谈至四时,觉敷去,渠后日且登轮西征矣。息予亦过圣陶有所商,予遂乘间作书,一寄绍虞,一复颉刚,一复达人。抵暮,圣陶接芝九已回国住新新讯,因电邀夜餐,并约予过谈。谈南洋风土极有味。九时各散。

晚报消息,今日上午倭在虹口公园阅兵,韩人尹奉天〔吉〕掷炸弹向司令台,伤公使重光葵、司令大将白川义则、沪总领事村井仓松及中将野村等。确否待证。

息予为我购得《中国人名大辞典》,价七元六角。劫后复得,此为第一矣。

4 月 30 日 (辛酉) 星期六

晴,仍湿,恐将雨。上午七〇,下午七二。80.6—55.9

阅报,知昨日倭酋受炸成伤事已证实。天殆假手韩人以惩膺之乎! 虽不尽歼,人心快矣。弱国无力以刺仇,冀天望人,然而耻矣!

闻明日邮资将加价,今日大写信,凡十封,就本市递送者二,寄外埠者八,自朝至午未辍,亦云劳矣。下午一时毕之,亲送至邮局投去,顺道陪珏人及汉儿上车。伊等至齐天舞台看《啼笑因缘》中集,六时始归。

予续作参考。垂暮挈同儿出购鞋,入夜仍小饮。

5月1日(壬戌)星期日

闷热而昙,未致雨,幸也。早六九,午七六,午后七九,夜七五。

剑秋本约来午饭,乃饭后而至,四时许,乃乾夫妇亦来。谈至六时,乃乾等去。予遂与剑秋小饮。七时半,剑秋夫妇及其女侄等亦去。一日晤客,颇倦矣。夜八时,丏尊、圣陶、云彬见过,谈至十时许乃去。一事未作,说话可载一舟,客行而睡魔早催矣,即睡。

同儿连日腹泻,服"药特灵"后稍稍好。明日如尚不痊,当为赴医也。

虹口公园之役,有何端者,为倭居留民政治委员长,"一二八"事作,彼为便衣队领袖,即前嗾纵火加害于三友工厂者亦出彼獠毒谋,竟最先以伤重死。死状且甚惨云。一若首恶之伏显戮,亦快矣哉!其馀野村失明,重光损股,有责者俱得当以蒙警,此一击真挟雷霆万钧之威矣!然韩人已大受累,法租界韩侨被大索,株连既多,拘而横死者恐无从计数也。吁!酷虐甚矣!

5月2日(癸亥)星期一

晴暖。下午前曾见蒙雨。早七一,午后七三。82.9—63.5

作国文参考,成绩甚鲜。盖诠释并不难,而文法等配置则颇费周章耳。

饭后挈同儿出,先赴同义公缴商工收容捐款,公垂、通舟俱不在,晤绍绪。坐候良久,不及待,乃将款及捐簿存根付茶房姚应保,属转交公垂而行。过扫叶山房,颇欲有所得,乃琐碎无当,竟掉头归。

夜小饮,饮后醺然,少坐即寝。

同儿腹泻已略痊,次数已减少,惟禁食甚感困苦,颇无善法处之耳。

息予电话来,谓其居停韩人即将迁离,有什物斥卖,邀予夫妇一往看之。予约明晨偕珏人赴彼看物。

5 月 3 日 (甲子) 星期二

昙,闷热,入夜雷雨。上午七三,下午七九。

清晨与珏人偕出,乘七路电车到抛球场,进点于北万馨。既而转乘五路到东新桥,复换四路到吕班路口,步至永吉里息予家。当看定衣橱一、五斗柜一,付代价二十三元,寄顿于息予所,候便往取。谈至十时三刻,辞归,仍步至吕班路口,乘四路电车径归。抵家才十一时一刻,交通亦便甚矣。饭后少坐,挈同儿就里口永洲理发所理发。三时毕,即归家续作参考。

夜七时,云彬招饮其家。同坐有胡伯恩、傅彬然、叶圣陶及云彬之房东章君。八时许散,看仲盐、伯恩、彬然、云彬打牌。九时雨过,即返家。知幽若已自苏来,在此晚饭后仍归其舟山路周家嘴路故居云。并悉仁丈及怀、翼状况俱大窘,时艰运屯,同此一叹矣!

5 月 4 日 (乙丑) 星期三

闷热异常,入夜仍雷雨。上午七六,下午八二。88.2—67.8

竟日未出,上午以取来橱柜,力为腾布地位,饭后始罢。午后苦闷,又不能久坐,仅将《水经注》"三峡"段诠释完竣,已费二小时矣。敷演诸项迄未能着笔也。夜小饮,饮后濯足洁身,始转疲劳为舒适。

十时许,剑华见访,谓新中国已租定房屋在均益里(二十七号),仍将进行,当交付稿费六十元于予。旋去。傍晚,圣陶、云彬来,谈至掌灯去。夜饭时,幽若来,留宿予家。夜饭后,稼轩来,约日内偕丐尊、雪村、雪山往观其地图工作,并谈商工情形。良久乃去。知商务解雇条件已由社会局调停,当局拟出薪水一月(前发半月外再找半月),及应得退俸金之百分之十七云。不识能就此压平工友否?

接子玉、逸殊信,逸殊逍遥湖上,子玉则将偕其居停至洛阳别谋出路也。

5 月 5 日 (丙寅)星期四

晨雷雨不辍,午后止,陡冷。上午七一,下午六六。61.7—58.8

在家作国文参考书,第五篇已得大半。五时许,雨止路干,乃将稿本收拾,出外散步。由茂海路、昆明路、塘山路、舟山路、周家嘴路、公平路,仍折回塘山路以归。夜小饮,饮后过圣陶谈,九时许乃返,记日记而后寝。

接灿庭、君畴信。知锦珊父子将复来沪,君畴则奉令去官矣。

幽若今午饭后去。

上海中日停战协定今日上午十时在英领事官舍签字。协定分缮中、日、英文三种,今日先签英文本,明日将续签中、日文本。一月二十八日以来,流离琐尾者三月于此,卒成城下之盟,不解政府与躬与签字之十九路军代表究作如何感念耳。吾辈无端毁家,代价乃如此,诚不知何故牺牲矣!可叹!可愤!

5 月 6 日(丁卯　立夏　四朔　月建乙巳)星期五

晴,不甚烈,颇冷。六三。67.5—53.4

晨与同儿闲步,见昆明路之下海庙门户洞开,香烟缭绕,知朔望始启户,故前此寻访未得入览也。今遇此机,遂携儿俱入,房屋不少,凡有三院。主祀忠显王,不审为谁,大概城隍土谷之神耳。庭前铁鼎铸有"夏海庙"字,想民间滨海而处已久,习闻小说夏得海入海助成洛阳桥故事,遂装点附会,故神其说以祀之。日深传讹,竟称"下海",一若与上海对举者。未知究竟,不能遽必以为悠谬也。旁院为观音及杂神,与各地藉神敛钱者相同,初无足怪。惟主持为尼姑,则似与别地城隍庙不伦耳。一周即出,径挈儿归。

续作参考书,第五篇完,第六篇解题亦毕。

下午五时,道始来。谈至六时许,约圣陶同出,晚餐于南京路之麦赛尔法国饭店。餐后偕至亚尔培路回力球场看球戏,遇老友钱君,十时出场,十一时始到家。

5 月 7 日(戊辰)星期六

阴,时洒细雨,入夜转急。上午六二,下午六五。68—52

竟日未出,作参考,惟乏书可检,往往梗塞,殊不快也!

幽若来,饭后去。清儿随往认其里,旋归,俾有事时可遣清传言也。

清寒教育基金章程已由该委员会送到,即刻写信寄予同。

夜小饮,饮后正拟写字,丏尊与云彬偕来,谈移时乃去。

息予电话来,约明日九时至其故居取桌子。

5月8日(己巳)星期日

阴霾,时见雨,即止。上午六五,下午六三。61.3—52.7

送报人两日不至,别购以看,殊不便。世界大局殆日即紧张,中日上海事件似已成过去,而东三省事件恐即引起苏日之战也,法总统杜美尔被刺死,西班牙又发觉暗杀政府要员阴谋,其它波兰诸邦亦出现不安,英、法、美、意方钩心斗角以图一逞,实世界大战之第二度已垂垂开幕矣。大势所倾,莫之能挽,亦惟有听之而已。

组青来,诸儿群促接其新夫人,乃接来午饭,并留宿焉。

饭后赴福州路中央菜社商编大会,到者不多,晤心南、颂久、君立、达人、缵承、稼轩、继顾、越然、公垂、通舟诸君,馀则稔者少矣。四时半散,漫无结果。总之,商务当局已下决心,为乘人之危,投井下石之计,又兼与官中勾结,操刀以待,最后终不免劳方吃亏耳。五时半归。夜仍小饮,饮后打牌四圈,十时寝。

是晨,珏人至祥茂里,假得八仙方桌一张,半桌一张,浴盆一只,马桶一只。

5月9日(庚午)星期一

阴霾,仍凛然有寒意。上午六一,下午六五。69.1—54.3

昨日圣陶来言,谓道始特踵其门托为潜儿作伐与其妇弟聂文权君缔姻。此事前经晴帆说起,业已介绍彼二人见过,大旨不差,当许可。仍托圣陶复允之。至仪式,力求简单,仅交换饰物,表示订婚也。

振铎快信来,托向开明交涉出版文学史事,予与圣陶言,似无帮忙之意。予颇致慨于今日之友道,理知云何哉!（薄情人每以理知自喜,至可厌,予最恶此自文。）当晚复书谢之,初不言他人之薄,止恨我能力微弱,不克成此美举耳。

接聿修、勋初复书。寄翼之书。

君畴过我,谓已卸篆来此,谈奉化经过情形极详,革命家属转为土劣之尤,实可笑可怜矣。谈二小时,去。

参考书第六篇已完结。方入手为第七篇,云斋奉其母至,遂留待夜饭而后去。

5 月 10 日(辛未)星期二

晴转和暖。夜雨。上午六七,下午七一。75.9—55.6

连日阴翳不开,闷损殊甚,今得放晴,为之一快。上午作参考,完第七篇解题及诠释。惟敷演则又格于书籍,竟不顺利进行矣。每值此等处,不禁回恋故籍,莫名怅惘。午后强进,竟作完第七篇。

组青夫人今日傍晚由潜儿送之归。幽若傍晚来,宿焉。

道始偕圣陶来,为说潜儿、文权姻事。约定介绍人四位:虚舟、道始、晴帆、圣陶。择于本月廿九日在大东酒楼行订婚礼。薄暮去。

前与云彬合叫之酒已用罄,今日由予叫大坛至,开尝甚佳,因属云彬来取。入夜,予小饮,饮后随谈,至十时始寝。

接济群杭州来书,殷殷问予闸北寓所情形,甚感,苦无暇即复之也。

5 月 11 日(壬申)星期三

晴,下午忽雨,达暮未止。上午六三,下午六九。72.7—48.0

竟日未出,作参考,第八篇敷演尚未着手,恐难如限赶出耳。

上午幽若去。逸殊来。逸殊近在哈同路民厚里友人家小住,日内即须回杭也。

饭后二时,息予夫人匆匆来,立斋随入,知夫妇勃豀,涕泣涟洏。少顷,立斋去,嘱告息予。傍晚,息序挽梦岩来接。始得劝之归。勃豀事正常,不足异。独惟息予既明知其妇之不可理喻,又何必挑逗使性作,然后向外暴露耶!予固无所拘忌,然屡屡涕泣而来,亦殊感乏味矣。

是晚六时,本当趋八仙桥青年会聚餐之约,一以息夫人之扰,未便脱身,一以大雨滂沱,惮于出门,遂未果行。

5 月 12 日(癸酉)星期四

晴阴兼施,冷。上午六四,下午六五。67.5—54.5

上午锦珊来,谓昨晨由苏动身,当晚五时许到。苏州近已大好,诸逃难者亦纷纷徙回矣。谈至十一时,去。饭后予赴善后会听消息,同人依公司通告往领款者殊少,而公司走狗潘光迥乃嗾使巡捕拿工友。事有类乎勒做,情实同于强奸,闻之发指,当局之肉真不足食矣!在彼晤纬平、公垂、稼轩等。三时半即行,走访乃乾,晤之,谈至五时半始乘四路公共汽车归。

夜小饮。幽若、悦之来,谈至八时许去。

5 月 13 日(甲戌　上弦)星期五

上午晴,下午雨,彻宵。上午六四,下午六九。70.5—54.5

竟日未出,校《开明国文读本》六十页。并为云彬拟《历史讲义目》一通。

傍晚,雪村邀饮,仍用马永记菜,难后初尝觉风味特美也。八时许散归,为"中学生贷金会"拟试题四则,初高中史地各占其一。上年已为出过,答卷甚劣,不识此番得弗较前又逊否? 侈言教育逾二十年,学生成绩乃岁不如岁,每下愈况,可叹甚矣!

写信五封,分致勖初、致觉、福崇、济群及七阿姨。致觉处今日发出,馀须明晨投邮矣。

参考书未及写一字,至急,颇虑暑前不能集事耳。

5 月 14 日 (乙亥) 星期六

阴霾。森然有雨意。上午六五,下午六九。71.1—57.2

作参考书,完成第八篇,并将第九篇解题及诠释作完。

傍晚出,赴致美楼商编善后会聚餐约。遇亚泉、允功、于天、勤馀、通舟、稼轩、公垂及缵承,对公司措置固不满,然亦无善策可以针对此恶谋也。大概内部有人受收买,破坏工运者不在外人而在自身,终恐一场没结果耳。九时许归,幽若在室与珏人语,知今晚下榻此间矣。

文权来,予告语不必为我铺张,夜饭后去。

圣南水灾会事将结束,日内即须归苏,今夕珏人及潘华邀伊来饭,藉以话别,闻伊将有北平之行,大约到苏后再作计较也。

5 月 15 日 (丙子) 星期日

阴霾,入夜又濛雨。六八。68.2—59.0

校《国文读本》第二册排样二十六页,并作参考数百言。

六时出,与雪村、圣陶同赴致美楼陈稼轩之招。至则丐尊已在,馀为陆震平及葛石卿等,皆已久候矣。七时半开饮,九时而毕。

饭后即餐室议定"上海舆地学社两合公司章程"及"学社与开明特约合作合同"。两合公司之组织:一为无限责任者,计壹万元;陈稼轩八千元,陆震平一千元,葛石卿一千元。一为有限责任者,计六千元;开明书店五千元,叶圣陶五百元,予亦五百元。合作合同则予与丏尊、圣陶为见议人。一切签字等手续,将俟稼轩分缮完竣后送到时再办。十时三刻散,候电车东归,抵家已十一时矣。

5月16日(丁丑)星期一

乍雨乍晴,有类黄梅。上午六七,下午七〇。73.8—67.1

作参考书无多。午刻晴帆来,因知昨日由苏抵此。饭后偕出,过千顷堂及利利公司文艺部、扫叶山房,俱无所获,惟在文艺部遇戴洪恒君为少得晤谈之乐耳。四时许归,仍作参考书。

夜小饮。饮后少坐即睡。

报载专电,昨夜五时,日本东京发生炸弹案六起,倭首相犬养毅被狙击垂危,凶手为海陆青年士官云。盖倭军阀跋扈已甚,现政局恐无以维持矣。至暮,悉犬养已死,由藏相高桥是清兼摄首相,荒木陆相及大角海相俱引咎辞职,不识倭中究如何也?

5月17日(戊寅)星期二

阴湿,夜雷雨彻宵。上午七二,下午七六。75.7—65.8

晨十时,与珏人挈同儿出,先过乃乾,复往息予家午饭。饭后三时,仍折至乃乾所,听播唱弹词及闲谈,即留彼小饮。直至晚间八时三刻始辞归。在昌班路口候四路电车,逾十五分不至,乃步往爱多亚路重庆路口乘九路公共汽车以行。抵家已值雨,且已将十时矣。

竟日在外,又未作一字,至恐参考书未能即时完成耳。但俗事正多,锦珊未答访,铁笙久未晤,亦当往谈,正苦不得抽暇履行也。

5 月 18 日 (己卯) 星期三

晨显日,乍阴乍晴,夜雨。上午七四,下午八〇。84.6—68.4

接缵承信,托转介调孚往成都办报。

续作国文参考,抵暮乃止。雪村晨间来访,商抽换国文二篇。

傍晚抱复儿在里口闲眺,少顷归,即小饮。饮后与幽若谈,至十时寝。幽若近无工作,故住予家,闻其父疾笃,拟归省,想不久又当返苏矣。言之颇为扼腕,然亦莫能为助也。

5 月 19 日 (庚辰) 星期四

晴,陡热。夜月色好。上午七五,下午八五。86.7—68.9

续作参考并校排样,竟日未出。群儿杂嬉,喧聒时多,亦难见成绩耳。

写信复缵承,调孚尚未来,无由转达其意也。

夜小饮。饮后闲谈,至十时睡。

倭兵日撤,而徘徊道左者多购箱簏,其不盛掠得之物又复何用。哀我遭劫之同胞,正不知挥泪何所也! 外侮尚未见末减,而域内诸拥兵者又将治兵相攻。今日甲方一电,明日乙方一檄,暴人之短,扬己之直,无非机构谲诈,惟恐天下不乱耳。干脆言之,无论何人执权,终不能申己纸上之直,徒躬作他人已为之短也。可胜叹哉!

5 月 20 日 (辛巳　望) 星期五

晴,热矣。夜雨。上午七九,下午八三。84.7—60.2

　　晨校毕排样一批交雪村。八时三刻，乘车遄往打浦坊访剑秋。已到局，未晤。当将致奠建初夫人之份金交其家属，托为带苏。少坐便行，乘车返寓，已十一时许矣。知聿修来访，失晤，甚歉。

　　接予同书，知予前此诸简俱到达矣，彼于商务当局殊不满，拟由编所同人发宣言告教育界，以不买商务书为抵制。但以予观之，亦徒落痕迹，未必有效果也。

5 月 21 日（壬午　小满）星期六

　　晴阴兼至。上午七五，下午七九。85.6—68.0

　　竟日未出，续作参考。

　　缵承来，属代邀调孚。达人来，出示"史学研究会章程"草案，与商正数点。调孚来，谓昨日来沪，暂住均正所，今日已就任开明出版事务矣。抵晚俱去。予亦小饮自劳，偿一日倦。

　　幽若今日去，住悦之许，明晨将偕之归省也。其父疾笃，故不待铁路车通而遄征耳。翼之校薪积欠，怀之又以事不得出头，家难纷乘，真不知伊于胡底也。颇为之耽忧不少。

5 月 22 日（癸未）星期日

　　晴，较昨和，但风大。早上曾细雨。上午七四，下午七五。77—65.3

　　晨间硕民来，谈至近午去。午刻圣陶饯元善及圣南，邀予作陪。饭后醺然，乃独出闲步，过千顷堂买《留青新集》，未得。顺道过来青阁，购得石印《经籍纂诂》、《史学丛书》及湘刻新印《輶轩语》、《书目答问》，凡三十九册，出价六元六角。少坐，即挟以返。

　　夜硕民来，圣陶饭之，又邀予过饮。九时许，乃偕硕民返寓，即下榻楼上。

傍晚时当空忽现云彩类舞带,银贲闪烁,夭矫如龙,仿佛有觱篥声。一时观者鳞集,有佞龙者,竟燃放爆竹以神之,究不知何祥也?

今日上午五时起,上海邮务工会及职工会宣告罢工,反对交通部措施不当。各地邮工或将起而响应,则风潮一时难即平复也。

5 月 23 日 (甲申) 星期一

晴和,有风。上午七〇,下午七六。81.3—54.2

晨起与硕民谈,至十一时,又与偕过圆明园路视圣南及石莼。午饭即在吴先生处与硕民、圣南、圣陶夫妇及吴先生共席,并小饮焉。饭后硕民返嘉善,馀客俱去。予乃续作参考。抵暮乃休,并续校排样一批,计二十页。夜仍小饮。

参考稿九篇已交由雪村先看,并嘱再交丏尊、圣陶轮看。夜饭后过丏尊、圣陶商略此事。于敷演一项多所推敲,至十一时许始归。脱衣就寝已十二时,至一时后乃入睡。

昨日云彩,据天文台谈话谓系星孛,即陨星带剧变,经过空气圈摩擦,遂现光发声云。此种现象,西伯利亚每有之,南方则少见也。实则我国古籍中每遇之,所谓星陨如雨,有声如雷,即指此耳。(惟昨日未见有堕星或类似堕星之物及其它陨块,是发声之时,早在空气中燃烧成气体矣。)乃倭人大惊,竟谓便衣队搅动所放之夜明弹,未撤之兵且重复戒严也。可嗤! 可鄙!

5 月 24 日 (乙酉) 星期二

阴雨,湿气滋庭。上午七五,下午七八。77.0—66.0

商务所发解职金及存款储金等次已由瀁儿为予取出支票二纸:一为四明银行五十七元八角三分,一为兴业银行四百九十三元三角三分。硬赖去八百馀元。予愤怒不胜,且收之再说。因于今晨九时许躬往北京路取得之。饭后即将息予托存之四百金嘱珏人送还之。了却一重关系,虽目前吃亏忍痛,究亦取快一时也。

倭酋白川义则已病危,或传已死,盖受炸创发之故。此次寇沪,最为引火线者乃何端,最高指挥之军职乃白川,驻华公使乃重光,不图耀武扬威之结果,卒为公园炸弹所惩膺;何端立死,白川继危,重光亦尚未脱险境也。贼乎! 尚不知警惕乎!

续作参考,第十三篇之诠释已了。文权来,送到订婚简帖五十份。

夜小饮,饮后少坐即睡,倦不任操思,故然。

5 月 25 日 (丙戌) 星期三

晨阴。近午放晴。上午七八,下午八〇。83.5—68.0

校复样一批,至十一时乃了。续作参考,仍先从解题及诠释入手。

真茹、闸北已由倭手收回,京、沪车已于昨日通行,暂开快车、慢车各一班。今日起,且加开特别快车矣。闻倭兵有六月二日撤尽说,仍回复一月二十八日前原状。但留置陆战队竟达千六百人,实较原有七百名之额超过一倍有半矣。狡谋毒计,在在堪虞,而一般市民已忘痛弃嫌,贴然自安,不亦大可哀耶!

夜小饮。饮后独自出外,徜徉于南京路、浙江路、福州路、山东路,购物数事,仍由抛球场乘七路电车归。本因食阻,此行汗出,遂松爽。

珏人往仁馀里凭吊故居,惟馀瓦砾,当取来门牌一具,是大可纪念之物矣。

5 月 26 日(丁亥)星期四

阴霾。上午七三,下午七五。80.4—63.9

竟日未出,作参考书。十时许,达人来,谈至十一时三刻去。因停搁。饭后复作,至晚乃止。亦仅得二千言,仍无多大结果也。如此不能速进,深恐无以如期交卷则大僵矣。

夜小饮。饮后丏尊、雪村来谈,至九时乃去,予亦不任再坐,即就卧。

今日下午一时起,邮务员工复工,以所提条件经政府接受原则,且各界调停暂先复工也。

倭酋白川义则今午死,确息已于傍晚传布矣。

珏人午后往百老汇戏院看《人兽奇观》,未及半,晕眩而返。偃息移时始复。前在山西大戏院看《璇宫艳史》亦然,是体亏衰弱之征,大堪注念者也。今值丧乱,又躬操劳作,殊为之不易。

5 月 27 日(戊子)星期五

风雨凄其。上午七三,下午七〇。64.4—62.4

晨兴读孙锡公(嘉淦)《南游记》,浩浩落落万有馀言,令人神往久之。

续作参考,未出。第十五篇之诠释完。

幽若自苏来,将翼之代购之黎锦熙《国语文法》、杨树达《高等国文法》、《词诠》各一册携来。三书俱商务本,此间竟买不到,在苏州各新书店存底中物色得之,亦云周折矣。

夜小饮。饮后打牌四圈,输钱八百文。

5月28日（己丑）星期六

阴霾。上午六九,下午七〇。68.9—55.2

晨出存款于上海银行提篮桥分行,制有二三〇五号储蓄簿一扣。

续作参考,至午而罢。午后文权来,石莼来,谈至暮,因偕出小饮王宝和,邀云彬与俱,夜八时许乃归。圣陶本约至其家饮,既而谓无肴不果,且不能同出也。

5月29日（庚寅）星期日

晴朗。上午七〇,下午七六。80.1—55.6

晨起料量琐事。调孚来,谈少顷去。近午,文权来迎,因挈全眷并邀圣陶夫妇及其子女同往福州路杏花楼午餐。举行订婚礼,由介绍人为潜儿及文权交接饰物。一时礼成,仍车送珏人等返。予则与道始、晴帆、积馀偕过利利公司文艺部,购得《故宫周刊》合订本五册并数张自一一五至一三四期,劫馀复买此不急,亦堪自嗤也。三时,抵晴帆家闲谈。五时许,乃别众出,过乃乾。承以所著《测海楼旧书目》二册见赠,谈至七时乃乘九路公共汽车归。

夜小饮。饮后墨林来谈,至十时去。

幽若去,约二日后再来。伊身世漂泊,虽父在,不能翼覆之,况父病垂危乎! 予与珏人剧怜之,而爱莫能助,且待来日。

5月30日（辛卯）星期一

阴雨。上午六九,下午七〇。

上午写信四封,并开柬帖封皮数十,已及饭时矣。

午后续作参考,了结第十篇。夜小饮。饮后翻看《故宫周刊》,至十时许始寝。故宫奇珍,不及遍赏,得此缩影之一斑,亦足聊快双目,是不啻取鼎一脔矣。若购月刊及其它等等,则价不赀而厌望尤难,反不若自甘一脔之为愈。予值乱丧书,一切不存,尤无力及它,故得此亦差堪自娱耳。

5 月 31 日（壬辰）星期二

阴雨。午后开霁,晚晴。上午六八,下午七〇。72.3—55.8

晨为校《开明国文读本》第二册排样三十六页,费时二句钟。旋续作参考,至暮色四垂始罢,完第十一篇。以闷损故,独步于附近街衢。掌灯后乃返寓小饮。饮后展阅《故宫周刊》。丐尊来谈,至十时许乃去。

幽若约今日来,抵暮未至。悦之乃过我访其姊,知或到渠寓相左,遂匆匆即去,盖返寓候之也。

昨日清、汉两儿过谒仲弟,知明日或将来此。

今日无报,缘昨为“五卅”纪念,排印工人咸停止工作也。

6 月 1 日（癸巳）星期三

晴,傍晚微阴。夜雨。七〇。

竟日未出,续作参考,完了第十二篇,已夜八时矣。

夜小饮。饮后仍看《故宫周刊》自遣。

今日《申》、《新》、《时》三报工人已宣告罢工,援助《时事新报》被开除工友。明日将无此三报看。

幽若今晨来,仍下宿于此。

接振铎函,知《明集》残破事彼深憾之。又接聿修函,约三日上午八九时在邑庙得意楼茶叙。

6月2日(甲午)星期四

阴雨。斜风细雨,傍晚开霁。上午六八,下午六九。

晨九时许,颉刚冒雨来,知昨自杭至,寓惠中旅舍,今已过访愈之复来此间矣。明晨即须归苏扫墓,三日后北行赴平云。坐至十一时,雨中偕出,访达人于圆明园路廿九号女子书店,因午饭焉。饭后二时,乃辞达人出,复过神州国光社及来青阁,颉刚选购数种,予亦为开明购得横行本《廿四史》、《渊鉴类函》、《续清经解》及点石斋本《十三经注疏》,计费五十五元,属送至调孚处点收照付。四时许,颉刚赴孟邹宴,予亦东归。

圣陶来催稿,予许明后日再缴一批。

夜小饮。饮后看《故宫周刊》,十时睡。

6月3日(乙未)星期五

晴暖。上午七二,下午七六。82.2—56.5

晨八时出,径往邑庙豫园得意楼访聿修。至则晤之,共啖素香斋之蘑菇面,且茶且谈。茶坊趣味久已不亲,今兹所遇,不啻重温旧梦矣。十时许,偕谒纬平,因留饭供饮焉。其斋藏书之橱,门刻四言联四对:曰"洞咏七典,筐箧六经";曰"选义按部,含夏苞商";曰"庖厨杂艺,博览众文";曰"声出金石,腹有诗书"。甚典则。饭后一时许,与聿修辞出,复过豫园四美轩听杨仁麟弹唱《白蛇传》。四时散,过高长兴小饮。六时三刻罢饮,走访俊生于巨籁达路,谈至八时乃别聿修归。

竟日未作事,逍遥于茶坊酒肆,并访知友谈心,十数年无此乐事矣。无奈家累重重,不容脱卸,否则何苦而劳之,走笔博些微为升斗计乎!

芝九来辞行,明晨即携眷放洋,仍赴苏门答腊。惜未之晤,不及握别,甚疚。闻冯达夫亦偕行,南中将办初中也。

6 月 4 日(丙申　五朔　月建丙午)星期六

晴暖,夜半雨。上午七四,下午七六。84.7—59.4

《申》、《新》、《时》三报今日复工,原此次罢工之所由,实为援助《时事新报》工人而起,乃闻复工条件由三馆出六千元,交调停人分配,《时事》工人则不之及,可谓得鱼忘筌者矣。世事如此,决非人类之福,行见率兽食人,旁观者将从而拍手笑乐耳。

竟日未出,续作参考,了第十三篇。遂将十至十三先行交卷,俾印刷所可以应付工人。自问驽钝,不任速驾,殊为迫促担心也。

夜小饮。小饮后闲眺《故宫》书画,所谓可望不可即,聊快屠门之嚼而已。

珏人及漱儿俱感冒发热,天时不正所钟,遂尔多病,殊觉防护之难周也。

6 月 5 日(丁酉)星期日

上午阴,下午略晴。七十四。74.2—64.3

珏人睡一日,痰多身软,然松动矣。漱儿则热度反增,又不大解,时作呕逆,甚为担虑。

下午挈清儿、同儿出,购物于福州路画锦里一带,遇剑秋,知曾返苏。旋别归。坐定,调孚、均正来,带到校样一批。

午前后各校排样一批。

夜小饮。饮后仍续校排样,至十时乃睡。

6月6日(戊戌 芒种)星期一

晴暖。上午七三,下午七六。81.0—61.5

昨日财长宋子文辞职,今日交长陈铭枢辞职,报纸喧腾,必有变局,意者,中央政府又有更革,汪兆铭其将被挤去位乎?上海自由市之风说日盛,东三省弗能即返之问题日亟,而南中二陈相争,中枢要员迭退,一若行所无事者,诚不知若辈政棍究何居心矣!

续作参考三纸,息予来谈,遂辍。垂暮去,挈同儿过其家,将带之访尚公幼稚园小友也。约明日送归。

夜小饮。饮后往丏尊所商文法数事,即前日交出之一批,圣、雪都谓少有问题讨论耳。十时许归,即睡。

珏人已得痊,漱儿亦大解退热,心头实移去一大石矣。

6月7日(己亥)星期二

晴暖。上午七五,下午七八。86.0—63.5

清晨出,购物于南京路邵万生老大房,顺过北万馨早点。九时归,即续作参考。至傍晚时,完第十七篇之诠释。

还迄大坛绍酒钱六元,并嘱纪耀购得杜定友《校雠新义》及刘纪泽《目录学概论》,计银一元三角五分。

夜在雪村家饮,十时乃归卧。

写信与稼轩,约股款须展至十一月底四行储款满期后提缴。

6 月 8 日（庚子）星期三

晴暖。上午七六，下午八二。88.5—64.4

今日为阴历端午节，往年景象，寓所一切弗有，遭难毁家，不堪回首矣。午前命濬儿往息予所挈同儿归，举家团聚，聊为点景而已。下午接乃乾夫人电话，约珏人辈往游，予乃怂恿成行，带濬、清、汉、滋四儿俱往。漱以病后，润以甫归，皆留侍。抵晚始返。夜饭后幽若去，须五六日后乃来。

续作参考，完第十八篇诠释与解题，并毕第十九篇解题。

午刻、晚间俱小饮，夜看《故宫周刊》及刘纪泽《目录学概论》。十时就寝。

道始、文权饬人送白兰地四瓶，蒋腿一只，糖果一盒，咸蛋一包来。辞之不获，深切歉衷，下节当先事送去为宜。

6 月 9 日（辛丑）星期四

晴暖。上午七八，下午八〇。85.1—67.1

竟日未出，续作参考，了第十九篇诠释并第二十篇解题。

幽若、悦之先后来，相左未遇。

傍晚开明又送校样一批来。

夜小饮。饮后校排样二张，即寝。但以汲水浸浴盆故，左臂大酸，每合眼，楚作而醒，直至十二时后乃入睡。生恐难后未发之失眠旧疾又缘此而再现，则大可廑忧者矣。

接稼轩复书，缴股款可如约。

6 月 10 日（壬寅）星期五

晴，热矣。上午八〇，下午八四。86.5—67.8

上午校毕昨馀之排样，计自九一页至一二二页，凡三十二页。并抽暇读毕《目录学概论》，题识其上，亦近日一乐事矣。下午续作参考，得三纸而已。薄暮倦甚，仍小饮自劳。晚饭后再作参考，仅两条而止。

接福崇书，知下学期仍在暨大任教，月内即携眷来沪云。

胡铮子及硕民夫人今日由苏来，住天然所。

郑允恭来书，谓明日午后六时在东亚酒楼罗浮厅聚餐。以前两次皆未往，明日必当赴之。俾与商务诸老友一把晤之也。

6 月 11 日（癸卯）星期六

晴朗，午后阴雨，入夜大雨。上午七六，下午七九。80.1—67.3

续作参考，了第二十篇诠释并第二十一篇解题，又诠释七条。注中遇"海上生明月"之句，以无唐诗，竟搁浅，恚甚！傍晚，与圣陶冒雨赴东亚酒楼之会，过文明书局购得一《唐诗三百首》，始通过积滞。回忆旧藏，此册不值一瞬，今乃受累如此，乌得而不令人切齿腐心于倭贼与汉奸耶！

东亚之会，到者只允恭、继颐、心南、颂久、寿白、以祥、圣五及圣陶与予耳。知圣五与颂皋俱已就中央政治会议外交委员，南陔经济委员，明日即首途赴宁云。席间与继颐连位，谈甚得。九时许，雨中遄归。

文权来，晚饭后去。

觉敷已抵成都,有信与颂久转同坐诸公。

6 月 12 日(甲辰　上弦)星期日

阴雨,晚霁。上午七七,下午七九。80.8—69.8

竟日未出,续作参考,完毕廿一篇诠释。午后体倦,偃息二小时,薄暮起,腹泻。入夜仍小饮,饮后看唐诗,十时就寝。寝前又泻两次,睡至二时许,连起泻二次。作恶气上逆,遂大吐。幸得重睡,迄天明乃稍舒。追惟获疾之由,大概昨夕进西餐时所食之冰冻猪肝拌生菜所致也,予向不喜冷食,乃为会餐颜面所夺,偶一迁就,便尔作怪,殊堪一噱已。

6 月 13 日(乙巳)星期一

阴雨霏微。晚略霁。上午七九,下午仍之。79.7—71.6

竟日偃卧,偶起看《故宫周刊》自娱而已。

夜饭后精神稍复,乃续写参考数百言。

病中颇思闲翻,而满目萧然,举无所获,愤痛甚矣!遭寇以还,最不能一日去怀者惟此架书,不即复我旧观,吾知终身抱恨也已。

6 月 14 日(丙午　入霉)星期二

细雨霏微,湿气弥漫。上午七七,下午七八。80.2—70.7

竟日作参考,为放翁诗出处难详,竟搁浅,夜校排样一批。参考书第廿二篇诠释完矣,廿三篇解题亦毕。不能再进者,坐无书搁浅耳。今所需者俱非要帙,乃难得如宋、元版本,真感没棒舞弄之苦矣!

夜仍小饮。瓮中酒适馨,而予翻然有戒饮之念,正拟乘此摆手,俟秋凉后再说。设能屏此,或亦大好事也。

6 月 15 日（丁未）星期三

阴湿难堪，傍晚霁。上午七八，下午八二。86.4—71.2

晨走开明查书，藏中举无所欲者，废然返，盖笃念予旧有之书不置。亟归闷坐，愤火填膺，迄于午刻未怡也。饭后，云彬假书来，因续作参考第廿三篇诠释，毕之。五时天霁，予亦稍舒，因独出闲步，先过泗泾路利利公司购得《故宫周刊》第三十五至四十二凡八期。继由广东路、山东路、福州路、湖北路、南京路至王宝和小饮，并进点焉。七时归，周医凤岐在寓相候，告已移家狄思威路浙兴里，将重行开业矣。晚饭后去，临行嘱为起一通告底子。

幽若夜来托写信，旋去。

6 月 16 日（戊申）星期四

乍阴乍晴，下午雨，傍晚止。上午七六，下午七八。77.2—68.9

晨为幽若写信，并作《开明国文读本》编辑大意。下午三时作毕大意，交雪村。旋为凤岐拟介绍通启，至五时，乘六路公共汽车至狄思威路浙兴里晤交之。谈至六时半乃归。夜以积倦，未能再作它事，至九时许即睡。复儿患牙痛甚剧，昨夜已不甚安，今晚更通宵有寒热矣，甚为忧虑。珏人亦以躬自操作，将不胜其劳惫，设亦拖伤，如之何持家应户乎！

予同书来，知七月中将赴安大一行。

6 月 17 日（己酉）星期五

阴雨。上午七七，下午七五。75.9—68.2

上午为吴天然拟一介绍通启并为订诊例四则。下午写信五通,分寄聿修、予同、振铎、福崇、济群,垂暮始毕。夜过雪村、圣陶商选文及编例,顺谈各事。十时许归,校排样二十页始寝,已十二时矣。

复儿左颊大肿,牙痛虽减,而胀紧不舒,且寒热仍未退尽,颇恐患有外症,则苦楚尤甚也。

6 月 18 日(庚戌 望)星期六

晴暖。上午七八,下午八〇。82—67.1

晨起续校排样十页,昨在雪村处取到之第三册第一批毕矣。既而续作参考,至下午五时,剑秋来,乃挈同儿与之同出。小饮于王宝和,至八时许乃散归。

蓉初书来,托为其子谋基介绍绘画职事。予向少交接,殊无门可投,甚以为歉。

复儿终日不欢,颐肿如故,惟寒热已退,大约可无碍矣。

6 月 19 日(辛亥)星期日

阴雨终日未歇。上午七三,下午七六。70.2—66.0

续作参考,自晨十时阅报后起,至夜十一时止,仅于初晚时接见云彬、彬然二君谈一小时而已。凡完成第十四篇之敷演、参证、习问,并得第十五篇敷演之大半。十一时半就床,十二时后乃入睡。

复儿颐肿大消,高兴已回复不少,心为宽舒矣。

写信与蓉初,直告无能为力,已转托圣陶设法。

6月20日 (壬子) 星期一

阴霾,时飘濛雨。上午七七,下午七五。76.8—68.0

续作参考,完第十五篇之敷演、习问及第十六篇之敷演之大半。夜仍至十一时始寝。昨日未饮,今竟思念不置,故晚饭前曾饮两大杯,嗜好沾恋最易,拂去甚难,凡物皆然,固不独饮酒已也。

校样一大批仍属圣陶交调孚。第一册毕矣。

达人书来,谓已决与殷佩斯、萧百新办《女子杂志》,设办事处于华龙路七一号。特托转约丏尊、雪村、圣陶、予同、振铎、调孚为特约撰稿人,并托开明为代定阅处。伊自视甚信,进行甚勇,然前途难得乐观也。

6月21日 (癸丑 夏至) 星期二

晴暖。上午七五,下午七八。81.0—66.4

晨起看报讫,正在伸纸待书,圣陶电话来约,谓鞠侯在开明相候。乃走往晤之。谈至十一时半,乃偕圣陶同之出,小饮且午饭于王宝和。席间圣陶言,石莼之兄墨君来,有电话约于六时在北万馨酒叙云。饭毕,圣陶有事回开明,予以惮于往复,即偕鞠侯过其旅邸谈。至六时许,到北万馨,圣陶已先在,坐待至七时半,不见墨君兄弟来,奇之,乃姑往王宝和一探之,则二人固赫然在焉。遂移樽就之。谈至十时,始散归。一日光阴又如此匆匆过去矣。

6月22日 (甲寅) 星期三

晴热,夜尤闷。上午七八,下午八一。90.3—66.9

续作参考,了毕第十六篇并第十七篇敷演之半。午前精神欠爽,午后出理发,归未久而达人、虎如、涵真来,复达人之信甫寄出,重复面谈其事。涵真近自江山家中移寓此间安南路民厚南里七四〇号,将与福崇合译西洋史。移时客去,予亦收拾笔札,不复再作矣。

傍晚组青来,为予购得活络吃饭枘一只。夜小饮,饮后组青去,予即就寝。

6 月 23 日(乙卯)星期四

晴热。中夜有濛雨。上午八一,下午八三。87.3—72.7

续作参考,了毕第十七篇。午后闷热转盛,且兼硕民来沪,云彬过谈,五时后即停手。夜在圣陶所小饮,九时乃归寝。本日热甚,入夜尤闷,中宵数惊醒,以故听雨涉念,颇难入梦矣。

雪村言,丁英桂有电话告知,谓有铅印《图书集成》托售。予力绌恧之,俾说价购入,作参考用。不识能成事实否?夙有之书,乱后无获,乃幸他人之得,或可假阅一二,深可悲矣。每一思及,不胜呜噫。

6 月 24 日(丙辰)星期五

晴,较昨大和。上午七八,下午七八。82.6—70.5

晨十时,息予夫人挈诸雏并偕梦岩夫人来视珏人,因留饭。饭后打牌十二圈,薄暮去。予为此故,无别室可以回翔,竟辍工。伊等去后,闻太太又来,至掌灯乃行。

夜饭后,续作参考,了毕第十八篇。十时后就寝。

珏人连日不适,前天睡半日,昨天睡一日,今日勉起坐,夜间且有寒热,大概操作过劳,心绪又不舒,遂致此耳。

6 月 25 日（丁巳）星期六

阴霾，下午时见细雨。上午七五，下午七六。79.7—67.8

续作参考，了毕第十九篇之敷演，夜仍坐至十时。

仍小饮，惟不多。

接开明转来缉熙航空快信，邀往武汉大学教《中国通史》及《文化史》，谓陈通伯嘱其专聘者。予阻编书未克往，当修书复谢之。然手头甚忙，未能即写也。

雪村送第三册校样来，告予丁君《图书集成》事将有成议。索价五百金，已令先送头本来看样矣。

管小毅之父敏之开吊，予与圣陶合送四元奠敬，由圣陶邮去。

6 月 26 日（戊午　下弦）星期日

阴雨。上午七五，下午仍之。69.8—65.1

竟日未出，续作参考，了毕第十九篇，并校排样六十二页。夜十时许乃睡。

晚饭前仍小饮。午饭后则阅《故宫周刊》以自娱。

珏人体日羸，而女佣一时雇不到，勉强操作，恐日益深，殊无法解除之也。

写信与缉熙及鞠侯。鞠侯今日寄馆中《月刊》二册来，并允为开明编《本国地理教本》，故即复谢，并属开明径与洽商。缉熙则谢其绍介觅房，且申说不能应召之故，亦由航空快递寄出。

6 月 27 日（己未）星期一

晴暖。上午七四，下午七六。83.1—64.4

续作参考,了毕第二十篇,在文法上已告一段落,故明日可先缴一批矣。

夜饭后,幽若来,谈怀、悦事甚久,九时许乃去。

傍晚与珏人出,进点于五芳斋。未能多走,即附车归。伊近日不舒甚,似有孕象,颇恼怒,故予怂恿出游,暂舒忧念。明日如天气晴朗,当再偕之出门,别访梦岩夫人云。

6 月 28 日(庚申)星期二

晴暖。上午七六,下午七八。84.6—66.0

晨兴,校排样一批,并将续成之稿七篇俱送圣陶,心头暂得一舒。早餐已,予与珏人挈同儿偕赴望志路息予家访梦岩夫人。会夫人已于昨日回周浦,即在息予家午饭,至午后二时乃返。予于中途下车,过利利文艺部购得《故宫周刊》一四三至一五〇,并在老大房购得儿饵数事然后归。

夜在家小饮,幽若来饭,饭后为之写信一通。

今日上午在舟山路公记荐头店唤得女佣一,陈姓,为苏州人,尚清洁,已留下试用之。如可用,珏人当能少得休息耳。

6 月 29 日(辛酉)星期三

晴昙兼至。上午七六,下午七七。79.7—64.9

竟日未出,续作参考。傍晚,调孚来,文权来。夜仍小饮,饮后与墨林谈。

珏人今日上午挈澹、漱两儿往胡孟泉家及修妹家小游,俾散愁闷。讵受风寒,反为不舒,归后即睡。颇乏味也。

息予有信来,介绍君谋家之女佣来吾家。予以陈佣尚好,且看明日是否称工为断,再复之。

6 月 30 日(壬戌)星期四

昙,午后雨,旋止。七十八。82.4—68.9

晨方伸纸作参考,而道始偕晴帆来访。谈至十二时,同出,共
饭于三马路之古益轩。饭后过二酉书店及来青阁,继至利利文艺
部。旋饮冰于冠生园。三时许,复过晴帆所谈。适雨至,因避过。
六时许乃乘电车归,知陈佣已称工。明日当复书息予谢之。

子玉书来,在南京谋事无成,将回沪过访云。

夜以过饱,未再进食,坐下续作参考,至十一时始辍。姚文之
诠释尤未竣也。

7 月 1 日(癸亥)星期五

晴昙兼施,下午闷热。上午七八,下午八〇。

晨写信两通,一致鞠侯,一致息予。旋续作参考,至下午三时
许,毕第二十五篇诠释,并写第二十六篇解题之半。四时许出,为
珏人购小菜俾下饭。行至大新街口,遇剑秋夫妇及其女侄等,乃同
登王宝和酒楼小饮焉。八时许归。归后濯足,稽核上月用账,至十
时许始睡。

珏人稍好,而同儿右眼生小疖,颇碍启开,甚婴念也。

7 月 2 日(甲子)星期六

晴朗。上午七七,下午七八。77.9—69.9

续作参考,了毕第二十六篇解题及诠释,傍晚本须赴继顾东亚
罗浮之约,以珏人不舒,遂未果。仍在家小饮,饮后即睡,颇不快意

也。

　　接朱通舟、周越然联名发出之信用储蓄会通知,催陈稼轩欠款六百元,陈岳生欠款八十元,吴致觉欠款五十元,统限本月十五日如数归清。如不清偿,须由担保人负责偿还。予为友谊故,为三君保证,乃乱后经济骤变,竟得此汹汹之告语,殊恼怒也!

　　接鞠侯书,知予前书未到也。

7 月 3 日(乙丑)星期日

　　晴暖。上午七九,下午八〇。83.8—65.7

　　今晨饬清儿送汉、漱、润之先赴华德路小学考试,润儿十一时归,汉、漱二儿一时乃归,问其情形,大约可望录取。惟须星三始发表耳。

　　午后凤岐来,托写诊例。二时去。旧佣吴妈来,知已用定,乃去。悦之夫妇挈其女来,晚饭后去。予本续作参考第二十四篇,为此诸客,竟搁浅,只完解题之后半及诠释七条耳。

　　夜仍小饮。饮后补记昨日日记及今日记,乃睡,时已十时许矣。

　　写信与稼轩、岳生、致觉,告信用会催缴款项。并寄信与继颀道歉。

　　夜八时接予同快信,托为代支馆中及工会中应得之款。

　　予为开明购到《大清一统志》已由二酉书店送来,连箱十六元。

7 月 4 日(丙寅　六朔　月建丁未)星期一

　　阴,闷湿,细雨时作。上午七六,下午八〇。85.3—66.7

　　晨出,为予同所托,赶赴直隶路口会所访公垂、通舟,俱不晤,只见应宝,谓即将撤销此所,早退租矣。二朱先生已不到此,恐须径向馆方接洽云。因即归,适雨,候车移时,竟大沾雨湿焉。

饭时,子玉来,谈至四时,同出,小饮于王宝和。至六时,子玉赴车站有事,而圣陶偕予同、径三、息予、调孚、云彬寻踪至,因别设一席共饮焉。七时许,子玉复来,迨九时半乃各散归。

闻太太来,谓其子岳斋船已到,约明午往吃饭。

7月5日(丁卯)星期二

晴热,奇闷,下午阵雨。上午八二,下午八八。93.2—72.5

晨九时挟稿赴开明编译所续作。以寓中喧嚣,群儿相扰,不能宁坐,而催稿又急,爰出此暂时之计也。奇热不舒,又兼生坐,未见多作,仅较寓所稍少分心之事耳。

十一时半过闻家午饭。二时复入开明。晤岳斋,知上游水盛,今岁不免为去年水灾之续也。思之可叹!

致觉书还,谓款已交割清楚,岳生无复,稼轩则原信退回,封皮批移居不明云。

7月6日(戊辰)星期三

闷热而曼,下午又雨。上午八二,下午八七。94.1—71.6

晨八时半到开明,续作参考,第二十八篇已及半矣。下午四时半,过访予同于香宾旅馆,晤径三及安大同仁二人,谈至六时,与予同偕赴极司非尔路中振坊十四号柏丞家宴会,同坐为莲僧、福崇、达人、东华等,主客凡七人耳。酒酣耳热,不免快言,尚适也,十一时乃归。

得鞠侯书,商编书版税事。又接颉刚快信,劝即应通伯之聘,就武大史学系教授,任《中国通史》及《地理沿革史》两课,月薪三百金。予决不去,当考虑答复之。

7 月 7 日(己巳 小暑)星期四

闷热,时晴时见细雨。上午八二,下午八四。85.1—76.6

晨仍到开明,本拟归饭而值雨,勉在店中午饭。下午四时归。六时出,赴予同、东华梅园之约。难后聚餐,此为第一次,回首前尘,不堪重数矣。是会到十八人,分坐两席,予与福崇、东华、愈之、予同、仲云、六逸、丏尊、莲僧、达人同坐,馀为圣陶、调孚、云彬、雪村、同光、均正、光燕等。至九时许散,十时到家。

在开明所作,成绩未见特长,以人多事烦,室内来人接洽者甚多,而且时有客至,颇不如静在家中之为略愈也。明日拟不再往矣。

7 月 8 日(庚午)星期五

时晴时雨,仍闷热。上午八二,下午八五。87.8—75.6

在家续作参考,较开明稍好,科头跣足不衫不履,又少跋涉,此为长矣。午前写信五通,辞武大教事并了书债,积负一空,亦快事矣!至夜仍小饮,饮后复作,了第卅一篇诠释之大半。为查书耽延,又不免迟之,可恨也!

傍晚云彬来,带到校样一批并调孚代查《新约》一则。

珏人仍奄奄不爽,恐真怀孕矣。

7 月 9 日(辛未 出霉)星期六

晴不甚烈,而热甚。上午八三,下午八八。93.2—75.2

上午校排样一批，至饭后始毕，仍托云彬带与调孚。下午续作参考，汗沈粘连，苦极！至六时止，了第卅一篇之诠释，且完卅二、卅三两篇之解题及诠释。夜未饮，坐至九时，浴而后寝。

两餐俱大啖火腿，意甚得也。

灯下竟莫可坐，奈何！

今日工部局来收夏季税捐，只收一月，免两月，大约为战事而然。

7 月 10 日（壬申）星期日

晴热，下午四时许阵雨。上午八八，下午九一。96.6—77.0

炎热汗流，又值查典无书，愤忧交并，竟写不出，止数百言耳。雨前乃乾夫妇来，雨中翼之至。入晚乃乾去，予与翼之对饮，知其父病甚，特来邀其姊及弟归省也。

7 月 11 日（癸酉　上弦）星期一

晴热。上午八五，下午九一。96.4—77.0

翼之弟悦之及其姊幽若来，子玉来。子玉晚饭后去，悦之及幽若俱深夜去。以故疲于酬谈，未作一字，苦甚！

教本参考限期甚迫，而牵事不克直干，不宁极矣！

7 月 12 日（甲戌）星期二

晴热。上午八四，下午九二。96.4—77.7

午后立斋至，谓息予之五女殇去，特与同至开明晤丏尊，商支款项一百五十金。少顷即返，热甚。因思往还烈日下之苦。比自开明归，翼之姊弟俱去矣。连日炎热，而宾客往来甚众，竟致伸纸无从,坐延时日,酷矣!

今日为复儿生日,午饭以面代。自丧乱以来,久不奉行是等典实,虽不至坐忌晦朔,亦且懒于酬答已。

7 月 13 日(乙亥)星期三

晴热。上午八四,下午九二。98.8—78.3

续作参考,终日浴汗。

晨,立斋来,代予购得《模范最新世界年表》一册,甚感之。

夜六时,赴开明聚丰园之约,晤允臧、予同、光焘、云彬、圣陶、丏尊、雪村。九时许散归。

7 月 14 日(丙子)星期四

晴热。上午八九,下午九二。101.1—78.3

续作参考,了第卅九篇诠释。

清晨,息予、立斋来谈,至九时乃去。

积函甚多,乃以赶作参考未及复,甚恨。

炎热如入伏,一刻不能停扇矣。

7 月 15 日(丁丑)星期五

晴热。午后略阴。上午八八,下午九一。99.5—75.6

冒暑工作,自朝至暮不辍,完第四十二篇诠释。入暮小饮自劳,夜浴后即寝。

幽若来,明日将到苏省亲,谈有顷,去。

7 月 16 日（戊寅）星期六

晴热。上午八八，下午九二。97.9—77.9

清晨起，写信五封，了宿债，案上一轻，甚快。

续作参考，了第廿一、廿二两篇之敷演、习问。苦热殊酷，几致眩晕，不得已，筹款四十一金，购置华生十六寸电扇一具，明明有此，遭乱遗去，今乃忍痛添买，为恨何如！

下午四时许，文权来，谓道始在晴帆所候予。乃乘车径往晤之，知晴帆曾有一信寄予，惟尚未递到，想在邮局中也。傍晚共出，即晚饭于霞飞路觉林蔬食处新屋之屋顶，甚快。饭后信步纳凉。候电车良久，至九时许乃归。

接翼之信，知已安抵家门。又接心南信，知明日下午六时在威海卫路中社屋顶聚餐。

7 月 17 日（己卯）星期日

晴热，入夜暑气不消。上午八六，下午九二。98.1—79.3

晴帆信今晨始递来。

续作参考，了第二十三、二十四两篇，并第二十五篇敷演之半。

热甚惮出，遂未果赴心南之约。夜据榻看书，汗出如沈，虽在电扇之下，犹未能宁静自守，热可知矣。

7 月 18 日（庚辰　望　初伏）星期一

晴，炎热如蒸，终夜如故。上午八八，下午九四。98.4—80.4

续作参考，了毕第二十五、二十六、二十七篇。

炎热如焚，伏案不稍松，苦甚！

息予来,携到《史纬》全部,盖前赠伊者,今知予缺籍待查,仍送还也。获睹故物应大喜,乃反钩予愁,不无愤之,则其中委屈可知矣。

7 月 19 日(辛巳)星期二

晴,蒸热,终夜不退。上午九三,下午九六。99.5—80.6

续作参考,了毕第二十八、二十九、三十篇。晨间并校排样八面。

傍晚热甚,购冰啤酒饮之。

墨林又带到排样十九面,拟乘明晨一气校毕,并第二十一篇至第三十篇稿子交出。当夜浴身招凉,迄未止汗,至二时后始得略睡。

7 月 20 日(壬午)星期三

晴,炎热如焚。上午九二,下午九六。100.9—80.1

清晨校毕昨来之排样,并第廿一至三十篇参考书稿面交圣陶。继即续作馀稿,了毕第卅一、卅二、卅三篇。但傍晚又送来排样一百十馀面,恐明日竟日之力靡于此矣。

薄暮小饮自劳,饮热甚,须臾即停杯,是夕仍坐至十二时始入睡。

7 月 21 日(癸未)星期四

晴热。上午九一,下午九二。95.5—78.6

竟日校排样,至暮始毕。如此兜搭,深用心焦,不识三日内能否赶毕也!

报载倭寇又轰炸朝阳,图侵热河,已死军民不少;而上海方面又运来大批陆战队及大批军火。可见贼心甚炽,决无悔祸之诚,来日大难,正未有艾也。为我民族图存计,非与倭决战不可,否则养痈贻患,终必大溃不药耳。

夜仍小饮。饮后就浴,然后披襟招凉,坐至十时乃睡。

7 月 22 日 (甲申) 星期五

晴热如故。上午八八,下午九三。96.3—79.7

续作参考,了毕第卅四、卅五、卅六三篇,并完卅七篇之敷演。

夜得调孚书,属即撰参考书编例。

薄暮仍小饮,入浴,然后坐风至十时始就寝。

天热,气不正,同、复俱患小疖,清则大发湿气。以故,举室遂无宁静之地矣。予向畏暑,又值难中,偶触旧绪,无任悲悒,默察大势,不但兴复甚艰,抑且安度为难也。

7 月 23 日 (乙酉 　大暑) 星期六

晴热。上午八九,下午九二。98.6—79.0

晨兴了毕第卅七篇,并撰例言一篇。午刻调孚又送到校样一批,参考清样数纸。饭后尽半日之力校毕之。并为云彬看所编讲义。

颉刚书来,已赴西山,仍于我之不就武大怅惜。振铎亦寄到所撰《宋金元诸宫调考》多册,属为分致调孚、雪村、圣陶及予同。

7 月 24 日 (丙戌) 星期日

晴热。上午八七,下午九二。97.3—77.0

续作参考,了毕第卅八、卅九、四十、四十一四篇,仅有一篇未了,而时已五时矣。

傍晚与圣陶同出,小饮于四马路味雅,八时散,复同过华德路明园一游。及同归,已十时许矣。

7 月 25 日(丁亥　下弦)星期一

晴热。上午八八,下午九二。97.3—78.6

晨起赶作第四十二篇,适福崇见过,未能于上午了之。下午一时毕,乃走开明亲交之,第一册完成,为之一快! 在开明谈一时许,乃归。本拟往利利文艺部一询《故宫周刊》一百五十期后有无出版者,乃以炎日如炙,未果行。夜饭后入浴,浴已纳凉。至九时许就寝。

7 月 26 日(戊子)星期二

晴热。上午八六,下午九一。95.4—79.7

清晨出,进点心于北万馨,近来品质大变,迥不如前矣。食矣,走利利文艺部询《周刊》尚未寄到,枉走一遭,废然返,顺道过泰丰为儿购饼饵两磅。及到家,医学书局始寄所售《国学书目》及《佛学书目》来,盖十日前写信前去索取者。

下午校参考书排样一大批,凡三篇。馀则看《故宫周刊》自娱,至六时,小饮。

饮后入浴,浴后乘凉。至九时乃寝。

7 月 27 日(己丑)星期三

昙,颇有雨象而不果。上午八八,下午九〇。95.2—80.1

竟日未出,看《故宫周刊》自娱。

午间硕民过此,三时即赴嘉善招考及演讲。仅匆匆一面即别,归时将径行直达,不复过此矣。

新买紫毫并不好写,胡开文之为物,殆年老成精,不复有人气乎!

开明送酬月以二十三日为例,今月乃催而复送,今晚始见递到也。

夜小饮,饮后就浴,浴后少坐即寝。

7 月 28 日(庚寅　中伏)星期四

晴热,时昙。夜半雨,即止。上午八六,下午九一。94.1—79.9

清晨出,进点于大马路五芳斋。未几即归。看陆侃如《中国诗史》。下午四时,复偕珏人出,购物于永安、先施、三友实业社及大东等,备仪四包,送圣陶夫人四十寿。旋过北万馨吃点心,至薄暮乃返。

夜饭后入浴,九时许就寝。

7 月 29 日(辛卯)星期五

晴热。上午八六,下午九〇。92.8—78.8

晨间息予来,告予商务已设编审委员会,其人选已定拔可、颂久、纬平、南陔、柏丞、百俞、抚群等。予当写信寄聿修告之,俾或有办法也。

潏儿以胁痛往广仁医院诊察,近午得其电话,谓医云须住院待验,故暂住普通病房中。饭后,予往视之,院中以时间关系,少坐即行。过青年会访文权告之,嘱为照料而返。入夜,电话询文权,知亦易室,仍俟明日验过后再说。

今日送报人不至,恚甚!

7 月 30 日(壬辰)星期六

暑气未减,夜稍好。上午八八,下午九〇。93.9—78.8

送报人来,谓昨日家有丧事故未及出送,状甚可怜,只能忍之矣。

午后二时,予偕珏人往广仁医院视潏儿,已迁入二十三号室,较舒适。医生谓热度不高可暂归,俟下星期五再用 X 光镜照察之云。予当属明日暂归,坐至四时许乃归。

傍晚匡缦真来视潏儿,告以在院诊治,略坐便行。

夜在家小饮。九时许即寝。

7 月 31 日(癸巳)星期日

昙,暑气稍杀。上午八六,下午八八。92.3—78.6

下午一时出,乘九路公共汽车往成都路访致觉,晤之。知已允任安大英文学系事,颇慰。谈两时,辞出,复过乃乾谈,至六时乃归。归后小饮方罢,雪村见过,谓愈之自锡来,约出晚饭,藉便畅谈。遂如约出,乘电车径到新新对面之梁园豫菜馆。凡丏尊、愈之、青文、圣陶、光焘、调孚、雪村、仲盐、幼雄及予十人,共啖填鸭一翼,其它肴馔数事。至九时乃散归。是晚夜车丏尊、雪村须赴南京一行也。

潏儿下午由院归,文权送来。

8 月 1 日(甲午)星期一

昙,东风颇急。晨有细雨。上午八三,下午八八。91.4—79.0

昨宵多食,归卧又为凉风所袭,故今晨颇感不舒,头痛形寒,遂偃息。十时,息予全家来,乃强起,打牌八圈,至下午四时始罢。甫罢,墨林来,谓佩弦已自英伦归,在开明相候,可往晤之。予乃送息予等行,而走开明,晤佩弦。六时出,与圣陶、煦先、云彬、佩弦同赴福州路,为定宴地于杏花楼,并在望平街一带接洽印片。盖佩弦将于四日与陈竹隐女士结婚也。旋在味雅小饮,至九时乃散。散后复过佩弦旅舍谈,至十一时始归,形寒益甚,竟不能易衣以寝矣。

聿修书来,谓已通函纬平,纬平亦允设法矣。

8 月 2 日(乙未 七朔 月建戊申)星期二

昙,仍有东风,时雨。上午八八,下午九〇。90.7—79.2

镇日卧床不起,闭窗不敢见风,未食亦未解,甚闷。

傍晚佩弦、煦先来访,以不能起略坐即行。

8 月 3 日(丙申)星期三

晴热。上午八三,下午八八。86.7—77.9

今晨觉稍好,强起坐,看报看书。至下午,予拟与珏人出,藉散胸闷,并谋鲜食,乃热势陡来,竟支撑不住,只得睡下。急命家人购枳实二,磨合其一,卧至五时,得大解。然解后竟体不舒,背腰俱楚,终宵为之不寐,苦甚!

调孚差金才送文学史参考书一类十九种来,俾供选文参证,极感热忱。

8 月 4 日(丁酉)星期四

晴热,风绝。上午八五,下午九〇。98.6—75.2

下午强起,进腰子汤索面一盏,觉渐振。至六时,与珏人偕圣陶夫妇同赴佩弦喜筵,遇互生、惠群、光标、载良、承法、薰宇、煦先等,即与同席。馀则雪村自南京赶来,延陵自杭州赶来,亦俱足记,它多不识,且女宾多,大概陈氏戚友云。宾客劝酒甚殷,佩弦竟大醉狂吐,幸扶归旅舍后即安。予偕珏人即乘电车归。至家已十时矣。

黄绍绪、苏继顾、沈百英、沈炳廉、宗亮寰俱入商务编审会,闻之百英。可见王云五之手笔端在此耳。

8 月 5 日(戊戌)星期五

晴,热甚。上午八九,下午九二。99.3—73.9

昨宵归来,恐再加剧,乃饮冰而后反觉松舒,今晨遂霍然矣。奇甚!

夜七时,文权来,谈至九时半乃去。

潘华又染伤风,形寒发热,偃蹇殊甚。乃属吴先生打针以止之。

8 月 6 日(己亥)星期六

晴热。上午八八,下午九一。99.3—77.0

迩来流行性感冒传播甚烈,全家染遍,颇患苦之。

下午雪村来,带到校样两批,以热,预备明日乃乘早凉以校之。

聿修书来,谓已到沪,明日可同赴聚餐会快谭也。甚喜。

悦之来,托撰营业传单,盖渠将于三马路设一小小幛轴店也。

圣陶递来觉敷手札,盖近游峨嵋,遂记以贻同人者。予一夕读之毕,甚神往也。

8月7日(庚子　末伏)星期日

晴热。上午八七,下午九二。95.0—76.8

趁早凉校排样一批,十时乃毕。十一时出,乘车径赴聚丰园,晤纬平、涵真、福崇、聿修、达人,并及皖峰。柏丞原约必来,乃又不至,颇不快之。岂有惭德不能面同人乎!至三时,同过爱多亚路联芳合摄一景,用资纪念。回忆三年前史地部同人亦在此处摄景事,不胜今昔之感矣。旋由汽车公送纬平回家,坐其庭中谈,至薄暮始散。适遇俊生,乃偕过邑庙,并在四马路民乐园晚餐。九时乃归。

组青夫人来,送鞋子四双,俾清、汉等儿着用,甚感之。

8月8日(辛丑　立秋)星期一

晴热。上午八七,下午九一。93.9—77.7

趁早凉又校排样一批,至十一时乃毕,因并昨所校毕者送请云彬带与调孚。傍晚又蒙调孚饬送参考书籍一大批,凡二十馀册。

将觉敷《峨嵋游记》转寄寿白,俾通转。

下午倦甚,敷席地上偃卧焉。

潘儿转疟,感冷感热俱甚,不识能即痊否也?

幽若夜出,谈移时去。

8月9日(壬寅　上弦)星期二

晴热。上午八七,下午九一。96.3—76.6

上午九时往访丏尊,商五、六两册入选事,盖吾原定为文学史的选文,而近日教育部召集之课程会议则定为名著举隅,文章源流须展至高中末年始用也。当商定改选名著之代表作,侧重其书籍之介绍。归饭时,潜儿昨宵之热犹未退,颇讶之,因于饭后走凤岐所,请其于午后到家诊察。少坐先行,过福崇,谈至三时,行,径乘车往利利购得《故宫周刊》一五一至一六四以归。至则凤岐已在,据云,潜病实为疟,肺部并无问题也。又为复儿拔去病齿一枚,痛楚遂减。四时许去。

予入夜小饮,饮前观《周刊》为娱。

8 月 10 日(癸卯)星期三

晴,午后略阴。上午八六,下午九〇。95.4—77.0

选定书籍六十种备入选五、六册读本。

午后息予来,约在茂利公司相候。旋聿修来,与之俱出,偕过茂利公司晤息予,因同到王宝和小饮,谈至晚九时始散归。

潜儿热势未减,中夜沈吟,颇为不安。明晨当即邀凤岐再诊断之。

8 月 11 日(甲辰)星期四

昙,闷热,夜雷雨。上午八六,下午九二。97.7—75.7

清晨往访凤岐,六路公共汽车忽罢工,候至半小时不来,乃乘电车到中虹桥由斐伦路走赴之。因为配药数事,先持以归,伊则约十一时乃来诊。予于十二时,挈同儿过息予饭,晤君谋、聿修。谈至饭后三时,乃挈同过乃乾,适出未遇,即行。四时半抵家,知凤岐于下午二时来,四时去,据诊察结果,断为疟疾。但中夜潜又发热两度云,文权晨夜来视,夜去已将雨,不识遭雨否也?极为萦念。

8 月 12 日(乙巳)星期五

晴,闷热,夜掣电。上午八六,下午八九。94.1—75.4

晨兴,潜热不退,异常狂躁,乃遣翠娥陪汉儿往速凤岐,俾早来复诊。讵知凤岐适以赴卫生局有所公干,未遇,仍至一时许始来。至则势已稍减,即打福白龙 5cc,又为换药水改服,至四时,渐见平复。睡至夜二时又发热,天明始安。

名著选读书目已开好,亲送开明,与丏尊、调孚等商酌之。圣陶根本反对此次课程会议所定名著选,以为大有提倡国故意味,故不参论。予亦委其稿于调孚,俟再商决进行。

傍晚文权来,询悉昨晚行至先施公司即值雨,比归,甚为踉跄云。谈至九时乃去。

8 月 13 日(丙午)星期六

晴热。上午八六,下午八八。92.1—77.4

圣陶约予为《中学生》撰文,纪念沈阳"九一八"事变周年。五天内须交卷,俾可应时出版云。午后金才即送《国闻周报》一年来,资考查,但中多缺失,未见有用也。

愈之已允接办《东方》,视函授社例,在馆外赁屋组社。予荐聿修与之,今日来信约谈,当即分别复转,如能有成,亦一佳事也。

潜儿热已退尽,仍请凤岐为之打针,据云或可不再发热矣。夜文权来省,九时后去。

8 月 14 日(丁未)星期日

晴热。上午八六,下午八七。95.4—73.9

看《国闻周报》及《时事月报》,预备作文材料。

息予夫人来视潘疾,据云昨日上午西区一带大雨两小时。乃此间毫无影响者,甚奇! 既而文权来,询之亦然。

凤岐于八时许来诊,仍为潘打针,大约先奏痊可矣。

夜九时许,凤岐、文权俱去;而达人、皖峰来访,谈至十时半乃去。达人所办女子书店不甚得手,予力劝罢去,但彼性执,未必能听从也。

8 月 15 日(戊申)星期一

昙晴不定,暑稍杀。上午八七,下午八八。

拟文题为"九一八事变以来的一周年",并排次小节标题十五个,将据以撰文应《中学生》。

接聿修复书,知已往见愈之,约今日下午六时在王宝和叙谈。以时往会,询悉种切,大约不致变卦也。半酣,其友陈让之来,谈至九时许乃散。扶醉登车,到家已十时矣。

皖峰之未婚妻陈漱琴辑有《诗经情诗今译》一册,今日承见赠。

《开明国文读本》第一册已印钉成,今送样书五册来,甚好。

8 月 16 日(己酉 望)星期二

昙,气稍凉。上午八四,下午八六。86.0—76.1

开手作《九一八事变以来的一周年》,迄晚得二千言。

夜小饮,饮后闲谈以俟凤岐之至。及来,谓可不再打针,以潘已痊可也。惟饮须特别当心,万弗能再致吃坏耳。

8 月 17 日（庚戌）星期三

晴，又转热。上午八七，下午八八。95—75

晨九时，丏尊来言，佩弦夫妇已由普陀回沪，今日下午六时在聚丰园请吃饭，邀予参加。旋即续作昨文，迄晚得二千八百言。至六时，予径赴聚丰园，客尚未至。坐甫定而煦先夫妇、佩弦夫妇、雪村、调孚偕来。有顷，圣陶夫妇、丏尊先后至。久之，愈之乃到。九时许散出，复过精美饮冰。十一时始行。乘车到家，已十一时半矣。适邻家产子，叩户邀天然往接生，遂致不寐。至三时许，始略一合眼也。

接舒新城函，约为中华书局编《日本史》，想出子敦推挽之雅。但予于此致力甚疏，又忙迫不能抽暇，拟谢之。

聿修事据愈之言，恐中变矣。

8 月 18 日（辛亥）星期四

昙，热闷。上午八六，下午八九。93.6—75.7

晨写信致子敦谢介绍，并作书却新城，即托其转去。又致书聿修，告《东方》事恐中变。旋续作前文，至三时许，得千六百言。以息予来，遂中辍。傍晚呼酒共饮，而圣陶至，遂三人对酌，七时许即散。予以昨宵欠睡，客去即入浴，浴后稍坐即寝。

纪耀来，递到愈之信，约明日午后六时半在梁园一号吃饭。并明言聿修事作罢，俟将来再说。一场空喜，予亦大为聿修扼腕也。

8 月 19 日（壬子）星期五

闷热已极，午后四时大雷雨。入晚稍凉。上午八五，下午九

二。94.3—76.8

仍续草前文,以热逼故,未能多写也。

午后聿修见过,谓已复访愈之未晤。予即告之详情,劝伊即返苏再说。谈至四时,去。去不多时而雨作,予甚挂念是否遭雨也。伊谋事不遂,当然懊恼,而予无力帮忙,坐视铩羽,甚苦痛矣。

六时半,偕珏人于雨中赴梁园之会,至则主客已毕集,单候予夫妇矣。是夕客甚多,除前日聚丰园原班外,增佩弦夫人之女友、雁冰及珏人,故同坐凡十四人。屋小人挤,热极。九时散归,雨已止,气大凉。到家入浴,少坐便寝。以初凉,竟得好睡。

8 月 20 日 (癸丑) 星期六

阴,近午晴。上午八九,下午八五。90.3—75.0

仍续草前文,至午后五时许,乃乾夫妇来,遂辍去。乃乾等于晚饭后辞归。

《大晚报》电讯,昨日午后二时锦州日军又用甲车三列冲入热河境,晚九时占领南岭。倭贼蓄心图热已非一日,如汤玉麟仍蹈沈阳、锦州之前辙,一味不起抵抗,恐热河终非我有,而华北亦从此岌岌矣。瞻念前途,不禁愤痛。

乃乾以影印《修文记》、《磨忠记》、《博笑记》三种各二册交予,属转致晴帆,盖晴帆前托予代定者。但晴帆为视察各县保卫事务常在外边,不悉行踪,止得暂留予处矣。

8 月 21 日 (甲寅) 星期日

阴晴乍忽,傍晚雨。上午八三,下午八五。92.3—70.3

竟日未出,续草前文,以时近愈难下手,颇费周章,仍不能完成也。

夜小饮,文权来。未饭即去,以有应酬须往五马路一行耳。

连日为文债所窘,深感卖文为活之痛苦,但无法改业,只好终身茹辛矣。昨日所记当移今日,以为文不暇当日作,事后补记致误也。即此一斑,已可想见乏味矣。

昨日下午六时,与剑秋同赴王宝和,会息予、子敦,饮酒谈心,至十一时始扶醉归。《日本史》之作推却不得,已允子敦勉为从事矣。

8 月 22 日（乙卯）星期一

昙,气较凉。上午八三,下午八四。86.9—74.3

仍未出,续草前文。晚间酒亦未饮,匆匆饭已即坐下,至九时始脱稿。全文凡四十二纸,都万三千言,当于明晨交圣陶,了此一重笔债也。

下午二时许,晴帆偕铁笙来访,当即将乃乾所托转缴晴帆。谈至四时许,别去。予以手头未了,不能偕出,约凉后再订期小饮。

所编教本,第二、第三册又续印成书,惟参考书之清样则仅见一百八十页,止有小半,恐开学时不及印出矣。

聿修书来告归,济群亦来信慰问。

8 月 23 日（丙辰　处暑）星期二

雨,凉意洒然矣。上午八二,下午七九。77—72

晨起将稿交圣陶,并作书复翼之。旋看《故宫周刊》自娱,饭后始罢。以坐雨故,殊嫌无聊,乃开唱机,并于晚饭后打牌八圈。明明肩上事多,偏觉如此懒散,真不解所谓也。

倭寇侵热,我军仍守口北营子。不识能否坚持以与十九路军后先辉映耳。深愿义军突起,建一奇功,一方大挫倭锋,一方牵制驻军使不得自却则大善。

8 月 24 日（丁巳　下弦）星期三

朝夜雨,午前晴,闷。上午八二,下午八五。88.5—73.0

在家开手作参考书第二册。饭后丐尊电话约谈,有文法上数事献疑。经予剖解,即冰释。至三时许乃归。

夜小饮。文权来,十时去。予则与铮子、墨林、珏人打牌八圈。

热河口北营子仍在我军手,战事又稍缓和,岂日军又袭沪战故智,必待武藤到沈后始作整个的侵略乎! 为我计,止有反攻失地,力图挣扎,断不能任人补充军力,续援到后始言抵抗也。即上海方面亦大紧张,日浪人竟公然自组警团,图谋遏止抵货运动,陆战又源源而来,无怪谣言复炽耳。

8 月 25 日（戊午）星期四

时雨时晴,不甚爽。上午八五,下午八六。88.3—78.4

校参考书一八一至二三二页,自上午八时起,直至下午三时半始毕。傍晚,金才来取去。此批校毕,仅及全册三分之二,以此类推,全册恐在三百页以上也。

夜小饮听雨,意亦殊得,惟雨驱湿入室,倍增闷气,则不觉可厌耳。

开明酬稿之费已将及半,而书仅交出一册,甚以为窘,不识秋凉之后能否稍稍加工,急起直追也?

8 月 26 日（己未）星期五

时晴时雨，不爽。上午八五，下午八八。89.6—75.6

作第二册参考书，完毕一、二、三篇之解题及诠释。

傍晚小饮。饮后与珏人闲步于杨树浦路、汇山路以归，过圣陶家听唱片，八时许返寝。十时半，铮子及天然由华德路接生还，剥喙声急，而翠娥诸人乃熟睡不省，予起开门，遂致不寐。至一时后始入梦云。

予作《九一八事变以来的一周年》将与息予《沪战记》合出单行本，别有人供给照片。将成版税，即作三分开派。予生平第一回版税书，乃在出卖国难，思之可痛，亦弥复自怜矣。它日有所入，不将刻之警予耶！

翼之书来，告予家墓粮已换到殷半，予于遭难以来，一切无从过问，即家祭亦废，不复举。今得此息，盖钩予悲，何日兴复，乃能稍睹旧观乎！思之重思之，不禁泪涔涔下滴矣。

8 月 27 日（庚申）星期六

昙，间见细雨，即止。上午八三，下午八五。90.0—75.4

早起写信两封寄翼之及聿修。旋续作参考书，完四、五两篇之解题及诠释。四时半出，以开明之托修之《集成》交寿祺，谓下星六可取。少坐即行，到利利文艺部购得《故宫》三日刊（周刊改）一六五至一六九期。归途过饮于王宝和，七时始返。知福崇曾亲来邀晚餐。以时已晏不及赴而罢。

组青今日来为珏人装一西门子德律风根收音器，但尚未校正电路，杂音殊多。明日将再来修整，不识能否纯净耳。

8 月 28 日（辛酉）星期日

晴热。上午八五，下午八八。91.9—77.4

续作参考，完第六篇之解题及诠释之一部分。今日墨林补张四旬寿筵，硕民亦来，遂未能再写。饭后与硕民、铮子到东海大戏院看《海神》。夜在家小饮，听无线电话播送之弹词及申曲。珏人偕铮子、天然游明园，十时许即归。伊归时，正唱申曲也。

晨作书与福崇，谢昨晚枉驾而不能赴召之咎。

聿修书来，告伴甥来沪就学，将小住也。

8 月 29 日（壬戌）星期一

晴热。上午八七，下午八八。93.2—74.7

续作参考，改作第六篇解题，并完诠释。

夜小饮，饭后开唱机自娱。

倭侨在沪又大肆蠢动，竟组织红衣队袒护奸商运货，其海军陆战队司令杉阪且屡出布告保侨，对我施行恫吓。以国际形势及倭方财力视之，似不致再起大祸，但倭性狡展，正说不定又掀波澜耳。思之可恨！

珏人挈清、漱两儿过访仲弟，饭后垂晚乃归。询悉近状甚好，颇慰。

8 月 30 日（癸亥）星期二

昙，闷甚，傍晚雷雨。上午八七，下午九〇。92.8—76.3

校参考书排样二三三至二五六页。下午闷热难受，而幽若又过此闲谈，遂未能再作它事。夜小饮，饮后听无线电话自娱，而为雷震之威所胁，不能竟其绪，即撤去接筍矣。珏人为诸儿讲落金扇，从旁听之，亦殊津津也。

夜雨后始见凉，明日或可少苏耳。

工作正多而时不我与，非炎暑郁蒸，即人来人往，恐不能有多大成绩也。颇自馁。

8 月 31 日（甲子）星期三

阴雨，气骤凉。夜雨达旦。上午八一，下午八〇。79.9—71.4

晨起续校参考排样，自二五七至二九〇页，垂午始毕。下午续作参考二册，完第七篇诠释。以手头缺书，不能进行，因书与调孚乞借《上下古今谈》等，俟书到，始可入手也。

夜小饮，饮后听无线电话自娱。幽若来，听书后留之不得，冲雨去。

听书饮酒，闲言送日，明知不宜，而所遭际如此，奈何犹虚图振奋以自刻厉，使将来寸积铢累以为久计者尽以资贼乎！故但求当前之快意，不复愿作来日之计矣！

9 月 1 日（乙丑　八朔　月建己酉）星期四

阴雨，气大凉。上午七三，下午七四。69.8—66.0

续作参考二册，先作第八篇之解题。旋调孚又送来样书一批，自二九一至三一六，全册毕工矣。下午尽半日力校完之，即交由金才带去。

致觉过谈，知安大事早成泡影，不禁感喟。傍晚同过圣陶晚饭，谈至十时许乃辞归。伊本善人，遇乃蹭蹬，天真难问矣！予意，尚以在家编书为宜，出而教授，恐不为学生不喜也。

夜小饮,饮后听书自娱。

9 月 2 日(丙寅)星期五

阴雨,大凉,须御袷。上午七四,下午七七。77.0—66.2

续作参考书第二册,第八篇之解题完毕,诠释则尚未落成。近午,予同、致觉先后至。予同将赴安大任事,仍住香宾旅社。谈至饭后去。致觉新接常州、苏州两中学聘书,就予商去就。予为决就苏中而却常中。以茹素不便,临饭先去。予约后日午刻往访之。

夜小饮,饮后听书自娱。十时后乃寝。

澹儿夜归,谓在大马路外滩遇见日兵一车与巡捕冲突,因急叱车驰归云。日来日兵又大肆示威,北市居民又迁徙不绝。形势之紧张,不下于"一二八"之前夜。澹儿目击又如此,诚不知变幻将至何度也?

9 月 3 日(丁卯)星期六

大段晴,惟时有风雨。七十七。83.1—66.2

此间形势又见缓,市政府既布告取缔越轨行动,日领馆亦声明近驻电信局之陆战队即撤去,桴鼓相应,显已绌己申人,敌乃饱飏耳。又《时报》号外载汪兆铭等突来沪,将与调查团李顿、新日使有吉会晤,进行直接交涉云。果尔,则屈降已成事实,何所谓危险!又何所逃命耶!政枢如此,尚何言哉!

续完第八篇诠释并第九篇解题及诠释。第十篇之解题则手头缺书,仅得一半。四时半出,先过利利购得《故宫》三日刊二期,然后往访予同于香宾旅社,并晤径三。少坐同出,过来青阁为开明购书,属于五日送去。旋乘车归,共赴雪村之宴。到范允臧、赵轶尘、

周予同、蒋径三、方煦先夫妇、宋云彬、胡愈之、茅幼雄、叶圣陶夫妇
及予,宾主凡十三人。席散后,予同、径三、愈之、圣陶过予寓谈,十
时后乃辞去。

9月4日（戊辰）星期日

晴和。上午七四,下午七八。81.0—62.2

晨起看报,知军阀遗孽张宗昌昨日下午六时在济南车站被郑
继成所刺,当场毙命。或言继成系郑金声之子,为父报仇;或疑韩
复榘所为,一如从前冯玉祥之杀徐树铮,莫衷一是。总之,张贼恶
贯已盈,故逋诛虽久,卒自送死于昔所盘据作恶之地也。闵、献不
足方其恶的系张贼定评,如果获老死,亦太不能少平被害者之冤气
矣!

十时往访息予,同过致觉,邀之出游邑庙,遂饭于豫园之素馨
楼。下午三时许,致觉往南洋中学,而予亦与息予别,在老大房及
汪裕泰购得月饼及茶叶数事,径归。奔走一日,颇感倦,夜未饮,听
书数回而寝。

9月5日（己巳）星期一

晴,较燠于昨。上午七六,下午八〇。84.2—63.0

《时事新报》载李石岑被控诱奸,此公淫业太重,食报甚当。
平日靦颜以学者招牌诱女傲友,今乃洞穿雪亮,终暴露其为花面郎
君耳。为友朋计,不禁称惜;为社会计,实当拍手大快也。

续作参考书第二册,第十篇之诠释犹未能毕也。六时出,赴古
益轩聚餐之约,以候电车至半时之久,竟后至。七时许开樽,坐两
席。予与予同、仲云、愈之、煦先、东华、圣陶、仲华同坐,馀则雪村、

云彬、允臧、径三、文祺、调孚等别列一席。至九时,散。又过香宾旅社小坐,至九时三刻乃偕圣陶、调孚归。比抵家已十时许矣。

9 月 6 日 (庚午) 星期二

晴暖。下午阴。上午七六,下午七八。80.6—64.2

续作参考书,第十篇之诠释甚多且复写四纸,仍未毕。傍晚本拟走访凤岐,当面至薄酬,以天气欠佳,未果。入夜小饮,听蒋如庭《三笑》,周玉泉《玉蜻蜓》及朱稼生、蒋如庭《落金扇》以自乐。难后得此,亦复甚得,且顾眼前,又何必问明日奚如耶!

日舰在淞口大检阅事,据报载不确,是新闻政策耶,抑临时为国联调查团过境而中止耶? 不可知矣。我国政府独无表示,一若任人宰割然,不审此肉食之流究代表何国也!

9 月 7 日 (辛未　上弦) 星期三

朝雨。近午乍昙乍雨,至晚。上午七六,下午七七。78.8—66.6

上午十时,偕珏人过浙兴里周凤岐,面谢来诊,致酬二十金。坐至十一时许乃偕归。

下午续作参考,以第十篇缺书难进行,姑阁置,先作第十一篇,写三纸,诠释犹未毕也。傍晚听名票俞振飞、程富年等播音,惟《三笑》占去半时,殊可惜。入夜小饮,饮后听《落金扇》。八时后再作参考,修补日间诸条,至十时后乃寝。

今日华德路小学开学,汉、漱、润三儿俱入学矣。汉在五年上期,漱在三年上期,润仍在幼稚园。适值细雨,饭时予亲往候接之。

周医已谢讫,吴医亦由珏人致十金谢之,心头担负已释,甚快!

9月8日（壬申　白露）星期四

晴，不甚烈。上午七五，下午七八。85.2—64.0

续作参考书，了第十二篇诠释。

夜仍小饮，听《三笑》、《落金扇》为乐。十时一刻寝。

文权来饭，饭后打牌数副，去。晚饭前圣陶来，晚饭后云彬来，均谈移时乃去。

倭认东北伪组织为满洲国，已经彼中阁议决定，将于十五日前实行，而其新任驻华公使有吉明又大唱亲善高调，重申其共存共荣之宣传。竟明目张胆声称东北事已不必讨论，今后中日交涉只在抵货排日等问题耳。其悍然不顾、蛮干横撞之气焰真不堪逼视矣！

9月9日（癸酉）星期五

晴暖。上午七七，下午八〇。85.1—64.0

晨间与珏人同出，到老垃圾桥北堍天和染厂属染衣料。旋过大春楼进早点，各啖鳝肉双浇面一碗。继又在天福购火腿一只，备送与闻云斋。九时即归。仍续作参考，了毕第十四篇诠释。

夜仍小饮，听《三笑》、《落金扇》。

雪村示予昨日《大晚报》，社论题为《丑事》者，即痛斥假借恋爱神圣旗帜以为纵欲败度之流，实为石岑事件而发。言甚痛切，足揭其奸。不识此旗帜下之喽啰能无少惕否？

9月10日（甲戌）星期六

昙，午后阴霾。八十度。88.3—67.6

竟日未出，续作参考，了第十六篇诠释。并校第四册排样一大批,尤注意于《牧羊记》之《望乡》,用《集成曲谱》本对勘之。

傍晚圣陶、云彬过谈,入晚去。予仍小饮,听《三笑》及《落金扇》为乐。九时后听南京中央广播电台报告,知林森到沪,汪兆铭病转剧云。国联状态仍暗淡,所谓不能放弃国际正义者,徒虚语耳。东北伪组织既由倭方一手造成,则定期承认,迫之订约,悉在意中,其紧张情形初不待今日始然也。

珏人挈濬儿于饭后往访组青,至则夫妇偕出,门加键焉。遂废然而返。

9 月 11 日(乙亥)星期日

阴雨,午前后特大。上午七六,下午七五。73.4—69.6

下午文权来,晚饭后去。予饱听唱书,兼酬答谈话,遂未作事。夜仍小饮。

今日开明书店开股东会,予以阻雨未往,特托雪村代表。

复儿中夜哭闹,为之搅醒,遂失寐,至三时后始得入梦。自“一二八”罹难以来,凤恙不发久矣,今竟促起,恐再现此疾则大不幸也。

9 月 12 日(丙子)星期一

晴明。上午七五,下午七八。84.9—63.1

续作参考书,了第十七篇诠释。

近午,与珏人同赴闻宅午饭。晤云斋,谈至下午三时乃归。

夜小饮,饮后复作参考,了第十八篇解题。

听《三笑》、《落金扇》,并南京中央纪念周石瑛报告。

云彬来谈。福崇书来,告已迁居真如车站南李家阁甲二号。

9 月 13 日（丁丑）星期二

阴霾，晚晴。上午七六，下午七八。82.2—63.7

续作参考，第十八篇之诠释未毕，手头少书，大感不便，益思旧藏，愤火中烧矣。

午后禅生来，谈别后情形甚悉。至三时乃去。夜饭后雪村、云彬、幼雄来谈，至九时乃去。

予仍入夜小饮，饮后听《三笑》。《落金扇》则以谈话故，未及听。

接致觉书，知到苏尚好。

9 月 14 日（戊寅）星期三

阴晴不常。夜雨。上午七八，下午七九。80.6—66.2

续作参考，十八篇之诠释仍未毕，恨甚。

夜小饮听书如常。八时后圣陶、雪村来谈，至十时乃去。

开明股息及红利自二十年一月起，至二十一年六月止，计可得一百另五元，已送取息单来。予即托雪村添购一股，并找还馀款五元。前后计六股。如营业蒸蒸，可恃缓急也。

9 月 15 日（己卯　望　中秋　月偏食）星期四

晴，傍晚幽暗，细雨。上午八〇，下午八二。85.1—69.8

清晨挈同儿赴大新街大春楼进早点。旋在三阳泰购白果，并走西新桥国华电料行购得《无线电联合节目表》第四期，然后乘四路电车以归。午间邀铮子、天然、幽若共饮，一时半散。二时许，圣陶来，邀同前往南京大戏院看《非洲小人国》。五时许散出，复过利利购得《故宫》三日刊三期,圣陶则过国文周报社购得《童蒙养正诗选》。六时许乃各归。夜仍小饮,幽若亦于晚饭后始去。

写信复致觉。接子敦信,约十七日下午六时在王宝和小叙。

倭承认满洲伪国独立,今日十时已在长春签约,并在东京发表。电信所布,为之愤怒无已。政府口口声声宣言讨伐叛逆,不识叛迹久著之汉奸今竟公然勾结外患,亦聋哑对之否?

9 月 16 日(庚辰)星期五

阴雨,但时露白地。上午七八,下午七六。81—70

续作参考,了十八篇诠释并十九篇解题。夜且补作十篇之诠释数条,又校《望乡》一过,盖雪村带来之改样也。

夜小饮,仍不废听书。

看《文化日报汇编》,于当代人物颇多轶闻,尤刺眼者,名人之性的游戏耳。明明是纵欲败度,偏饰以神圣恋爱之目,为人揭发,亦咎由自取也。

晴帆来,知日内即将赴省,并将所该乃乾之书价九元交予,嘱转致。

9 月 17 日(辛巳)星期六

雨,傍晚开霁。上午七四,下午七六。70.7—65.8

补完十篇诠释,留四五条待查。

十时许济群来,谈近事,知下月十日或十六日将结婚矣。饭后去。

晚六时与圣陶同赴子敦王宝和之约。遇虎如,知将在格致中学任教。有顷,息予、世璟来,知管小毅患肋膜炎死。谈至十时半乃散,到家已十一时许矣。又以多饮,中夜惊起,几致呕吐,甚不适。

9 月 18 日(壬午)星期日

晴和。上午七五,下午七七。80.4—65.3

清晨起,准备赴浦东周浦镇访梦岩。盖昨晚与息予约,今晨同往也。先至大马路五芳斋进点,息予偕立斋踵来,因共乘二路电车到十六铺,再乘南市一路电车到董家渡。上南长途汽车公司之轮渡及售票处即在董家渡,购票登轮,约三刻钟到高昌庙对岸之周家渡登岸,换乘小型火车,又三刻钟即抵周浦矣。抵镇后,穿市而过,直至南市梢之南八灶元泰号,晤梦岩。梦岩方患疟卧床,强起畅谈。饭后二时许辞归,由原路至上海,已五时矣,仍与息予同至予家,会其妇子等偕归。盖其妇子亦于午前来予家也。

连日过饮,又以奔走积疲,归后竟未进饭,即卧。至九时,大吐,其后连连呕吐,至三时犹未安睡也,苦甚!又拟戒酒矣。

9 月 19 日(癸未)星期一

晴和。上午七五,下午七七。83.8—63.0

清晨起,软甚。但仍续作参考,至晚九时,完十九篇诠释。

晚饭后调孚来,面商教科数事。圣陶、雪村、丏尊亦至,七时许俱去。

续购开明一股之收据,今由雪村送来,馀款五元亦交到。

女佣翠娥今日辞歇,回横泾。

9 月 20 日(甲申)星期二

晴,转燠。上午七五,下午八〇。84.6—67.1

自晨至午后三时,校四册排样二五至六〇面,旋又续作参考,完二十篇之诠释。夜略翻检,仍听书。

两日不饮酒,并不思之,或可戒去也?

9 月 21 日（乙酉）星期三

阴霾。晚奇燠。上午七八,下午八〇。82.6—69.8

续作参考,完廿一、廿二两篇诠释,然仍留有待查之条不少也。

夜仍听书,以奇燠故,未能宁坐作它事。未饮。

时局沉寂,一若伪满已非我土,可以置之不问者,甚可叹也!乃城内又起纷纠,即山东之韩复榘与刘珍年之争突起于十七之晚,至今乃愈见紧张也。韩既自济南亲抵潍县,刘珍年亦自烟台至掖县,箭在弦上,已不得不发矣。中央本无力制止,而蒋中正又恐别具用心也,然则我国长此以往只有内战乎!

9 月 22 日（丙戌）星期四

阴,雨如喷沫。上午七六,下午七八。76.3—70.2

晨起展报,知东北义军冯占海部已攻克吉垣,除击毙守城倭兵外,俘获六百馀人,逆省长熙洽先逃,无获。不但专电见之,且揭朱庆澜之通电报告焉。一载以还,舍江桥之役、沪北之役外,此为最快之事矣。第恐后继为难,终堕前功,则又不禁大恫耳。

续作参考,完廿三篇诠释。

傍晚,岳斋、云斋奉母挈弟来;因又开饮。至九时半乃辞去。书未听成。

夜报载韩复榘军已分三路进攻刘珍年,大约不免一战矣。

9 月 23 日(丁亥　秋分　下弦)星期五

晴朗。上午七五,下午八〇。84.6—66.0

晨偕珏人出购物,顺道在大春楼吃汤包及肉面。九时许归,助来送校样一批至,因即对勘,至午后三时乃毕。亲往开明交调孚,并晤云彬、丏尊等。旋赴开明发行所出纳部支款,过王宝和小饮乃归。比抵家,已六时半,仍进晚饭。晚饭后听《落金扇》。

东华来书,约明日来访,或当一醉也。

韩、刘开火已数日,双方背后各有作用,是非亦正难言。大约刘后有蒋,韩后有冯,风云搅动,未有已时,而外患当前则不之抗,军阀之肉其足食乎!

9 月 24 日(戊子)星期六

晴朗,微暖。上午七四,下午七九。84.2—60.4

续作参考书,完第二十四篇之诠释。

下午四时三刻到开明,以东华来约,或在彼相候也。至则仅晤调孚、圣陶、丏尊、云彬及望道,东华久待不至,来电话谓无牌可打则不来矣。入晚,遂偕望道、丏尊、圣陶、云彬赴王宝和小饮。七时许散,复至英华街精美进咖啡。直谈至十时乃归。到家后珏人、濬儿方在叶家打牌未归,又坐下听书,待至十一时始返。

9 月 25 日(己丑)星期日

昙,气不凉。上午七七,下午七八。81.5—63.3

晨偕珏人挈汉、漱、润、滋四儿到公平路口新张之申鸿楼进早点。归后未久,文权来,饭后文权偕诸儿赴汇山公园游眺,予则假痹并展玩《故宫》三日刊。四时许,文权等归,又盘桓至晚饭后七时乃去。

　　未饮,亦未作事,静息听书而已。

9 月 26 日(庚寅)星期一

　　阴,细雨。上午七五,下午七六。76.5—65.7

　　晨出吃面,归后看报写信。午后乃续作参考,第二十五篇之诠释犹未毕也。傍晚甚感苦闷,乃独出闲步,由熙华德路、邓脱路、塘山路、昆明路、茂海路而归。听书而未饮。夜八时,幼雄来,托购无线电收音机,并谈至十时许乃辞去。

　　八月七日在联芳所摄之史地部旧同人合影,今日始由达人邮来。

9 月 27 日(辛卯)星期二

　　阴霾,时见细雨。上午七二,下午七四。74.5—65.3

　　晨出吃面于申鸿楼。旋归续作参考书,完廿五篇诠释并及廿六篇之解题及诠释之一部。夜小饮听书,十时后乃寝。

　　幼雄托购之无线电收音机,今晨由珏人走访组青接洽之,大约今明日内当可装就也。

9 月 28 日(壬辰)星期三

　　阴霾,午后晴。上午七〇,下午七六。83.8—61.0

　　续作参考,二十六篇之诠释犹未毕,以条子较多故也。

　　接聿修书,知达人已将照片寄之矣。

　　锦珊午后来,告济群喜期已定双十节。嗣与同出,赴大连湾路参观正泰橡胶套鞋厂,顺便望其表舅胡隆基。三时三刻归。锦珊径去,约一日午后五时过彼小饮。

幽若今日返苏省父,过此取物。

夜九时,幼雄、息予、立斋见过,十时许去。

9 月 29 日(癸巳)星期四

晴暖。上午七四,下午七六。83.7—62.1

续作参考四纸,仍未注完廿六篇。

下午三时许,道始、晴帆见过,因与共出。先至利利购得《故宫》三日刊五期,继赴高长兴三楼小饮,八时散,又同登天韵楼啜茗。十时一刻各归,抵家已十一时许矣。

晴帆有回任宝山之望,果尔则怀之事可解除矣。

9 月 30 日(甲午　九朔　月建庚戌)星期五

晴暖。上午七六,下午七八。85.3—59.0

终日未出,续作参考,廿六篇诠释仍未毕,然已赓写六纸矣。

夜小饮,并与墨林谈话。伊劝我改取版税,甚有理由,予将从之。拟第二册交出时与雪村、丏尊接洽,未知能否如愿耳?予佣书十年,出版物亦略有十馀种,乃竟不获一文版税,实太吃亏矣。此举果成,或不无小补也。

10 月 1 日(乙未)星期六

晴暖。上午七四,下午七六。83.7—59.7

续作参考二纸,廿六篇诠释仍未毕。

午后二时挈同儿赴东海大戏院看《歌场春色》。四时许归。

五时又挈之访锦珊,备送礼。乃登门时锦珊已返苏而灿庭复它出,
废然遂行。行抵南京路,遇剑秋夫妇,复折至石路,夜饮于知味观。
九时许归。同儿偶出,不愿使之晏归,故饮罢即行。

10 月 2 日(丙申)星期日

晴暖。上午七四,下午七八。85.1—61.7

续作参考,廿六篇诠释已完。凡十八纸。下午写信四封,分寄
达人、福崇、颉刚、振铎。

夜小饮听书。云彬来谈,移时乃去。彼亦以版税为言,足征关
念之切。

《国联调查团报告书》今夜可发表,明日报纸必可揭载也。

10 月 3 日(丁酉)星期一

晴,较昨凉。上午七四,下午七六。78.8—60.3

《调查团报告书》已发表,凡分三部:(一)绪言,(二)正文十
章,(三)附录。对东省问题,一方保留中国政府有政治主权,一方
承认日本有实在经济利益;一方不主张恢复“九一八”前旧状,一
方亦不主张维持伪满洲组织。其大体,如是而已。予向不信赖此
等代表帝国主义之组织,故于其见解初无何等惊诧也。

续作参考书,廿七篇解题及诠释一部分完。

夜小饮听书。九时后再作参考,又写二纸而后寝。

接允言、怀立、达人信。

10 月 4 日(戊戌)星期二

昙,有西北风。上午七〇,下午七三。77—51.4

《国联调查团报告书》发表后，日政府、政党、军阀等同声反对，以为偏利于我。实则我吃亏已甚，所得不过虚幌，而倭犹狡猾又释，可见口舌之辩初无当于实际，不出代价是不能望珠还矣。

午前续完廿七篇诠释，午后校排样一批。

傍晚挈同儿闲步于左近各街，入晚返家小饮。国华播音有损，晚八时半始听得，不知张少蟾之《再生缘》及蒋如庭之《三笑》何以失去也？

幽若今晚由苏来，即下榻予寓。

10月5日（己亥）星期三

晴。七十度。

又校排样一批，凡四十页。续作参考第廿八之解题及诠释一部分。

傍晚圣陶来，谓自京归，游甚快。中山陵、燕子矶、三台洞等处涉迹殆遍。出浙江图书馆所刻《丛书子目索引》一册赠予，盖在京所购，贻予作纪念者。予将就其上钩记予之旧藏；前所作《劫后追存录》，竟一时无由忆存矣。

调孚、云彬、冰然过谈，致听书耽误。

仍小饮，九时半听雪艳芳《芦花河》，谭富英《洪羊洞》、《八大锤》。国华特请以飨听众者。

10月6日（庚子）星期四

晴昙兼施，燥烈。上午六五，下午七〇。79.9—50.7

续作参考，完廿八篇诠释并廿九篇解题。

看《丛书子目索引》，随笔钩识旧藏，十有二三，甚恨一旦失去也。

济群奉其母及妹来,邀双十节至城内蓬莱路报关公所吃喜酒,傍晚去,住三三公司对门安乐旅社。托予为书请证婚及媒人帖五通单帖八纸,予因于夜饮后代书之。

幽若于今晚去,盖明日厂中即须开工矣。

10 月 7 日(辛丑　上弦)星期五

晴和。上午七一,下午七四。78.8—52.7

晨十时往访锦珊及济群,送昨书之帖与之,并致贺仪十金,觋寿仪四金。因留彼午饮,午饭后二时乃同车东行。予归家而彼等则往大连湾路访隆基。

夜仍饮。饮后丐尊、圣陶、云彬、调孚来谈,开明拟出中学丛书,属予条拟意见,予许明日与之。

10 月 8 日(壬寅　寒露)星期六

晴凉。上午七一,下午七四。77.9—58.6

竟日未出,续作参考,完第廿九篇诠释。下午为开明中学丛书条拟意见六则,并拟书十种,列目备采。

入夜小饮听书,写正意见书。

硕民自嘉善来,下榻圣陶所,明日将返苏一行。过谈片时即去。

隆基来,托代致济群礼,予以须后日乃往,彼即折回,备当日面致矣。

10 月 9 日(癸卯)星期日

晴和。气爽。上午六五,下午七〇。74.3—46.8

上午将意见书交圣陶。锦珊来,邀赴喜筵。近午,福崇奉其父来，同赴觉林储逸安之约，盖逸安与陈漱琴结婚也。证婚为叶誉虎，生客则张天方、卫聚贤，馀俱稔友，如谢六逸、傅东华、徐蔚南、陈望道、何柏丞、姚达人等。饭后即散，予过访乃乾。乃乾昨出未归，因即走，乘公共汽车返寓。

文权来，晚饭后去。

仍小饮听书。

《丛书子目索引》已看毕，钩识得十之四五。益见旧藏被催之可痛。

10 月 10 日(甲辰)星期一

晴暖。上午六八，下午七二。

晨兴看报，知东事依然。至十一时，举家乘车赴蓬莱路报关公所贺济群结婚。饭后挈同儿游蓬莱市场，三时许观礼，并致词。五时许见礼。七时许晚宴，八时许散，九时十分乘车抵家。南市一带，保安队均派双岗守各交道，行人绝稀，恐又无形戒严矣。国庆固无可祝，又何致防范民众如此其厉耶！

济群婚礼，结婚用新式，而祭祖、见礼、定席等等全用旧式，甚至待新贵亦举行无失，真可谓二重生活也。

10 月 11 日(乙巳)星期二

晴暖。上午六七，下午七二。75.7—48.4

续作参考，完三十篇之解题。午后隆基来，谈吕家事甚悉，四时始去。隆基甫行而七阿姨及家垫至，少坐，予即偕家垫同赴济群新寓，会其新亲。女客多而男客少，共三席。予与其泰山父子、吴西园及其乔梓等同坐，九时许散，十时归。

接勘初书,知近状尚好,致觉返苏后亦尚好。

息予来借书,予适往济群所,未晤。

10 月 12 日(丙午)星期三

昙,夜雨声甚急。上午六八,下午七二。78.8—48.4

前日报馆休业,故昨日无报。今日报载,四川刘湘部队已攻刘文辉之防地顺庆,混战之局又开,正不知伊于胡底也。山东事仍未解决,冯玉祥又赴张家口暂驻,不日将入晋晤阎锡山。西南执委会亦动摇,邹鲁等纷纷离粤,是内战已臻顶点,未毕能遽化和平矣。以予观之,症结在蒋一人,与汪争,与胡争,与张争,与阎争,与冯争,无非图遂垄断中枢之私,以逞其帝王之欲耳。不惜涂炭万姓,召致外侮,其肉复足食乎!

接聿修书,知近状尚好。接组青电话,知已移家新闸路永吉里二十一号。

夜雪村、云彬过谈,移时乃行。

10 月 13 日(丁未)星期四

晨开霁,热。上午七二,下午七八。80.6—58.6

竟日未出,续作参考,完卅一篇诠释并卅二篇解题及诠释十四则。中间除饮食及晚间小酌外,俱伏案。予同书来,谓予不肯出山,以著述自给,终太辛苦,信然。

友朋书来,积不复者多矣,暇当扫数一答之,清积疚也。

鲁战、川战甚烈,而汪又有出国养疴说,政情真变幻无端哉!倭方一再以我为无国家组织向国际宣传,而我处处走上此道,以自证敌之口实,洵欲哭无泪矣。

10 月 14 日(戊申　望)星期五

晴。上午七二,下午七四。79.5—57.9

晨与珏人同出,购火腿一只,西点两盒,即由予持往利康里,送吕氏大姊行。珏人则先归。予晤锦珊、灿庭父子,谈有顷,即返。傍晚挈同儿闲步华德路,买得下酒物数事归。小饮听书。

续作参考,完卅二篇诠释。又作卅三篇解题。

夜云彬来谈,出商务复业后通信录示予,其职员录所载半云五私人也,而李伯嘉尤红,柏丞则几与编辑绝缘,处以首席秘书,阳尊而阴抑之矣。

10 月 15 日(己酉)星期六

晴,午前雨。上午七一,下午七四。78.8—53.2

续作参考,完卅三篇诠释,卅四篇解题并诠释。

悦之夫妇来,幽若来,谓怀之夫人将来此作工,在韬朋路,当往一视。珏人与之约,如来,偕来晚饭,不来亦请通知,但候至九时未见来,想已各归矣。

夜小饮,听王无能滑稽及蒋宾初《三笑》,蒋如庭、朱介生《落金扇》。

报载倭军部外部负责发言人宣称,彼中反对国联调查团报告指摘其用兵超越自卫权,并谓我抵制日货等于宣战,彼可以战时状态应付云。狂悖至此,又有何辞,我能一味巽退即戢野心乎!

10 月 16 日(庚戌)星期日

早晴,旋闷而阴,将雨。上午七一,下午七四。78.8—51.8

上午作书三封,分致允言、翼之、勋初,并将《沪战记实》挂号寄聿修。

下午文权来,幽若来,遂与闲谈,未得作事;而禅生复来长谈,移时乃去。

夜饮酒食蟹,与文权、幽若及珏人打牌。十时罢,文权归,幽若则留。

10 月 17 日 (辛亥) 星期一

雨,午前阴霾。上午七二,下午六六。80.6—56.8

续作参考卅五篇诠释并解题,卅六篇之解题及诠释五条。

夜小饮听书,并打牌四圈。

幽若清晨即去。

天气忽变,上午御袷尚嫌其热,而下午雨作,竟需棉衣,故甚易酿病。复儿、濬儿俱感冒咳嗽矣。

10 月 18 日 (壬子) 星期二

阴雨,转凉。上午六三,下午六五。60.3—50.0

续作参考,第卅六篇之诠释仅到四十二则,全篇远矣。此事穷年矻矻,迄难竣工,甚窘!

怀之夫人来,下榻于此。将在昆明路宏大橡胶厂作工。幽若因来会晤。

调孚傍晚来,送校样并谈琐事,有顷,去。

夜小饮听书。

10 月 19 日 (癸丑) 星期三

阴霾。午前雨。上午六二,下午六五。62.6—52.3

校第四册排样一四一——一八〇页,直至下午四时半乃毕。旋偕同儿出游,闲步于杨树浦路,看电车公司之厂房。傍晚归,小饮听书。

夜圣陶过谈,有顷乃去。

为注书事,翻《庄子集解》得四典,馀一典尚未得之,当再翻检。

10 月 20 日（甲寅）星期四

阴雨,转燥矣。上午六二,下午六四。58.8—51.3

竟日翻检,未作一事,为"好整以暇"费去四小时,从头翻完《左传》两遍,至第二遍乃得之也。读书不熟,固也;而气蔽心恶实有以致之。自遭难以还,每值用书,辄有此象,非恢复至相当程度,恐不能平耳。

夜续作参考,成卅六篇诠释五则。

云彬过谈,移时去。

幽若饭后来,傍晚去。

10 月 21 日（乙卯）星期五

晴凉。上午六二,下午六五。74.1—49.8

竟日未出,续作参考,又写五纸,至晚十时,卅六篇之诠释犹馀七则,可见此篇注文之多。

夜仍小饮听书,但未废事。

潜儿自孙宅归,携有道始函,属代撰挽联,以挽在申设有大规模线袜厂之无锡人陈明山,谓明日当自来取去云。

10 月 22 日(丙辰)星期六

晴较和。上午六七,下午七一。78.3—53.1

晨起撰一联云:"启规渐广,殖货渐丰,惟公廿载苦辛,以有今日;律己则严,待人则厚,痛我同舟风雨,乃无南针。"即以应道始之属。旋续作参考,完卅六篇诠释及卅七篇解题及诠释八则。午后三时许,道始来,邀游无锡,因与同访晴帆并邀约之。凡两往乃晤,偕至石路知味观晚餐。晤朱韫华,亦约之。九时许散,约明日上午九时在车站取齐。

10 月 23 日(丁巳 霜降 下弦)星期日

晴和。上午六八,下午七二。74.1—55.6

清晨八时半赴北站,昨约之人俱未到。有顷,晴帆至,韫华至,道始夫妇并其子宗海、宗鲁则至九时十分始来。匆匆购票登车,人甚挤,幸经站长相告,走至最前一节始得坐。十一时许抵无锡,径往无锡饭店,贺君毅三十寿,即下榻焉。晤继之、虚舟,即同席午饮。饭后由虚舟导引,乘汽车至惠山公园(即李鹤章专祠所改),茶憩于湖山胜概楼。既而步往二泉,历紫阳书院、竹炉山房、云起楼、忠烈祠、惠山寺、华孝子祠,并越黄公涧访黄华阁,坐眺甚久。垂晚返城,饮君毅寿筵。晤晴帆旧时科长华雁臣,一见如故,颇惬谈。夜步北门大街,藉觇市况。十一时就寝。

10 月 24 日(戊午)星期一

晴,晨有雾。上午六八,下午六七。69.4—60.8

晨七时起,偕晴帆、韫华游公园,进点于大华楼,雁臣踵至。八时半回无锡饭店,道始方起,至九时许共登汽船出发。循梁溪出蠡湖,先过陈氏渔庄,方在经始中,继过王氏蠡园,即饭其中之湖上草堂。两园俱为乡人虞循之号湖上布衣者所经营,饭时即承虞君招待,因共留影而出,已二时许。鼓棹复西,出独山口,先游鼋头渚,茶于杨氏飞云阁。旋渡小箕山,一巡而下,复渡梅园,小箕山本在湖中,今有堤路属之梅园,盖俱为荣氏别庄也。在梅园啜茗,至暮乃返棹东抵无锡饭店码头。坐憩至七时许,乃由雁臣导往崇安寺前聚乐园晚酌,虚舟亦至。散后复步公园,至九时许返旅舍。又谈笑至十二时后始各就寝。

10 月 25 日(己未)星期二

昙。上午六八,下午六九。70.0—53.4

晨兴仍在大华楼进点,继入城访曹培灵。复游公园,遇雁臣及当地公安局长高崇山,遂由崇山导游,并约道始、君毅同往,仍乘汽车赴惠山二泉。晴帆在二泉之西堂拍曲,予偕道始、韫华访碧山吟社遗址,寻黄公涧卧云石,复登锡山,升龙光塔之巅,极目四望。有顷,拾级下,出五里香塍,谒张中丞祠及东岳庙。访先文正公祠未得,而厨役来催,乃从之返西堂,午饭焉。饭后晴帆酬应,未及再游,至五时,遄返旅舍。六时十分辞馆到站,仍与晴帆、韫华同乘快车归沪。道始以家中有事,未克成行,故予等先发。十时五分到麦根路站,乃以皮带坏,修理至半小时,十时三刻乃能抵北站。匆匆乘电车东归,至十一时半始抵寓所。

10 月 26 日(庚申)星期三

晴。上午六七,下午六九。71.2—55.4

上午宴起,以积倦故。看报及补记三日日记外,无所事。

下午二时许往访晴帆,在其寓晤道始,知伊昨夜八时许特快车果行。谈至四时,予以承愈之之招须往东方杂志社晤谈,即乘道始之车以往。道始、晴帆则徜徉邑庙矣。予既见愈之,知伊将办一年鉴,属予主其事,予允考量再答之。是夕即在社晚饮,到雪村、圣陶、调孚、东华、幼雄、仲华及社中职员三人。八时许散,十时偕仲华、愈之、调孚、圣陶同乘汽车归,仲华先下,愈之继之,调孚续去,予与圣陶则最后至。抵门已十时半矣。

10 月 27 日 (辛酉) 星期四

阴,欠佳。上午六九,下午七一。68.4—57.0

竟日未出,续作参考,完卅七、卅八两篇诠释,并卅九篇解题及诠释十三则。十时半乃睡。

晴帆于午后三时许过访,出素笺装就之册页一本交予,拟写寿君毅者。予收受之,允日内动手撰文。谈至四时许,去。

夜电话约谈,初不悉何人,及亲聆之,乃愈之招谈,予约明日午后一时到东方杂志社面晤。

息予介绍太仓母佣爱珍,今日电由濬儿领来,尚可,已定收录矣。

10 月 28 日 (壬戌) 星期五

阴霾,晚细雨即止。上午六九,下午七二。73.4—60.8

上午看报,知北新书局为回教徒所捣毁,以《小猪八戒》开罪故。年来回徒日横,辄肆妄作,清真之谓何?如此纵放,势必再现咸丰时惨剧,安得左文襄其人复起芟夷之乎!

续作参考,完卅九篇诠释。

下午二时往会愈之,谈年鉴社事,商定由彼物色人选,与商务当局商洽条件,俟妥适后再定办法。四时三刻,偕立斋过息予,谈至七时,同到福州路味雅小饮,八时许散,九时一刻到家。

10 月 29 日(癸亥　十朔　月建辛亥)星期六

阴雨。午后渐霁。上午六八,下午七二。73.4—57.0

续作参考,完四十、四十一、四十二篇诠释。于是全册注毕,止馀八则未得了之耳。明日当可摒挡诸事,进行敷演诸次矣。

夜小饮听书,并打牌四圈。

路遇雪村,知开明发行所将移东数家,在旧中西药房原址开张。从此美奂美轮,更见显扬,亦一进展之弘猷也。

10 月 30 日(甲子)星期日

晴朗,晨略有雾。上午六四,下午六七。75.6—50.9

上午丏尊、云彬来谈,至午刻,因约圣陶同出。先在浙江路购得肥蟹十四,登王宝和食之。下午二时许散,予与圣陶同至先施及四马路一带购物。旋乘五路公共汽车到宝山路口,凭吊战迹。由宝山路、鸿兴路、香山路、宝昌路复折至宝山路,过横滨路、窦乐安路,在公园门口复乘六路公共汽车以归。沿途止见残垣,如行坟墓间。惨伤甚矣!予自"一二八"以来,此为第一度北行,尤抱悲感,草草一巡,殊不愿多瞩也。是夕遂不能饮。

夜调孚来谈,移时乃去。

仲弟今日生辰,特命清、汉、漱三儿往贺之。

10 月 31 日（乙丑）星期一

晴暖。上午六五，下午六八。76.1—51.2

上午撰君毅寿言，并写上册页。下午二时乃毕。即到开明查书，徒费半日，未得要领，薄暮返。闷坐小饮，益思旧藏。夜十一时就寝，寝前幸有可听之书曲，否则伊郁难堪矣。然入睡之后，屡为猫儿打架所搅，数起叱逐，遂陷于失眠，恨甚！

珏人体弱不胜繁剧，而家事鞅掌，一身任之，致时作疾苦，甚怜之而无法脱免，尤痛苦！

11 月 1 日（丙寅）星期二

晴，略有云。上午六六，下午六八。70.9—55.2

今日同儿生日，午餐以面代饭。参考书第二册之解题与诠释尽今日已全体补完，心头暂舒，当可安定专作敷演诸事矣。年鉴事愈之无信来，或已中变，则大可省却一事也。

夜小饮，听国华播音不得，或发声机有阻乎？

幽若及怀夫人漱石来，幽若未住予家，漱石则留。

潜儿访乃乾夫人归，携有《修文记》、《磨忠记》、《博笑记》、《云间二何集》、《王道岩家居集》五书，谓乃乾赠予者。甚感之。

写信与晴帆，告册页已写好。

11 月 2 日（丁卯）星期三

昙，晨且有雾。上午六五，下午六九。72.3—49.6

写信与予同，论近事。午后往访乃乾，适出未晤，坐待移时仍不见归，乃出晴帆书款九元交其夫人，起身便归。路经国华之门，播音依然,而予家之收音机仍未收得,或波长又有改动,一时捉摸不到乎?

夜小饮,听亚美杨仁麟之《粉妆楼》。

珏人往饮墨林所,九时始归。盖墨宴丐尊夫人并为施太太饯行,故邀陪晚饭也。

11 月 3 日(戊辰)星期四

晴,晨仍有雾。上午六六,下午六八。77.7—69.8

接撰参考二册敷演,完第一篇,方入手第二篇,而云斋至,因与叙谈,并具酒与对饮,夜饭后乃去。

雪村来夜谈,约后日诸友大会眷属于南京饭店,聚餐摄影。因语及开明发行所迁移事,已接收新屋诸待饰綮即可搬入云。自此,开销须大增,而生意或可更大也。

11 月 4 日(己巳)星期五

晴,气不甚适。上午六八,下午七〇。75.8—55.0

校读本第四册末批样,自晨达午后三时始已。即走开明交调孚,并托调孚数事。至五时,与圣陶、墨林、云彬同归。入夜仍小饮。

晨丐尊来。午后梓生来。晚组青来。

无线电收音器有阻,组青适来,托修之。然此物不能复修,一经拆动,必致歹损并臻耳。

11 月 5 日(庚午　上弦)星期六

阴霾,入晚细雨。上午六六,下午七〇。71.1—55.8

气候不良,又兼积疲,夜睡乃扭背筋作酸楚。今晨起,精神欠振,百事无兴,竟未作一字。午后三时,圣陶归,约同赴会,予乃偕珏人挈濬、润、滋三儿从之,共乘以赴静安寺路大同照相馆。集丏尊夫妇、叔琴夫妇及两女、雪村夫妇及三子一女、云彬夫妇及一子一女、索非夫妇及一妹一子、祖璋夫妇及一子、冰然夫妇及二子、伯恳夫妇及一女、圣陶夫妇及一子一女,凡三十九人合摄一影。既而复过古益轩聚餐,列四圆席。半醉,至善来,合四十人矣。尽欢共归,仍集于雪村家。多数往看电影,少数呼筹打牌,予则归寝早休。然待诸儿看罢归来,始得安睡,亦已逾十一时矣。

11 月 6 日(辛未)星期日

阴,午后北风,转晴。六九,午后转降六二。无

午前看报。午后来客颇不少,盖星期休假,儿辈同学之往还者自众也。予以在家既不能安心坐定,不如出游之为得,乃过访圣陶同游豫园。圣陶购笔于陶正元,予亦在林永兴取得配刻之骨牌。遂步至福州路,小饮于高长兴。各啖蟹二,饮酒三碗半。七时已归抵家门矣。遂听书两回,并苏滩一节。十时许就寝。

同儿昨晚伤于食,当夜便不安睡,今日遂发热,投以疏解之剂,仍不大便,入夜又复不安。予并枕抚呜之,乃稍稍睡。而予背筋痛亦转甚,颇苦之也。

11 月 7 日(壬申　立冬)星期一

晴,颇冷。上午五九,下午五六。57.6—39.4

午后晴帆见过,因与共访韫华,未值。其家人谓在道始所,电话询之,果在,乃偕赴同孚路道始所并晤之。君毅适来,亦谈话焉。

至暮,与道始、晴帆、韫华同出,在先施购物,旋分途行,予则与晴帆往言茂源小饮。至八时,散归。以明日珏人四十初度,修妹、幽若、漱石诸人俱已集吾家,遂共谈移时始就寝。

11 月 8 日(癸酉)星期二

晴和。上午五四,下午六○。66.4—35.6

镇日酬酢,夜十二时乃睡。用马永记菜,甚好,价不甚昂,而质美形色佳,至得意。到宾客息予、立斋、云彬夫妇及其子、丐尊夫妇、圣陶夫妇及老太太与子女、雪村、天然女士。此外仲弟、弟妇、涵侄、组青内弟夫妇、悦之内表弟夫妇及其女、幽若内表妹、漱石内表弟妇、文权等。是日天气甚好,精神愉快,被难后第一次乐事也。客散后仍打牌四圈。

11 月 9 日(甲戌)星期三

阴霾,将变。上午六二,下午六四。65.5—48.0

诸戚今日午饭后始尽去,上午犹陪同打牌,傍晚为应天然托打听浦江方砚农之家世,特致书与福崇。盖其甥女有人说亲也。

夜小饮,九时听戚饭牛在亚美电台播送演讲国学,讲岑参《逢入京使》七绝。演述甚明晰,语调极诙谐。十时毕,予亦就寝矣。

11 月 10 日(乙亥)星期四

阴雨。上午六四,下午六五。63.1—52.7

在家续作参考,完第三篇。夜仍小饮听书为娱。

行政院对上海回教徒要求,已定封闭北新书局,勒停《南华月刊》并惩办撰稿人。政府不恤妄兴文字狱以媚兹回民,诚所谓倒行逆施矣！非回教徒及书业公会何默默至此耶！

参考书进行殊不速,奈何！

11 月 11 日(丙子)星期五

阴雨。下午曾放晴一时,上午六七,下午六八。63.7—58.1

政府特颁明令严禁对任何宗教有侮辱,显为《南华》、北新而发;同时回教徒要求移咨浙江省政府,将反省院职员娄子匡加以撤惩。如此任意轩轾,或有其它用意,执政者糊涂至于此极,盖将回教定为国教,重掀对世纪前之宗教战潮耶！涉念及此,不禁愤愤矣。夜墨林来谈,谓北新正请同业援助,雪村主全业罢市以抗之,刻正在进行磋商中云。予聊舒闷郁,但求同业能略吐一口气也。

续作参考,完第四篇,并及第五篇之一部。

夜仍小饮听书,惟收音机已不甚灵,颇患苦之。

文权来。薛用裕来,谓特自浒关远来探问,可以归报平安矣。午后俱去。

11 月 12 日(丁丑)星期六

阴,偶见阳光。上午六二,下午六四。60.8—45.1

招商局方经政府收归国营,而突以一千万借款将四栈抵押于美商中国营业公司引起纠纷闻。唯一自营航业积久憔悴支持于商办者乃一旦收归国有而断送之,政府之秉钧固如是乎！它国凡百俱赖政府,独我国则政府反为厉阶,每为外患内侵之引药,可痛奚若耶！

竟日未出,续作参考,完第五篇及第六篇。夜仍小饮听书,并听华美所播丝竹特别节目。十一时就寝。

旧同学赵厚斋结婚,瀋儿偕立达同学行贺之。

11月13日（戊寅　望）星期日

晴和。上午六一,下午六四。66.7—49.1

报载甪直保圣寺唐塑保存馆开幕,名流赴会者甚众,不幸由苏开往之小轮中途失事,竟溺死朱梁任父子及一记者并舟子。此事造端甚微,发于颉刚之一言,不意影响至此,可诧也。

午饮于雪村所,其长子订婚也。午后挈清、汉、漱、润、滋五儿游大世界。傍晚六时乃归。夜仍小饮,饮后为幽若写信且听书,盖幽若今晚宿予家也。

今日珏人治宴答铮子、圣南,邀墨林、天然作陪。

文权来,夜九时许去。

11月14日（己卯）星期一

晴,较昨冷。上午六一,下午六四。65.7—42.6

续作参考,完第七篇。

调孚午后过谈,移时乃去。

福崇书来,谓课忙殊甚,前托打听之事当进行后再复。

乃乾昨有书约叙,今电话复伊,约明日午后四五时往晤之。

夜小饮听书,十时就睡。

11月15日（庚辰）星期二

阴,寒风袭人。上午六〇,下午六二。53.6—43.2

续作参考,完第八、九两篇。傍晚过乃乾,即饮膳其家。八时,越然至,谈至十时许乃散。予乘车抵家,已十一时矣。越然约十七日在高长兴吃蟹,届时当先由电话约之,然后出,庶不致相左也。

11 月 16 日（辛巳）星期三

晴冷,有风。上午五四,下午五五。52. 8—30. 9

校阅息予《鸦片战争》稿,竟一日之力始毕。

今日工厂休假,幽若、漱石俱来,宿于是。

夜仍小饮听书,不能作事。十时就寝。

11 月 17 日（壬午）星期四

晴冷。上午五三,下午五六。62. 2—28. 6

续作参考,完第十篇,并将第十一篇敷演一部分写好。

下午五时赴高长兴越然约。晤由崖、俊生、廉逊、乃乾,谈至近十时始散。予复与乃乾到蟬隐庐一行。及乘车归家已将十一时矣。

旧佣妇翠娥来,两月中俱在乡帮耕作云。予前疑别投主家及他往有异动等等,至此乃冰释。

11 月 18 日（癸未）星期五

晴,较昨稍和。上午五六,下午五八。68. 2—38. 3

早为乃乾改《嘉靖上海志跋》稿,饭后乃写信四通,分致乃乾、翼之、子玉、聿修。

三时后续作参考,夜饮外俱从事于此,至十时,完第十一篇。

时事之可记者,蒋中正等提议将国府、中央党部等迁回南京,十二月一日实行。上海回教徒恃蛮逼封北新,报端所登启事,咄咄逼人。黄金荣在漕河泾筑有别业,今落成,蒋中正为书"四教厅"匾,以孔子文行忠信四教比之。由第一则观察,政府殆已与日政府妥洽,屈伏久矣。由第二则观之,回徒凶焰正扇,背后或有国际关系。由第三则看,更不胜其浩叹,岂有昔日应被访缉之流氓反得僭越寻常以高自位置者耶! 社会现象糟到如此,天下事可知矣!

11 月 19 日 (甲申) 星期六

阴雨,气不爽。上午六二,下午六四。62.6—41.0

续作参考,完十二、十三两篇,除夜间小饮外,已挨至十一时,可见欲速而无由也。明日拟觞酒以赴之,不识能如志否耳。

幽若昨晨来,谓得家报,其父病又转剧,当日奔走悦之所,属送眷归侍,晚间仍来宿此,今晨乃去。渠家事情正多,时有纠纷,不但身与其间之亲属不能逃免,即忝在葭莩之戚亦无法规避之也。

11 月 20 日 (乙酉) 星期日

晴不甚爽。上午六二,下午六四。66.2—47.3

竟日蹉跎,迄未作事,看报外仅与诸儿闲伴而已。

夜仍小饮听书,十时就睡,不甚安眠。

倭方为满洲伪组织及《李顿报告书》事大肆活动,气焰之不可向迩,直令人愤无可遏。在今日及最近之将来,欲求世界安宁,首须消灭倭奴,固不仅远东事系之其身已也。缘彼之存在,实等炸弹,任其行止,必将祸发难收耳。

11 月 21 日 (丙戌 下弦) 星期一

阴霾,晨有雾。傍晚偶露日光。上午六〇,下午六二。66.9—

39.2

续作参考,完十四、十五两篇。傍晚挈复儿出,乘电车抵洋泾浜口,指点黄浦景色及番舶云屯情形。旋抱之行,先过利利购得《故宫》四期,继至王宝和小饮,遇叔琴,未与合桌,即携儿归。抵家方七时二十分也。

近日天时不正,固已影响及于身体,而心绪亦不知为何牵掣,颇欠宁谧,恐失眠症又将复现矣。

11 月 22 日(丁亥　小雪)星期二

阴霾,晨有雾。上午五九,下午六五。69.3—42.4

阅报知国联行政院开会讨论中日问题,日代表松冈洋右大肆狂吠,凶焰高张,我代表顾维钧驳之;在院中讨论,已成僵局,有提出特会说。此间民众,淡忘已久,而彼驻沪海军又特别警戒,示威装腔,其襟度固可鄙,然益见我当局之但求苟安,不敢惹事之可耻矣。

饭后续作参考,适禅生见过,谈至三时许乃去,因而写至五时,始毕第十六篇。方接写十七篇,而息予来,遂对饮剧谈,至八时乃去。予知硕民来此,在圣陶所,爰走访之,会已与圣陶一家共出看电影去,未晤而罢。

11 月 23 日(戊子)星期三

阴,浓雾,尤甚。上午六六,下午六八。72—52.5

晨访硕民于圣陶家,因与共出,闲步于平凉路、近胜路、荆州路、华德路一带,归后打牌四圈,便饭。饭后,珏人率濬、清、滋三儿往东海戏院看《啼笑因缘》。少顷,硕民便去,赴北站遄返嘉善矣。

四时,润儿自校归,必欲追踪其母,乃挈往东海戏院观剧,至六时许始返小饮。

夜续作参考,完十七篇,十时后乃寝。天气奇暖,竟难入眠,甚不适也。

11 月 24 日 (己丑) 星期四

阴雨,奇暖。上午六七,下午六九。72.1—59.7

续作参考,第十八篇敷演犹未毕,已坐至中宵十一时许矣。其间小饮听书虽成常课,然不过耗时三时耳。

夜眠仍欠适,想天气不好之故,清明后当可渐臻佳境耳。深愿早早回爽,俾精神得一松舒也。

11 月 25 日 (庚寅) 星期五

阴,雨即止,下午刮风。上午六六,下午仍之。63.3—57.4

续作参考,十八篇之敷演已毕,参证则未及着手,以待书故。因先撰十九篇之敷演。适剑华见过,剧谈半日,竟至入暮,遂未作一字。剑华去,仍小饮听书。至九时,重赓前作,成四景图人物表四则。十一时始睡。

11 月 26 日 (辛卯) 星期六

阴霾竟日,下午稍冷。上午六〇,下午五九。51.4—44.6

晨与珏人同出,到四行储蓄会取到期储款,计本利千一百九十元二角八分。将留以延一年之命,备乘此作书收版税,不识与开明接洽后能否如愿以偿耳。

中日争议,行政院决提交大会,是国联虽欲袒强亦不得不曲饰面子以周旋我国也。

下午闻太太、常太太等先后至,闻太太且夜饮而后去,遂不能作一字。夜饭后幽若至,益不能专坐矣。及九时客去,乃赓作参考,完十八篇之参证,习问凡千馀言。十一时半就睡。

11 月 27 日（壬辰）星期日

昙,下午阴寒。上午五八,下午五五。56.7—39.2

晨出为同儿购陈皮,顺道闲步于华德路之东段,至明园乃折还。

近午与圣陶同赴稼轩金陵酒家之约,至则稼轩与鸣时已在。既而丏尊、雪村等续至,即开饮,至二时五十分始散。予与圣陶、丏尊过大世界看百岁老人张再丰（疑伪饰）,并听孙大玉大鼓书。四时许出,丏尊先行,予与圣陶过访稼轩,参观其舆地学社及所办之平民疗养院。谈至五时许,辞出,买信封于南京路美文。旋往北京路大加利,参加樊仲云之子汤饼宴,濬儿亦来,予与东华、圣陶、望道、春台、雪村、颂华、云彬等同坐,馀如六逸、景深、调孚等则分席近旁,仍得谈话。八时三刻散,九时到家。

舆地学社股款今日交二百元于稼轩。

11 月 28 日（癸巳　十一朔　月建壬子）星期一

阴,薄寒。上午五六,下午五七。55.4—41.0

竟日未出,续作参考,完十九、二十、二十一篇,至夜十二时始睡。

夜仍小饮听书。

同儿自二十四晚发热以来,不曾清过,且不曾好好进食,虽投以消食退热诸剂,仍未见即复,甚忧之。今日起,稍松矣,不识夜间能不发热否? 临睡揣摸,仍有微热,明日如不见好,当更延医诊之。

11 月 29 日（甲午）星期二

晴燥。上午五三,下午五七。56.2—32.5

同儿每晚必发热,疑系疟,今请天然诊之,试投退热药,谓如退去,则非,退不去则改以治疟之法治之云。入夜果未发热,或已痊矣。

续作参考,完第二十二篇。午后三时半,组青来,为修收音机,至晚十时许乃去。加一隔音机,然反不甚灵。此种玩艺,颇奥秘,不能自明其理而克躬自修理者,实无甚兴味对之也。予之设法,动机在供珏人听书,若夹杂太甚,书且不能入耳,则无宁弃之之为愈焉。

11 月 30 日（乙未）星期三

晴燥。上午五五,下午六十。63.7—29.3

续作参考,完二十三、二十四篇。至夜十一时半始睡。

圣陶见过,告吉如将嫁女,有请帖来。且谈参考书改版税事,或有几分希望也。只求赶速作成第二册交出,则一切可与丐尊、雪村面洽矣。

同儿仍发热,且自九时至夜不消,二时半起摸之,仍刺手。心甚虑之。反侧难寐,竟达天明。

12 月 1 日（丙申）星期四

晴,晨有浓雾。上午五九,下午六一。66.9—40.6

同儿至今晨五时始退热,仍投无味坤宁,能即就痊,大幸! 大幸！午后竟得大解，更慰矣。如不再发，调养已极需时，深愿即日复原也。

今日幽若、漱石、悦之夫妇俱来，为其家事大为纠纷，予竟不能少坐。午后只索出门，取信封并与同、复购买玩具各一事以归。珏人需要桂圆，亦在福建路长春号购二斤半合一元，挟之俱返。抵家，诸戚在堂，入暮始各散，幽若晚饭后去，漱石则下榻于兹。

接仁斋丈快函，即本幽若之意飞函约悦之，并为作书付其妹慧若。夜又作书寄柏丞、乃乾，日间俱接有彼等函询事件也。

12 月 2 日(丁酉)星期五

阴雨，颇闷热。上午六一，下午六七。66.3—44.6

续作参考，完第二十五篇并二十六篇之大部分，十时许寝。

昨日圣陶来言，谓予事已与丏尊说过，改版税可商，似有希望。

漱石于今晨到韬明路工次。闻幽若明日即须返苏，予特托带礼送吉如嫁女。

同儿寒热已退，且连得两次大解，此心为之大松。然小小病后已瘠惫难堪，愈后当投以滋补剂也。

12 月 3 日(戊戌)星期六

阴雨。上午六三，下午六八。64.6—50.9

续作参考，完第二十六篇及二十七篇之大部。夜六时，雪村招饮其家，以东华来打牌，故聚谈一度也。七时许席散，彼等赓行抹牌，而予与圣陶过我家，听申社曲友在国华播音。候至九时半乃来，计《问病》、《偷诗》二折，又加《借茶》一折。十时半完，圣陶去，予亦就寝。

接范云六讣告其父之丧,十一日在嘉定原籍开吊。

12 月 4 日（己亥）星期日

阴霾。上午六四,下午六三。56.8—52.7

十一时往闻宅吃饭,云斋船尚未至,即先饮。饭后,人报隆和已傍码头,乃挈清、滋往舟次候谈,登舟参观。未几,即偕与俱归,仍被留夜饮,直至晚七时许乃辞返。组青在家,正为修理收音机,但终无效,依然撤去新装之隔绝机。八时半,组青去。九时至十时,予听朱国樑《活捉》(在永生播音)。十时半乃睡。

子玉来信,谓骝先已见到,惟一时无希望,恐须久候也。

12 月 5 日（庚子　上弦）星期一

细雨,午后雨止风微作。上午六一,下午五八。48.9—46.6

续作参考,完第二十七、二十八篇并二十九篇之大部。夜十二时睡,良久不寐。

今日起,光裕社发起会书账东北,假座一家新电台播送,予再三收取,迄未如愿,而美灵顿则大叫特叫,扰乱万分,愤甚! 昨日听张少蟾报告,谓假大中华电台,今知同业相妒,难容一家特出,故改就向未播音之新电台,遂至如此也。

圣陶来言,谓心南已任闽教育厅长,予同来书询予愿出任秘书否。予报之一笑。又言,梓生将来访催稿,盖曾托予纂考古报告也。予不能应,当径去函谢之。

12 月 6 日（辛丑）星期二

北风作,晴寒。上午五三,下午五二。46.9—34.3

续作参考,完第廿九篇及三十篇之敷演。夜十二时就睡。

傍晚收光裕社会书不得,遂走附近泰康祥小饮。七时归,适幽若自苏来,询悉其父病状,知年老意荒,与其所写书中语实未必悉同也。为之感叹。

接聿修书,知暂就世界书局苏州编所事,甚慰。

12 月 7 日（壬寅　大雪）星期三

晴寒,初见冰。上午四九,下午五〇。47.1—27.5

续完三十篇并三十一篇之敷演,十时即睡。

写信与聿修,并为幽若写信复翼之,是晚幽若去。

夜仍小饮,惟听书不畅。

报载黑省反正部队苏炳文部已因不胜苦战,退入俄境,是东北北方之军事倭已握有胜算矣。中枢漫不相关,邻封视若无睹,坐使热血健儿逐渐耗亡,大好河山去而不返,言念民族前途,真欲哭无泪矣!

12 月 8 日（癸卯）星期四

晴寒,风中易冰。上午四八,下午五一。45.7—26.6

续完三十一、三十二篇,并三十三篇之大部分。夜十一时半睡。

小饮不久,听书亦促。

漱石来,便宿予家。知怀之有信与之,对家事实怕过问也。

润儿已渐痊,滋儿又连宵哜嘈,甚为烦心也。

东北失地不提,国联武断不问,日惟高唱欢迎蒋委员长回京,三中全会提案,满纸云烟,至不堪卒读,其今日报纸之谓乎! 舆论代表固如是耶！

　　接新中国来柬,知十日六时在同兴楼开执监联席会,届时当往出席。

12 月 9 日（甲辰）星期五

　　晴,较昨和,晨有雾。上午四九,下午五三。53.4—23.0

　　续完第三十三、三十四篇,夜十时三刻睡。

　　上午文权来,下午道始、晴帆来。漱石清晨去。

　　捷克、瑞典、爱尔兰、西班牙四国代表在国联提出草案,请否认九一八事件为日本自卫行动,并否认满洲国为自然的独立运动。但仍侧重调解,主张邀美、俄参加。其事未必能在列强间通过,而公正之气却亦聊为一吐矣。乃倭代表松冈洋右依然大肆狂吠,不恤开罪捷克诸国,以为侮辱日本云。

12 月 10 日（乙巳）星期六

　　晴暖,恐将变雪。上午五四,下午五七。60.1—34.7

　　续作参考,完第三十五篇。下午二时许往访乃乾,取得代装之《四库》残本,并以圣陶之《散曲丛刊》借之。谈至五时,辞出,过利利公司、中华书局及中英药房购物,即赴新中国同兴楼之约。予到尚早,俟人齐后开饮,兼报告一年来营业状况及账略。并定十八日下午二时在均益里新中国书局开股东会,决定进行方针及添加新股事云。九时十分散,过春明书店买一《诗韵集成》。复步至抛球场,与圣陶共乘十二路电车以归。

　　同居者俱出看梅兰芳,二时后始归。甫坐定而叩门又喧,盖有人来请天然接生者。扰攘久之,遂难成寐。至四时始暂合眼,故深以为苦。被难后它未有异,独失眠稍好,差堪自喜,乃近日屡兆复发之机,至自惴惴,入冬以后殆将不免乎!

12 月 11 日(丙午)星期日

阴,微雨。上午五七,下午五八。53.1—44.2

昨宵未寐,早起甚倦。乃阅报知倭在山海关寻衅,惟我守将何柱国仍抱宁人息事之旨,与其联队长妥协,大约不致斗起来。予为此刺戟,遂尔奋兴,竟忘疲矣。未几,圣陶、丏尊先后至,谈至十二时乃去。饭后,方拟伸纸续作,而剑秋来,便与共出,小饮于浙江路之全兴康。七时半归,仍听书。九时后续作参考,第卅六篇未完,十一时后睡。

12 月 12 日(丁未)星期一

晴,转冷。月色好。上午五二,下午五一。41.4—34.5

续作参考,完卅六篇及卅七篇之大部。

夜小饮后,月色甚皎,乃乘兴出门,沿杨树浦路东行,迎辉步月,虽寒气侵肌,而兴殊不衰。至威妥玛路口,乘八路电车折回。仍听书,九时后续作卅七篇。

山海关事件已妥协,而蒋中正则由汉抵京,又铺扬其剿匪功绩矣。国联形势日恶,转讨论中国内部问题,竟暂置中日之争论,而倾向于共管之空气。我方自作从容,人且准备鱼肉我人民矣。盱衡内外,不禁惕然。

12 月 13 日(戊申 望)星期二

晴寒。上午四七,下午四九。46.4—21.6

续作参考,完第卅七篇及卅八篇,至十一时就寝。

午后三时许,禅生见过,谈至四时三刻乃去。晚饭后雪村来,谈半小时去。

嘱金才代购明年《国民日记》,纸张改劣,且改用蓝墨印,似较逊矣。商务不务实干,于此可见。

12 月 14 日(己酉)星期三

晴,不甚寒。上午四九,下午五二。53.4—25.3

续作参考,完卅九篇及四十篇之大部,十二时始寝。

报载中俄已正式恢复使领关系,惟未见明令派谁某使彼耳。此事早应实现,果尔,则国际上不论有利无利,总有变动矣。倭力与苏联勾搭,乃卒未成功,今突于日内瓦与我好会,可见苏联之招牌究不能卖出与帝国主义者同样之货物也。

12 月 15 日(庚戌)星期四

晴,较暖。上午五〇,下午五二。51.8—25.1

上午续完第四十篇。

下午二时,介泉之妻弟贝仲珩(琪)来访,出所著《曹操年谱》,托介绍出版。予允姑送金子敦许再说,遂谈移时而去。四时许接丐尊电话约谈,即往开明晤之,约至王宝和饮酒。雪村、云彬及仲盐俱与焉。丐尊为予改换酬报事,特提出办法,约予自下月起入所编下,仍月送薪酬百五十元,前账不必再算,版税则似不肯行。予意,止需不致过亏,当属可商,遂允之。八时归。

夜作书与子敦,介仲珩稿。备明日交金才送去。

12 月 16 日（辛亥）星期五

晴,大雾。上午五〇,下午五四。57.0—26.1

续作参考,完第四十一篇。

听书小饮,依然自得。惟珏人近日身体不佳,精神不振,殊对之抱忧耳。大约胎气使然,须分娩后始可就愈也。

文权来饭。饭后,潘儿偕清、润、滋游先施公司新布设之"儿童世界"。四时乃归。

12 月 17 日（壬子）星期六

晴,暖润。上午五二,下午五六。59.9—33.3

续完四十二篇,并补注《记合浦》一则。于是第二册全毕,俟便交与丐尊,亦暂了一重公案矣。馀事进行,当俟正式入所再谈矣。

接朴安、乃乾请柬,约明日午刻在功德林吃饭。予以届时须赴均益里参加新中国股东会,嘱潘儿电话谢之。

夜色将上,出门往四马路一带闲步,购得《故宫》三日刊四期以归。小饮晚膳讫,挑灯赏之,至十一时始罢。

珏人近日身体欠适,日间不能下食,入夜又易致失寐,予甚虑之,大约非待分娩不能爽健耳。

12 月 18 日（癸丑）星期日

晴暖,湿气侵润。上午五五,下午六〇。68.9—41.7

接仲玗函,备致拳拳,以《年谱》向神州国光社求售为托。

上午丐尊、圣陶见过,谈至饭时乃去。下午一时半,予偕圣陶出席新中国股东会,至五时始罢。晤煦春、剑华、彦常、稼轩、息予等。散出后,与圣陶、息予东归,在圣陶家晚饮。八时许散,息予已醉,因过予家少留,俟至九时半,乃送之登车。

以《故宫》二百期交文权,托其饬匠代装,题以"故宫丛残",下署"伯祥集玩",或装就大可赏鉴耳。

12 月 19 日(甲寅)星期一

阴,晨浓雾,午饭微雪。上午五八,下午五四。52.2—44.1

上午十一时,息予夫人携其女至,询悉息予昨归尚安,始放心。本拟饭后往访,以此遂不再行。

饭后无聊,走邑庙一游,适见微雪,乃折回。

夜听蒋宾初、蒋如庭、朱介生说书,大中华播送丝竹。

珏人酬息予夫人,多说话,似益倦,但夜寐仍不好。予甚忧之。

作书与仲珩及翼之。

12 月 20 日(乙卯)星期二

晴寒。上午五二,下午五四。48.4—34.2

上午十一时,道始电话约谈,托代翻电稿为日文,予允转为求丏尊,彼乃来饭。饭后,与之偕访丏尊于开明,少顷即成。送道始行后,仍与调孚谈。移时归,取物往访息予,晤立斋、仲椒。傍晚过仲弟,因夜饮焉,话家常至九时许,乃归。

12 月 21 日(丙辰 下弦)星期三

阴晴兼施。上午五〇,下午五二。57.0—29.1

竟日未出,闲翻而已。

文权来饭,即去。约其晚饮,则以须教书难请假辞。

今日为冬至夜,每年例于是夕祀先领福。乃播迁以还,祀事不举;室小无以设座,恐非待聊复旧观之后,不能修虔致敬矣。甚愤!但治酒自劳,何可竟废,故仍杀鸡作黍,取亲族合饮焉。漱石适来,小饮竟醉,即下榻于此。

12 月 22 日(丁巳　冬至)星期四

阴霾。上午五二,下午五四。57.6—38.3

补记被难播迁时日记,半日而毕。似本年心事中放下一块大石也。

午后二时许,出访锦珊于和康里,适以冬至返里未晤,灿庭亦外出矣。少坐即行,乘七路车遄归。抵家,息予方就诊毕过予,询悉服药未泻,医仍用较峻之剂投之。略谈即去。

漱石清晨即去。

夜小饮,看新出之《青鹤》杂志。

12 月 23 日(戊午)星期五

雾,湿闷。夜雨。上午五六,下午五九。57.9—42.8

漱儿有热,且喉痛,请天然诊之,红肿而无它故,大约服药轻泻之后当可无事也。入夜略松,今宵平稳度过则当可稍稍放心矣。

饭后无聊,外出闲步。途遇朱生荄阳,知将入大东编译所矣。旋在老大房购得儿饵数事乃归。昼短甚,抵家已掌灯,即小饮听书,并聆丝竹。

金才来送到本月酬稿百五十金。馆外之作已结束,凡交稿两稿三十万言,共得酬金一千三百五十元。随手以尽,殊可怕也!

12 月 24 日(己未)星期六

阴,雨濛然,奇燠。上午五八,下午六二。62.6—50.2

漱儿热度稍退,而喉痛增剧,且胸背手足俱发红痧,予甚惑之,以为恐染到猩红热也。九时许,走浙兴里邀周凤岐来诊,十一时乃同行抵家。据诊断,谓系扁桃腺炎,非猩红热,红点系风痧,仍主降热泻火。予稍得慰,但终不能放下此心也。

午后与家人打牌四圈,夜仍小饮听书。

12 月 25 日(庚申)星期日

濛雨竟日。上午五八,下午六〇。49.1—46.4

午后冒雨往省息予,病状如旧,又改服中药矣。晤立斋,谈至傍晚乃归。

夜与文权小饮,饭后伊偕诸儿同往百老汇看电影,十时始去。

听筱桂苏在亚美播送《下山》,朱国梁在永生播送《卖青炭》,十一时乃寝。

漱儿患病稍减,能少进饮食,热势亦大退矣。惟大解不甚畅,仍不敢忽视之耳。

12 月 26 日(辛酉)星期一

阴,雨意甚浓。上午五二,下午五七。48.4—41.5

饭前本拟往亚尔培路明复图书馆听李济之演讲《最近河南之发掘》,并参观浚县出土之西周古物。因意兴不属,遂未果行。饭后独出,闲步于棋盘街、四马路一带,径往豫园一游。旋出小东门,由十六铺乘八路电车以归。

夜小饮听书,看《故宫》。适周凤岐来,因与共饮,且再诊漱儿焉。

12 月 27 日(壬午 十二朔 月建癸丑)星期二

阴霾。夜雨。上午五七,下午六〇。49.6—44.1

竟日未出,下午在家打牌。夜仍小饮听书。

上午息予夫人来,下午调孚及朱韫华来。知息予病势未减,而晴帆则已返沪,今晨且在道始处晤韫华矣。前闻之道始,有南湖家婢欲嫔晴帆,不识狮威之下克偿所愿否?

漱儿稍痊,同儿又发热矣,甚恚!

12 月 28 日(癸亥)星期三

阴,午后转冷,地白。上午五四,下午五〇。48.4—40.2

午后往访息予,知今日甫自曹医处复诊归,未得要领。仍呃逆作呕不能纳食。予与谈,兼慰之,遂被留晚饭。适子敦至,因共饮焉。九时许散,与子敦步至大世界,各乘九路公共汽车以归。

漱儿稍痊,同儿亦尚未剧,乃滋儿忽又高热,中夜且作呓语,为之数起,因失寐。如此以往,恐引动旧疾矣。

12 月 29 日(甲子)星期四

阴寒欲雪。上午五二,下午五〇。42.4—34.9

写信与息予,即以《四部备要》预约券寄之,托便中与金子敦一商,如能获补前三集,斋中当可稍稍得用也。但价如太昂则殊不必购致此耳。

饭后无聊,出门闲步,傍晚始归。在四马路遇铁笙,邀之饮,以病辞，即匆匆话别。归后小饮，仍听书。复儿尚安，但微热未尽，且呕吐多次，殊为担心不少也。

接逸殊、朗泉贺年柬，知逸殊在爱文义路振德中学，朗泉则仍返天津南开大学矣。

12 月 30 日（乙丑）星期五

阴晴兼施。上午五〇，下午五一。46.9—33.8

仲珩来函询太平史料，子敦来函托介绍虎如稿子。

午后往访晴帆，谈至四时半，与之偕访铁笙。坐有顷，同至四马路孙济和饮酒，七时许散。复同至五马路广东店购得煨炖用之"五更鸡"一座，即携以行。晴帆、铁笙直送至抛球场，见予登十二路电车始别。

复儿寒热已消而体倦神委，咳嗽仍剧。

12 月 31 日（丙寅）星期六

阴寒。上午五一，下午四九。42.2—38.7

午后禅生来谈，移时去。四时出，往访息予，知今又复诊，似较好。谈至六时许，立斋归，乃共赴愈之年夜饭之约。及到东方社，晤东华、六逸、调孚、仲云、伯恳、仲华诸稔友。九时许散，偕调孚同车归，抵家已十时矣。席间颇闻倭将入寇之警，热河必难免，平津亦岌岌，上海恐复闹也。

复儿仍发热，幸半夜得大便甚畅，天明即退热，或可即痊矣。

姓名录

姓名	字号	住址及通信处	履历及杂记
顾颉刚		北平成府蒋家胡同三号	
郑振铎		北平成府(前吉祥胡同六号)　燕京大学内天和厂七号	
郭希汾	绍虞	北平成府蒋家胡同四号	
俞铭衡	平伯	北平齐内老君堂七九号	
王绳祖	翼之	苏州河沿街二九号	
张世禄	福崇	浙江诸暨岩头陈礼张祥和号　上海狄思威路浙兴里一七七号甘世东路崇仁里十一号　真如车站南李家阁甲二号　暨大新村十五号	
姚名达	达人	上海霞飞路　麦琪路西建中里五〇号　铭德里北弄八号(贝谛鏖路口)　电话八三〇二七	
叶绍钧	圣陶	上海福州路开明书店转	
章锡琛	雪村	同上	
陈铎	稼轩	上海霞飞路　跑马厅五〇七号威海卫路重庆路口　嵩山路宏益医院　贝勒路西二八二号	
周凤岐	志才	上海新街新旅社二四二号　狄思威路新小菜场内浙兴里一三五号	
吴康	致觉	上海南成都路裕盛里五六五号商宅	
谭禅生		上海新闸路麦特赫司脱路口新大生号三楼施高塔路恒盛里二〇号	
孙逸殊		上海福煦路四明村九〇七号　杭州四条巷三八号	

续表

姓名	字号	住址及通信处	履历及杂记
周之彦	越然	上海西摩路大同里三三九号李宅转　　劳而东路颐德坊一九号　　西摩路八三九号	
周之栋	由廑	上海赫路南首安南路二〇一号　　劳而东路颐德坊四九号	
周昌寿	颂久	上海福熙路明德里一〇八号	
顾耆	寿白	上海静安寺路地丰路角一九〇〇号殷宅　　福煦路明德里五三号	
高卓	觉敷	镇江关程子屏先生转(小龙王巷五号)　　上海福煦路五四 A(门对马浪路)　　四川成都国立四川大学	
胡	霞孙	上海爱文义路八八四号电话三〇七一二	
胡	孟泉	同上	邮务管理局副邮务号秘书室
胡	子渊	同上	申新第二纱厂(宜昌路二号)
蒋	思九	胡孟泉转	
向达	觉明	北平文津街国立北平图书馆	
赵万里	斐云	同上	
何炳松	柏丞	上海极司非而路中振坊一四号	
贺昌群		天津河北天纬路省立女子师范学院	
张景明	剑秋	上海金神父路打浦坊(二四号)一〇号　　电话七二九二九	

续表

姓名	字号	住址及通信处	履历及杂记
吴恩	勖初	苏州西白塔子巷六八号	
邱铭九	晴帆	上海霞飞路宝康里二〇号　镇江仁章路口江苏省农民银行	
孙祖基	道始	上海同孚路长丰里一一号　电话三〇九九四号	
罗恩光		盛泽后街二〇号	
周蘧	予同	温州仓桥省立十中第二院　瑞安第二巷口	
金兆梓	子敦	上海静安寺路延年坊二二号	
刘佩琥	虎如	又　一〇号	
郑贞文	心南	又　福煦路（明德里九五号）　四明村十三号	
刘秉麟	南陔	又　辣斐德路枇源村三二号	
詹念祖	聿修	苏州护龙街祥符寺巷口福昌字号转	
傅运森	纬平	上海城内凝和路一二七号（也是园对过）	
徐名骥	调孚	平湖乍浦镇聚源木行	
李圣五		上海海格路大胜胡同二六号	
江铁	炼百	又　福煦路明德里七三号	
王	梦岩	周浦南八灶元泰花米行	
吕铭堂	锦珊	苏州养育巷一一四号　上海北浙江路和康里三衖末家三三公司	
陈乃乾		上海白尔部路五五号　电话八二四六八号	
吕铎	济群	杭州外西湖 21 号启贤祠　南京常府街军政部交通机械修造厂材料库　上海南市黄家阙路久安里十一号	

<table>
<tr><td></td><td></td><td></td><td>续表</td></tr>
</table>

姓名	字号	住址及通信处	履历及杂记
计志中	剑华	上海爱而近均益里二七号新中国书局	
韦休	息予	上海望志路南永吉里二六号	
秦组青		海宁路福泰里一六五二号　新明路北成都路永吉里二一号　上海天潼路(老垃圾桥北塊)三四七号	
王乐祖	悦之	上海法租界菜市路劳神父路顺鑫里九号前楼	
傅东华		上海拉都路敦和里十一号	
谢六逸		上海萨波赛路巴里二〇八号　狄思威路兰心里一号	
赵景深		上海七浦路北新书局编译所	
郑允恭		上海狄思威路源茂里四四号	
计硕民		苏州卫前街六四号	
王㲄	彦龙	苏州铁瓶巷四一号	
胡之德	涵真	上海安南路民厚南里七四〇号	
曹诚义	铁笙	上海恺白迩路李梅路口耀德里一九〇号楼上　霞飞路232锐丰号	
苏	继颃	上海戈登路德庆坊一三六〇号	
章良	子玉	兰溪城内世德牌楼	
胡学愚	愈之	上海吕班路万宜坊四十二号	
樊仲云		上海金神父路花园坊一〇四号	
孟君谋		上海赫德路正明里四四号	
谭廉	廉逊	上海亚尔培路步高里十九号	
尤志序	石莼	上海新闻路椿寿里六号	

收信表

日期	人名	地址	事由	备考
1 月 2 日	刘安甫	本市派克路合兴里卅八	因病商借款项。	
1 月 2 日	吕济群	巩县孝义镇	告到巩近状,并祝新年。	
1 月 5 日	王翼之	苏州河沿街廿九	复告近状,并询幽若归未。	
1 月 8 日	陈乃乾	本市白尔部路 55	托考淮军率定勇收大场者何人。	
1 月 8 日	郑振铎	北平成府前吉祥胡同六号	告十四南归,十五可相见,并劝乃乾、万里勿斗气。	
1 月 9 日	章子玉	杭州湖滨旅馆 19	告留杭为县政府领械,并告近日心境不佳。	
1 月 11 日	向觉明	北平图书馆	寄书及谈近况。	
1 月 13 日	郑梦九	徐州东门外后仓巷八	告近状,并索取《五代史》赠书。	
1 月 16 日	张剑秋	本市光明里营业税所	托为其女等谋转学尚公。	
1 月 18 日	王翼之	苏州河沿街 29	托购绒布、白糖,并告其父复入警界办事。	
1 月 22 日	顾颉刚	北平燕大研究所	告廿一南归,廿七可到沪。	

日期	人名	地址	事由	备考
1月26日	向觉明	北平图书馆	复告近状,并托物色《咸宾录》,代还东方书。	
1月27日	贺昌群	天津女师学院	告旅况等。	
2月16日	顾颉刚	杭州马坡巷七号	探询难中情况。	
2月21日	又	又	复慰一切,并承介绍武汉大学事。	
2月21日	章子玉	兰溪县政府	探询避乱状,并劝予往兰溪。	
2月23日	张福崇	浦江礼张	告已送眷回籍,不日仍只身来沪。	
2月23日	王翼之	苏州河沿街29	询近状,并告怀之未返。	
2月26日	吕灿庭	苏州养育巷114	慰问遭难状。	
2月26日	郑振铎	北平燕京大学	告安抵北平,并为予在平设法事。	
2月29日	王翼之	苏州河沿街29	复告怀之无下落。	
3月2日	郭绍虞	北平燕大	问被难状,并告为予计划教书。	
3月4日	章君畴	奉化县政府	慰问被难情形。	
3月4日	向觉明	北平图书馆	复慰被难,并告彼中近况。	
3月4日	贺昌群	天津河北女师院	慰问被难情形。	
3月7日	徐调孚	乍浦聚源木行	复慰近状,并告乍地防守情形。	

续表

日期	人名	地址	事由	备考
3 月 7 日	高觉敷	镇江小龙王巷二号	告抵镇近状。	由顾寿白转来。
3 月 7 日	顾颉刚	杭州马坡巷七号	托查询平来书件,并告武汉及粤中大难成。	
3 月 7 日	郑梦九	徐州东门外后仓巷	复慰被难,并告将谋接济。	
3 月 7 日	郑振铎	北平燕京大学	告代谋教课事正进行。	
3 月 8 日	王翼之	苏州河沿街廿九号	告怀之事,并言苏地恐慌状。	
3 月 8 日	吴勖初	又　西白塔子巷六十八号	慰问被难情状。	
3 月 9 日	张福崇	浦江礼张	复前信,并告近状。	
3 月 9 日	计硕民	嘉善县立中学	慰问被难状。	
3 月 13 日	周予同	温州仓桥十中第二院	告暂任教职。	
3 月 17 日	王幽若	苏州河沿街 29	告怀、翼眷属具避乡,慧亦迁盛泽。	
3 月 18 日	郑振铎	北平燕京大学	复前快函,仍致殷殷邀往北平意。	
3 月 16 日	章君畴	奉化县政府	复慰一切。	
3 月 14 日	顾颉刚	杭州马坡巷 7	托询赵寄稿件。	
3 月 19 日	王翼之	苏州河沿街 29	告眷属避香山,并托向悦之取款。	

续表

日期	人名	地址	事由	备考
3月20日	詹聿修	本市二洋泾桥朱葆三路平安旅社	告闸北残破惨状，并言寄信可由平安旅社三楼徐锦棠转交。	
3月20日	顾颉刚	杭州马坡巷7	激励以文字抗日雪愤，并询近况。	
3月20日	邱晴帆	镇江东南大旅社	告办事不顺手，并问近状如何。	
3月21日	吕济群	孝义修造厂	慰问被难情形，并告将迁回南京。	
3月23日	郭绍虞	北平燕大	复告教事仍在进行，劝北上。	
3月25日	王幽若	苏州河沿街廿九	托再催询悦之假款。	
3月29日	吴勰初	又　西白塔子巷68	慰被焚室庐。	
3月31日	王翼之	又　河沿街廿九	复吾十九信，再招隐香山。	
4月1日	贺昌群	天津女师学院	复谈津地日本近状。	
4月2日	薛用裕	苏州东桥镇	告周氏表兄病殁状。	
4月3日	郑梦九	徐州后仓巷八	复前书，并告徐地捐税重叠状。	
4月6日	章君畴	奉化县政府	告苏州谣盛已接母赴任小住矣。	
4月8日	詹聿修	苏州护龙街祥符寺巷口福昌号	告苏地近状。	
4月12日	吴致觉	本市成都路裕盛里	复告将入水灾赈会办事。	
4月12日	张福崇	浦江礼张	告已由杭返里。	

续表

日期	人名	地址	事由	备考
4 月 12 日	王翼之	苏州河沿街 29	告父病甚少望，怀之已到盛泽。	
4 月 15 日	姚达人	本市女子书店	复前书，并谓缓日访我。	
4 月 15 日	章子玉	兰溪县政府	告县府减薪，大为窘迫。	
4 月 16 日	吴文祺	硖石镇	慰居室被毁。	
4 月 21 日	孙道始	本市同孚路长丰里十一	复告借书可如愿。	
4 月 23 日	刘朗泉	本市大中中学	询要否借郑宅器具。	
4 月 23 日	郭绍虞	北平燕京大学	复我前信不北去。	
4 月 26 日	金子敦	本市延年坊 22	告虎如住同里十号，并询息予住址。	
4 月 26 日	刘朗泉	又　大中中学	复告逸殊住所。	
4 月 27 日	顾颉刚	杭州马坡巷 7	复告在杭近状，并劝我暂在上海为佳。	
4 月 29 日	周予同	温州第十中学	告近状，并恳常通讯。	
4 月 30 日	张福崇	浦江礼张	复告读书状。	
4 月 30 日	邱晴帆	镇江省农民银行	复告近状甚愉。	
5 月 1 日	姚达人	本市圆明园路 29	再邀助其办函授历史科事。	
5 月 2 日	詹聿修	苏州护龙街福昌号	询近状，并告苏地情形。	
5 月 3 日	王翼之	又　河沿街廿九号	复告近状，并言其姊将来沪。	

续表

日期	人名	地址	事由	备考
5月4日	又	又	再告家中近状,并言其姊已来沪。	
5月4日	章子玉	兰溪县政府	复告将偕其居停至洛阳。	
5月4日	孙逸殊	杭州四条巷38	复告近状,谓将来沪一行。	
5月5日	吕灿庭	苏州养育巷114	复告济群已移杭外西湖21号启贤祠,仍在军政部交通机械修造厂材料库。	
5月5日	章君畴	奉化县政府	复告已奉令去官,日内即来沪。	
5月9日	詹聿修	苏州护龙街福昌号	复告近状,谓苏地仍有谣言。	
5月9日	吴劻初	苏州西白塔子巷65	复谈时事,并嘱注意情状,勿大意。	
5月9日	郑振铎	北平成府前吉祥胡同六	托向开明交涉各事。	
5月10日	吕济群	杭州外西湖廿一号	告已到杭驻定,问予闸北寓所情状。	
5月11日	顾颉刚	又　马坡巷七号	复告月内即将北行。	
5月11日	吴致觉	本市成都路裕盛里	托向经农介绍齐鲁大学哲学教授。	
5月12日	邱晴帆	镇江省政府	告即将视察上海川沙、青浦等八县保卫事宜。	

续表

日期	人名	地址	事由	备考
5 月 14 日	周颂久	本市福煦路明德里 108	复告已转达同人下届由郑允功召集。	
5 月 16 日	王翼之	苏州河沿街廿九	告其父病笃。	
5 月 18 日	黄缵承	本市善钟路合兴里 49	托转介调孚往成都办报。	
5 月 19 日	郭绍虞	北平燕京大学	谈将整理旧稿托由开明出版。	
5 月 20 日	周予同	温州十中二院	复告寄件俱到,对商务大不满。	
5 月 21 日	孙道始	本市同孚路	告廿九订婚,在杏花楼宴媒。	
5 月 21 日	胡七太太	苏州三多巷 57	复告不能来,须八九日始可行。	
5 月 28 日	詹聿修	本市平安旅社	告端节前将归。	
5 月 29 日	王翼之	苏州河沿街 29	告近状,并告教局长易人。	
6 月 1 日	郑振铎	北平燕京大学	复谈明集残败事,甚愤。	
6 月 1 日	詹聿修	本市朱葆三路	复约三日八九时在邑庙相晤。	
6 月 2 日	吕济群	杭州西湖启贤祠	复贺潘订婚,并告将回驻南京。	
6 月 8 日	王翼之	苏州河沿街 29	复告近状,并附致幽若书。	
6 月 9 日	陈稼轩	本市霞飞路 282	复允十一月底交股款。	

日期	人名	地址	事由	备考
6月10日	郑允恭	又　狄思威路源茂里44	约明日午后七时在东亚罗浮厅聚餐。	
6月10日	张福崇	浦江礼张	告下半年将仍在暨大教授,月内即携眷来沪。	
6月16日	周予同	温州第十中学	复告近状,并谓七月中将赴安大一行。	
6月17日	詹聿修	苏州护龙街福昌号	告归苏后近状,并托茗事。	
6月18日	陶蓉初	又　双塔小学	托为其子谋基介绍。	由圣陶转来。
6月20日	姚达人	本市圆明园路29	告将创办《女子杂志》,特托数事。	
6月25日	吴缉熙	武昌武汉大学	邀往教课,并言将代觅屋。	
6月26日	王鞠侯	杭州省立图	寄《月刊》二册,并允为开明编《本国地理教本》。	
6月26日	王翼之	苏州河沿街29	告其父病日笃,并托转信与幽若。	
6月30日	章子玉	南京旅次	告随王懋勤到京,不日当返沪见过。	
6月29日	韦息予	本市望志路	荐孟宅旧佣。	
7月1日	郭绍虞	北平成府蒋家胡同4	复贺潜订婚,并谈振铎近事及修辞学。	

续表

日期	人名	地址	事由	备考
7月1日	吴勖初	苏州西白塔子巷68	贺潘订婚，并告七月中将来沪。	
7月1日	苏继顷	本市戈登路德庆坊1360	约二日六时在东亚罗浮厅聚餐。	
7月3日	周予同	温州瑞安第二巷口	快邮托代支馆中应得之款。	
7月5日	吴致觉	本市成都路裕盛里	复告信用储款已还讫。	
7月6日	王鞠侯	杭州省立图书馆	复商编书版税事。	
7月6日	顾颉刚	北平燕京大学	快函劝就武大史学系聘。	
7月7日	韦息予	本市望志路	函告登记找发近俸金事。	
7月10日	陆震平	又　福煦路福润里	复稼轩搬家匆促，并告稼母殁。	
7月10日	上海舆地学社	又　跑马厅507	告迁新址办公。	
7月11日	王鞠侯	杭州省立图书馆	允照百分之十收版税。	
7月13日	郑振铎	北平成府燕大	劝早决大计，还以就校事为宜。	
7月14日	詹聿修	苏州护龙街	探询此间近状。	
7月16日	王翼之	又　河沿街29	告已安抵苏州，并报其父病状。	
7月16日	郑心南	本市福煦路四明村13	告明日下午六时在中社聚餐。	

日期	人名	地址	事由	备考
7月17日	邱晴帆	又　霞飞路宝康里20	告曾返省一行,仍将出视察。	
7月19日	陈稼轩	又　南京路大陆商场	复谢喑其母。	
7月23日	顾颉刚	北平燕京大学	复告已转谢通信,唯仍致怆惜。	
7月29日	王翼之	苏州河沿街廿九	托转其姊信,并托向开明商折扣。	
8月1日	詹聿修	又　护龙街	复告纬平已通信。	
8月5日	吕济群	南京常府街卅四标	告已移驻回京,中秋当求谒。	
8月5日	张福崇	本市狄思威路浙兴里111	告聚餐定七日上午十一时在聚丰园。	
8月6日	詹聿修	又　平安大旅社	告明日当赴聚丰园,已来上海。	
8月13日	胡愈之	又　吕班路万宜坊44	属转聿修往谈。	
8月14日	章子玉	兰溪城内世德牌楼	告返苏暂住,拟俟秋凉后再出谋事。	
8月15日	詹聿修	本市平安旅社	约今日下午六时在王宝和面谈。	
8月15日	王翼之	苏州河沿街29	快函属开明寄书,并告父病转剧。	
8月17日	舒新城	本市中华书局	约编《日本史》。	
8月18日	胡愈之	又　吕班路	约明日下午六时半在梁园吃饭,并却聿修。	

续表

日期	人名	地址	事由	备考
8 月 22 日	吕济群	南京常府街	复慰近状。	
8 月 22 日	王翼之	苏州河沿街 29	快函告开明书不寄到,现已开学,请勿再寄。	
8 月 22 日	詹聿修	本市平安大旅社	告即行归里。	
8 月 26 日	王翼之	苏州河沿街廿九	复告粮串已换得,询是否寄予。	
9 月 8 日	詹聿修	本市平安大旅社	告仍在沪谋事,并诉近况。	
9 月 12 日	张福崇	本市真如车站南	告已迁居李家阁甲二号。	
9 月 13 日	吴致觉	苏州西白塔子巷 68	告已安抵苏州,尚好。	
9 月 15 日	金子敦	本市中华书局	约十七下午六时在王宝和小叙。	
9 月 23 日	傅东华	又　拉都路敦和里 11	谢赠参考书,并告明日来访。	
9 月 25 日	詹聿修	苏州护龙街福昌号	告中秋前一夕回苏。	
9 月 26 日	姚达人	本市霞飞路铭德里八	寄照片来,并告搬家。	
9 月 28 日	詹聿修	苏州护龙街福昌号	告达人照片已寄到。	
10 月 1 日	张福崇	本市真如暨大	复谢赠书,并告达人行踪。	
10 月 3 日	王怀之	苏州河沿街廿九	告将赴芜湖就法院录事。	
10 月 3 日	周允言	又　女中中学	通候近状,并商国文教学。	

续表

日期	人名	地址	事由	备考
10月3日	姚达人	本市霞飞路	复告逸安双十节在申结婚。	
10月9日	王翼之	苏州河沿街29	告近状,并谓怀之时起误会。	
10月11日	吴勖初	又 西白塔子巷68	告不能来沪之故。	
10月12日	詹聿修	又 护龙街福昌号	复告近状,并索《沪战纪实》。	
10月13日	周予同	安庆安徽大学	告参考收到,并劝出教书。	
10月16日	陈乃乾	本市白尔部路55	寄排样请指改。	
10月20日	周允言	苏州女子中学	谢赠书,并再索寄教本。	
10月28日	顾颉刚	北平燕京大学	复告近况,谓尹默之名不必追问。	
10月30日	吕济群	南京常府街	寄照片,并告近状。	
10月30日	邱晴帆	本市霞飞路	寄所填小令来属写。	
11月2日	周予同	安庆安徽大学	托询来青阁寄书事。	
11月10日	詹聿修	苏州护龙街福昌	托向慰元推毂。	
11月10日	章子玉	南京道署街长乐客栈	告到京见朱谋事尚无眉目。	
11月13日	陈乃乾	本市白尔部路五五号	约往一谈并同出晚餐。	
11月14日	张福崇	真如暨南大学	复告方君概况,并再探细告。	
11月15日	吕济群	南京常府街	告近状,谓年假时将来谒。	

续表

日期	人名	地址	事由	备考
11 月 18 日	薛用裕	东桥良利堂转	告安抵乡间,并言年底义坤将来此。	
11 月 25 日	王翼之	苏州河沿街廿九号	寄照片来,并告近状。	
11 月 25 日	章子玉	南京长乐客栈	复告屡谒朱未晤,托颉刚设法。	
12 月 1 日	王仁斋	苏州河沿街廿九号	快函促幽若、漱石归侍疾。	
12 月 1 日	陈乃乾	本市白尔部路五五号	托借《散曲丛刊》。	
12 月 1 日	何柏丞	本市商务印书馆	托查太平史料。	
12 月 4 日	章子玉	南京长乐客栈	告已见朱,或有希望。	
12 月 6 日	詹聿修	苏州护龙街	告暂就世界苏州编所事。	
12 月 18 日	贝仲珩	苏州小王家巷	托售稿于神州国光社。	
12 月 20 日	詹聿修	苏州护龙街 872 世界第二编部	托询《辞海》预约状。	
12 月 22 日	金子敦	本市中华书局	告贝稿不用,已径行寄还。	
12 月 24 日	王翼之	斜塘小学校	告其父病中使气状,乞转告幽若。	
12 月 30 日	金子敦	本市中华书局	寄虎如稿托介绍。	
12 月 30 日	贝仲珩	苏州小王家巷	询太平天国史料。	
12 月 31 日	韦息予	本市望志路	复告病状,并言已向子敦接洽,当有办法也。	

发信表

日期	人名	地址	事由	备考
1月2日	陈乃乾	本市白尔部路55	告今日不能趋召赴宴。	
1月2日	吕济群	巩县孝义镇	复告近状，并慰其旅居。	
1月7日	王翼之	苏州河沿街廿九	复告近况，并幽若归期。	
1月10日	陈乃乾	本市白尔部路55	复告一时查不到，并告振铎将归。	
1月10日	章子玉	杭州旅次	复慰一切，并告我近状。	
1月12日	向觉明	北平图书馆	复谢寄书，并谈近况。	
1月15日	郑梦九	徐州东门外后仓巷八	复寄《五代史》赠书四册与之。	
1月16日	陈元丰	本市长青路顺安里五	告已为其子报名。	
1月21日	又	又	告已录取。	
1月27日	向觉明	北平图书馆	复昨信，并寄还借书条。	
1月27日	贺昌群	天津河北天纬路	复今信，并寄还借书条。	
2月13日	郑振铎	北平燕京大学	询路中平安否，并告近状。	
2月15日	王翼之	苏州河沿街29	告半月来狼狈状，并告宝山破碎情形。	

续表

日期	人名	地址	事由	备考
2 月 17 日	顾颉刚	杭州马坡巷七号	复告避乱状况,用快信寄出。	
2 月 17 日	向觉明	北平图书馆	详告遭乱毁家状。	
2 月 19 日	胡太太	苏州三多巷 57	详告遭乱毁家失业状。	
2 月 22 日	章子玉	兰溪县政府	又	
2 月 22 日	顾颉刚	杭州马坡巷七号	复谢设法绍介,并述明一切。	
2 月 22 日	章子玉	兰溪县政府	复谢招邀,再告近状。	
2 月 23 日	张福崇	诸暨岩头陈礼张	复谢招邀,并告近状。	
2 月 26 日	郑梦九	徐州东门外后仓巷八号	告遭乱丧家状。	
2 月 26 日	徐调孚	乍浦聚源木行	告别后毁家状。	
2 月 27 日	吕灿庭	苏州养育巷 114	复告近况,并托转致胡七太太。	
2 月 28 日	郑振铎	北平成府前吉祥胡同六号	复谢设法,并告近状。	
3 月 2 日	又	又	请速作修文传嘱序,并开示材料。	
3 月 5 日	章君畴	奉化县政府	复谢慰问,并告近状。	
3 月 9 日	江炼百	杭州上扇子巷 14 陈宅转	转觉敷信。	
3 月 10 日	顾颉刚	又 马坡巷七号	复告近况,并言邮件已设法。	

续表

日期	人名	地址	事由	备考
3 月 10 日	郭绍虞	北平燕大	复告近状,转振铎谢设法。	
3 月 12 日	计硕民	嘉善县立中校	复谢慰问,并告近况。	
3 月 12 日	顾颉刚	杭州马坡巷七号	告景山已汇九十元来,并将原函附去。	
3 月 12 日	张福崇	浦江礼张	告前书已到,催即来申。	
3 月 12 日	吴勋初	苏州西白塔子巷 68	复告难后状况。	
3 月 14 日	徐调孚	乍浦聚源木行	复告近状,并及商编善后事。	
3 月 18 日	向觉明	北平图书馆	复告图书被焚状。	
3 月 18 日	贺昌群	天津女师院	复告图书被烧状。	
3 月 18 日	郑梦九	徐州后仓巷八	复谢不需接济。	
3 月 18 日	章子玉	兰溪县政府	复贺得子,并告近状。	
3 月 19 日	郑振铎	北平成府前吉祥胡同六	复告已与开明约,谢不北上。	
3 月 19 日	顾颉刚	杭州马坡巷七	告赵寄稿已亲送亚东。	
3 月 19 日	章君畴	奉化县政府	复谢注存,现尚不需。	
3 月 19 日	王翼之	苏州河沿街 29	复告悦之近状。	
3 月 21 日	邱晴帆	镇江东南大旅社	复告近状,并劝早归。	
3 月 21 日	姚达人	本市建中里五〇	告奉□□约,并谢昨日冠生园约未克赴。	

续表

日期	人名	地址	事由	备考
3 月 27 日	王幽若	苏州河沿街 29	复告悦之近状,请直接催问。	
4 月 3 日	王翼之	苏州河沿街 29	复告将搬家,谢招隐香山。	
4 月 3 日	吴勘初	又　西白塔子巷 68	复谢慰问,并告近状。	
4 月 3 日	郭绍虞	北平燕大	复告近状,并谢暂不北上。	
4 月 10 日	吴致觉	本市成都路	告新居门牌号数。	
4 月 10 日	王悦之	又　贝勒路	又。	
4 月 10 日	韦息予	又　望志路	又。	
4 月 10 日	孙道始	又　同孚路	又。	
4 月 10 日	胡孟泉	又　爱文义路	又。	
4 月 10 日	张剑秋	又　金神父路	又。	
4 月 12 日	郑振铎	北平成府前吉祥胡同六	告搬家,并托力为致觉设法。	
4 月 12 日	王翼之	苏州河沿街廿九	又　并告此间近况。	
4 月 12 日	顾颉刚	杭州马坡巷 7	又。	
4 月 12 日	仲弟	本市格枭格路	又。	
4 月 12 日	姚达人	又　霞飞路	又。	
4 月 12 日	高觉敷	又　福煦路	又　并询馆事。	
4 月 15 日	孙道始	本市同孚路长丰里十一	托借丁绍仪《续国朝词综》。	
4 月 15 日	陈乃乾	又　白尔部路 55	谢扰,并寄曲园诗片。	

日期	人名	地址	事由	备考
4 月 17 日	章子玉	兰溪县政府	复告搬家。	
4 月 17 日	章君畴	奉化县政府	告搬家。	
4 月 17 日	张福崇	浦江礼张	复告搬家。	
4 月 23 日	刘朗泉	本市静安别墅 66		
4 月 23 日	金子敦	又　中华书局	告搬家,并属转候虎如。	
4 月 23 日	陈乃乾	又　白尔部路 55	转绍虞信。	
4 月 23 日	邱晴帆	镇江保卫委会	告搬定家矣。	
4 月 27 日	高觉敷	本市福熙路 54A	告昨夕不能赴约之故,乞宥。	
4 月 27 日	顾寿白	又　明德里 53	同上。	
4 月 29 日	郭绍虞	北平燕京大学	复告近状,并申说不北行无它意。	
4 月 29 日	姚达人	本市圆明园路 29	复事冗不克参加历史科函授事。	
4 月 29 日	金子敦	又　静安寺延年坊	复告息予住址。	
4 月 29 日	顾颉刚	杭州马坡巷 7	告近状,并详言提篮桥环境。	
4 月 30 日	吴勖初	苏州西白塔子巷 68	告搬家后状况。	
4 月 30 日	王翼之	又　河沿街 29	询前函是否到,催复。	
4 月 30 日	詹聿修	又　护龙街祥符寺巷口福昌号	询近状,并告搬家。	
4 月 30 日	吕锦珊	又　养育巷 114	告搬家,且请关知胡七太太。	

续表

日　期	人名	地　址	事　由	备考
4 月 30 日	向觉明	北平图书馆	告搬家,并托代订《馆刊》及补够前缺。	
4 月 30 日	周予同	温州仓桥十中	复谈上海近状,并劝北行。	
4 月 30 日	章君畴	奉化县政府	复赞力改县政转善。	
4 月 30 日	孙逸殊	杭州四条巷 38	询近状,并告搬家。	
4 月 30 日	计剑华	本市纱布交易所	告搬家,并商借稿费。	
4 月 30 日	生活周刊社	又　华龙路	询清寒教育基金事。	
5 月 7 日	周予同	温州仓桥十中	寄清寒教育基金章程,并告馆中近状。	
5 月 9 日	王翼之	苏州河沿街 29	复询其父病状,并告其姊已安抵此。	
5 月 10 日	郑振铎	北平成府前吉祥胡同六	复告所托事已分别进行。	
5 月 13 日	吴致觉	本市成都路裕盛里	复经农不便进行,请径寄探之。	
5 月 14 日	吕济群	杭州外西湖廿一号	复告近状,并谢殷殷远问意。	
5 月 14 日	胡七太太	苏州三多巷 57	请来帮珏人忙。	
5 月 14 日	吴勖初	又　西白塔子巷 68	复告八事。	
5 月 14 日	张福崇	浦江礼张祥和号	复告沪地近状。	
5 月 13 日	周颂久	本市福煦路明德里 108	告天雨不能,又约下届必出席。	

日期	人名	地址	事由	备考
5月19日	黄缵承	又　善钟路合兴里49	复告调孚未出,末由转达。	
5月30日	王翼之	苏州河沿街29	复告一切,并通知潨儿与聂氏缔姻。	
5月30日	周予同	温州仓桥十中二院	复告一切,并通知潨儿与聂氏缔姻。	
5月30日	郭绍虞	北平成府蒋家胡同4	复告稿件已与圣陶接洽。	
5月30日	詹聿修	本市平安旅徐锦棠转	复请即日来谈。	
6月7日	陈稼轩	又　霞飞路282	请将缴股期展至十一月底。	
6月17日	吕济群	杭州外西湖廿一号	复告近状,并谈移后通讯事。	
6月17日	张福崇	浦江礼张	复告近状,并欣盼来沪。	
6月17日	郑振铎	北平成府前吉祥胡同六号	复告近状,并斥商务不仁。	
6月17日	周予同	温州仓桥十中	复告近状,并谈商务及潨婚事。	
6月17日	詹聿修	苏州护龙街福昌号	复告近状,并商荐事。	
6月19日	陶蓉初	苏州双塔小学	复已转托圣陶。	
6月22日	姚达人	本市圆明园路29	复所托事百无一遂,甚歉。	
6月26日	王鞠侯	杭州省立图书馆	复谢寄《月刊》,并告编书事由开明径复。	

续表

日期	人名	地址	事由	备考
6月26日	吴缉熙	武昌武汉大学	复谢介绍,但不能应召,特道歉。	
7月1日	王鞠侯	杭州省立图书馆	转寄开明请编条件。	
7月1日	韦息予	本市望志路	复告已用定,请转谢。	
7月3日	陈稼轩	又 霞飞路282	转催还信用借款六百元。	
7月3日	吴致觉	又 成都路裕盛里565	转催还信用借款五十元。	
7月3日	陈岳生	又 金神父路花园坊23	转催还信用借款八十元。	
7月3日	苏继顾	又 戈登路德庆坊1360	告不能赴约之故并道歉。	
7月8日	顾颉刚	北平燕京大学	快信复不能应武大之聘。	
7月8日	王鞠侯	杭州图书馆	复告版税一律百分之十。	
7月8日	韦息予	本市望志路	复谢代为登记。	
7月8日	陆震平	又 福熙路	问稼轩何故搬移。	
7月8日	吴致觉	又 成都路	复谈近事,并转勖初来后见告。	
7月16日	陆震平	本市马立师新村507	复托转唁稼轩。	
7月16日	陈稼轩	又	唁其丧母。	
7月16日	詹丰修	苏州护龙街福昌号	复告近状,并言商务复业情形。	

续表

日期	人名	地址	事由	备考
7月16日	郑振铎	北平成府前吉祥胡同6	复谈不就教务之故。	
7月16日	王鞠侯	杭州蒲场巷图	复告版税契约须稿到始订。	
7月29日	詹聿修	苏州护龙街福昌号	告纬平已入商务,可即来设法。	
7月30日	王翼之	又　河沿街29	复告开明办法坚定,可否追订请酌。	
8月10日	吕济群	南京常府街	复告近状。	
8月13日	胡愈之	本市吕班路万宜坊44	属转约聿修一谈,已去函。	
8月13日	詹聿修	又　平安旅社转	附愈之信,属即往访一谈。	
8月18日	又	又	告愈之态度,事恐中变。	
8月18日	金子敦	又　中华书局	谢介绍,但《日本史》不能编,请转谢。	
8月18日	舒新城	又	辞谢不编《日本史》。	
8月19日	詹聿修	又　平安大旅社	转愈之信,告事已中止。	
8月23日	王翼之	苏州河沿街29	复告开明误事并道歉。	
8月27日	又	又	复谢代完墓粮。	
8月27日	詹聿修	又　护龙街	询到苏近状。	

续表

日期	人名	地址	事由	备考
9 月 15 日	吴致觉	苏州西白塔子巷六八	复告近状,并慰问一切。	
9 月 26 日	詹聿修	又　护龙街	复前信,并告照片尚未见到。	
9 月 26 日	张福崇	本市真如站南	托询达人照片,并问参考书收到否。	
10 月 2 日	又	又	复谢代致,并询托送皖峰喜礼。	
10 月 2 日	姚达人	又　霞飞路	告照片已到。	
10 月 2 日	郑振铎	北平燕大	请批评参考书。	
10 月 2 日	顾颉刚	又	又　并询尹默之名。	
10 月 16 日	吴勖初	苏州西白塔子巷 68	复告近状,并致候致觉。	
10 月 16 日	王翼之	又　河沿街 29	复谈近事,并附笺致怀之。	
10 月 16 日	周允言	又　女子中学	复告参考寄奉,请批评。	
10 月 30 日	吕济群	南京常府街	复告一切,并寄改稿。	
11 月 1 日	邱晴帆	本市霞飞路	复告册页已写好。	
11 月 2 日	周予同	安庆安徽大学	复告来青阁事当去催。	
11 月 9 日	张福崇	真如李家阁甲二	托打听方砚农家世。	
11 月 18 日	詹聿修	苏州护龙街	复托打听慰元通信处,俾代介绍。	

续表

日期	人名	地址	事由	备考
11月18日	陈乃乾	本市白尔部路55	寄还《嘉靖上海志》跋稿。	
11月18日	王翼之	苏州河沿街29	函谢怀之弟送礼,并询其父病。	
11月18日	章子玉	南京道署街长乐	复告近状,并询有无佳音。	
11月26日	又	又	复告颉刚并未南来。	
11月26日	王翼之	苏州河沿街廿九	复慰一切,并告已转幽若。	
12月1日	又	斜塘小学校	代幽若约期归遇,并托代送吉如嫁女礼。	
12月1日	何栢丞	本市商务印书馆	复告太平史料具详《革命史》后参考目。	
12月1日	陈乃乾	本市白尔部路55	复告当代借《散曲》奉览。	
12月6日	张梓生	又　申报馆	告委作考古报告不能应命。	
12月7日	詹聿修	苏州护龙街	复慰即就,并告应采杂志若干种。	
12月16日	金子敦	本市中华书局	介贝仲珩《曹操年谱》稿。	
12月19日	贝仲珩	苏州小王家巷	复告稿已送金子敦许。	
12月19日	王翼之	斜塘小学	谢馈酱豚,并约来游。	

日期	人名	地址	事由	备考
12 月 22 日	贝仲珩	苏州小王家巷	寄无函告不用状。	
12 月 29 日	韦息予	本市望志路	寄《四部备要》预约与之，乞与子敦商。	

收支一览表

月	日	收入要目	收入数额	月	日	支出要目	支出数额
1	1	上年转存	24.50	1	1	上月牛奶	6.00
1	16	借珏人	5.00	1	1	请硕民知味观	3.60
1	19	元丰还我	2.00	1	3	大世界看戏	0.80
1	21	本月下半薪及升工	85.24	1	5	汉、漱、润定额	3.00
1	22	虎如还我	20.00	1	5	补 3 日理发	0.60
1	25	上年信用储蓄本利	77.40	1	7	南京酒家饭	1.00
1	27	开明酬钱稿	117.00	1	7	玉树神油	0.50
				1	9	上月报费	1.00
				1	10	请幽若等电影	1.00
				1	15	请铎、予公局	3.00
				1	15	邮票	1.00
				1	16	车力	0.60
				1	16	代陈元丰报名	2.00
				1	20	请剑酒菜	1.40

续表

月	日	收入要目	收入数额	月	日	支出要目	支出数额
				1	21	家用	50.00
				1	21	还珏人	5.00
				1	21	信用储蓄	20.00
				1	25	家中年终特费	50.00
				1	25	贺禅生母五十寿	2.00
				1	25	绍酒两瓶	0.80
				1	27	送铁笙	10.00
				1	28	还讫颉刚	70.00
				1	28	逃出用费	15.00
				1	31	三日伙食等	20.00
		共收	331.14			共支	268.30
			268.30				
		一月应存	62.84				
2	1	上月转存	62.84	2	12	第一次归取物	50.00
2	2	商务暂借	10.00	2	15	截至本日止共耗	96.84
2	2	又濇交	10.00	2	29	截至本日共耗	38.00
2	2	晴帆借	10.00				
2	2	铁笙还	10.00				
2	4	商务发半薪	86.00				
2	4	又濇交	20.00				
2	4	珏人交	28.00				

续表

月	日	收入要目	收入数额	月	日	支出要目	支出数额
2	16	支同活	80.00				
2	16	又濬交	50.00				
2	29	支同活	50.00				
2	29	支特储	89.00				
		共收	505.84			共支	184.84
			184.84				
		二月应存	321.00				
3	1	上月转存	321.00	3	1	交珏人	290.00
3	11	收回朴社股款	80.00	3	3	三和楼小酌	2.40
3	11	景山版税	10.00	3	7	正兴馆酒饭	3.40
3	22	借珏人	10.00	3	7	儿饵	0.40
				3	9	绍酒一瓶	0.40
				3	10	信封信笺等	1.00
				3	11	交给珏人	80.00
				3	12	邮票	1.00
				3	13	言茂源饮	1.25
				3	14	儿饵、点心等	1.50
				3	15	点心	0.40
				3	16	火腿	2.00
				3	16	点心、车力	0.60
				3	20	绍酒二瓶	0.80

月	日	收入要目	收入数额	月	日	支出要目	支出数额
				3	21	高长兴饮	2.10
				3	21	儿食	0.48
				3	21	《地名辞典》	8.00
				3	22	西门路小饮	2.10
				3	22	两日车力	0.40
				3	23	《欧亚年表》两种	2.75
				3	31	绍酒两瓶	0.80
				3	31	和菜	2.40
				3	31	结耗	14.62
		共收	421.00			共支	418.80
			418.80				
		三月结存	2.20				
4	1	上月转存	2.20	4	2	与晴小吃	0.40
4	3	借珏人	65.00	4	3	儿饵等	1.00
4	9	借珏人	100.00	4	3	三日来点心	0.80
4	9	借珏人	10.00	4	3	先交顶费	65.00
4	19	借珏人	5.00	4	9	找顶及看门人	90.00
4	23	开明酬稿	150.00	4	9	搬车力	7.00
				4	10	恤文轩	1.00
				4	10	再找看门人	3.00
				4	12	邮票	1.00

续表

月	日	收入要目	收入数额	月	日	支出要目	支出数额
				4	13	铜信箱口	1.20
				4	13	卫生盘香	0.25
				4	14	两日车力	0.50
				4	19	功德林聚餐	2.00
				4	21	蛋糕二蒸	0.72
				4	23	交家用	120.00
				4	26	字幅及画轴	2.05
				4	29	《中国人名大辞典》	7.60
				4	29	信纸信封	1.20
				4	30	车力、烟等耗	7.08
		共收	332.20			共支	311.80
			311.80				
		四月应存	20.40				
5	1	上月转存	20.40	5	1	缎鞋及小皮鞋	4.00
5	4	新中国预支稿费	60.00	5	2	捐助商工收寄	1.80
5	7	云彬还我	1.00	5	2	代云彬捐商工	1.00
5	23	开明稿酬	150.00	5	3	理发	0.60
5	24	商务解职金	180.00	5	3	点心、车力等	0.80
5	24	又半月薪水	80.00	5	6	衣料第一批	0.80
5	24	取还特储	233.33	5	6	牙膏	0.20
5	24	取还存款	57.83	5	11	《申报》一个月	1.00

月	日	收入要目	收入数额	月	日	支出要目	支出数额
5	28	收珏人存	50.00	5	13	修表	1.00
				5	13	香烟三听	1.00
				5	14	邮票	2.00
				5	15	蛋糕	0.36
				5	20	吊建初夫人	2.00
				5	21	吊慰元父	2.00
				5	21	送仁丈慰病	2.00
				5	24	濬儿订婚戒	35.00
				5	24	还濬儿	20.00
				5	24	衣料第二批	15.00
				5	24	家用珏用	120.00
				5	24	补买书	6.60
				5	24	还讫息予	400.00
				5	27	买文法书三种	5.30
				5	27	补前日另化	2.60
				5	28	存入上海银行	150.00
				5	28	王宝和小饮	3.60
				5	29	《故宫周刊》134期	11.92
				5	31	车力、点心杂耗	7.78
		共收	832.56			共支	827.56
			827.56				

续表

月	日	收入要目	收入数额	月	日	支出要目	支出数额
		五月结存	5.00				
6	1	上月转存	5.00	6	3	高长兴小饮	1.60
6	7	取上海存储	30.00	6	6	纪耀节赏	2.00
6	11	借珏人	2.00	6	6	糟油、儿饵等	3.00
6	15	又	3.00	6	7	交珏人过节	20.00
6	16	又	5.00	6	7	还酒五十斤	6.00
6	21	开明酬稿	150.00	6	7	《目录学概论》	0.45
				6	7	《校雠新义》	0.90
				6	9	看弄人节规	0.40
				6	11	《申报》一个月	0.40
				6	11	东亚聚餐	2.18
				6	15	《故宫周刊》及儿饵	1.00
				6	15	王宝和小饮	0.50
				6	16	漱、润报名费	2.00
				6	18	王宝和小饮	3.00
				6	21	家用珏用	120.00
				6	21	还讫珏人	10.00
				6	22	理发	0.40
				6	22	香烟四听	1.00
				6	25	吊管小穀之父	2.00
				6	30	冠生园饮冰	0.80

月	日	收入要目	收入数额	月	日	支出要目	支出数额
				6	30	《故宫周刊》	0.94
				6	30	火腿、酱瓜等	0.50
				6	30	点心、车力等	3.93
		共收	195.00			共支	183.60
			183.60				
		六月结存	11.40				
7	1	上月转存	11.40	7	7	梅园聚餐	3.00
7	16	取上海银行款	50.00	7	10	添菜请翼之	2.00
7	27	开明送酬	150.00	7	11	绍酒	0.50
				7	11	上月《申报》	1.00
				7	13	《世界年表》	2.23
				7	16	邮票	1.00
				7	16	华生电扇连装	41.00
				7	18	西瓜一百斤	3.00
				7	26	饼干二磅	0.72
				7	26	点心	0.20
				7	26	紫毫天香深处	0.25
				7	26	华鱼饮渴二瓶	0.84
				7	27	家用及珏用	120.00
				7	31	酒、点、杂用、车	15.66
		共收	211.40			共支	191.40

续表

月	日	收入要目	收入数额	月	日	支出要目	支出数额
		七月共收	211.40				
		七月共支	191.40				
		七月应存	20.00				
8	1	上月转存	20.00	8	4	贺佩弦结婚	4.00
8	20	取上海行存	60.00	8	7	聚丰园聚餐等	4.00
8	24	开明酬稿	150.00	8	11	上月《申报》	1.00
8	29	《中学生》酬稿	40.00	8	11	火腿、柠檬	2.14
				8	11	《故宫周刊》十4	1.12
				8	15	王宝和饮馔	3.40
				8	20	交组青装无线电话	60.00
				8	25	家用珏用	120.00
				8	27	王宝和饮馔	1.03
				8	31	香烟、酒、车力等	9.31
		共收	270.00			共支	206.00
			206.00				
		八月应存	64.00				
9	1	上月转存	64.00	9	3	潗儿照相	1.00
9	14	开明股息	105.00	9	4	汉、漱、润学费等	17.80

月	日	收入要目	收入数额	月	日	支出要目	支出数额
9	23	开明酬稿	150.00	9	4	月饼、茶叶	2.40
				9	4	请致觉饭	3.20
				9	5	古益轩聚餐	3.00
				9	7	谢周医生	20.00
				9	11	《申报》一月	1.00
				9	17	加开明一股	100.00
				9	17	给珏人	5.00
				9	18	到周浦另化	0.50
				9	23	家用珏用	120.00
				9	24	大春楼点及购物	1.50
				9	26	给潏儿	2.00
				9	26	为复儿购皮鞋	1.60
				9	29	高长兴饮酒	5.40
				9	30	香烟、绍酒、车力	16.60
		共收	319.00			共支	301.00
			301.00				
		九月应存	18.00				
10	1	上月转存	18.00	10	1	贺济群结婚	10.00
10	31	开明稿费	150.00	10	1	儿饵、虾尾等	1.00
				10	9	贺储逸安婚	2.00
				10	14	邮票	1.00

续表

月	日	收入要目	收入数额	月	日	支出要目	支出数额
				10	14	香烟	1.00
				10	14	大蟹	2.00
				10	25	车票及购物	5.00
				10	26	赏孙宅车夫	0.20
				10	30	茶叶	1.00
				10	30	《故宫》三月刊	0.24
				10	31	家用珏用	120.00
				10	31	点心另用、车力	13.56
		共收	168.00				157.00
			157.00				
		十月应存	11.00				
11	1	上月转存	11.00	11	2	给潆儿	2.00
11	11	借珏人	5.00	11	6	高长兴酒菜	1.40
11	15	借珏人	5.00	11	7	儿饵等	2.00
11	21	借珏人	1.00	11	8	诸儿看电影	1.60
11	23	开明稿费	150.00	11	8	香烟四罐	1.00
11	26	四行储到期本利	1190.28	11	11	定《新春秋》半年	1.60
11	28	借珏人	20.00	11	12	上月《申报》	1.00
				11	17	儿饵等	1.00
				11	21	王宝和小饮	1.06
				11	21	儿饵等	0.40

月	日	收入要目	收入数额	月	日	支出要目	支出数额
				11	23	家用珏用	120.00
				11	23	还珏人	11.00
				11	25	给潐儿	2.00
				11	27	交舆地社股	200.00
				11	28	存入开明	1000.00
				11	28	印信封380个	1.00
				11	28	贺仲云生子	3.20
				11	28	补还五日聚餐	12.16
				11	30	点心另用、车力（内邮票一元）	13.06
		共收	1382.28			共支	1375.48
			1375.48				
		十一月应存	6.80				
12	1	上月转存	6.80	12	1	玩具两件	1.28
12	10	借珏人	10.00	12	3	贺吉如嫁女	2.00
12	20	借珏人	10.00	12	6	吊云六丧父	2.00
12	23	开明酬稿	150.00	12	10	鱼肝油	16.00
12	31	借珏人	10.00	12	10	日历纸一组	0.50
				12	10	《故宫》三日刊	0.48
				12	10	送孙宗海画报	1.00
				12	10	《诗韵集成》	0.20
				12	11	全兴康小饮	1.25

续表

月	日	收入要目	收入数额	月	日	支出要目	支出数额
				12	11	购菜肴等	1.00
				12	11	上月《申报》	1.00
				12	13	明年日记本	0.72
				12	17	《故宫》三日刊	0.32
				12	17	熏鱼、儿饵等	0.80
				12	22	吊稼轩丧母	2.00
				12	23	还珏人	10.00
				12	24	潜儿月费	2.00
				12	24	立达蛋二打	1.60
				12	24	补昨儿饵	1.00
				12	24	阿司匹灵	1.03
				12	24	家用珏用	120.00
				12	26	野荸荠、儿饵	0.50
				12	26	《故宫》三日刊	0.16
				12	30	五更鸡	1.00
				12	31	车力、香烟、点心	7.76
		共收	186.80			共支	175.60
			175.60				
		十二月应存	11.20				

1933年(民国二十二年)

1月1日(丁卯 元旦)星期日

晴寒。上午四八,下午四九。

晨起待报不至,甚焦念,十一时始递到,盖张数过多,印机不及赶出也。展看之馀,印象甚劣:倭图热甚急,而山海关守将何柱国辞职;党国要人戴传贤、居正等皈依班禅为弟子,而蒙古章嘉加入国民党。是本年开始仅见鬼蜮耳。

幽若、悦夫人来,胡子渊来,文权来。

傍晚往访晴帆,晤道始及韫华,坐有顷,四人同赴古益轩晚餐。饮四川大曲,吃鱼头、子鸡等。八时散,冲寒径归。

1月2日(戊辰)星期一

阴寒。上午四六,下午四七。

今日报馆停工,无报,但闻倭寇榆关甚急,不知真相如何。

饭后挈同儿出游,先到抛球场看陈列桐庐猎得之大山羊头。继赴邑庙豫园一游,啖油面筋,张西洋镜,看大小头毛面人及没脚女。同儿乐甚,为购一小汽船以归。

夜小饮,饮后与幽若等打牌四圈。

1月3日（己巳）星期二

阴，夜雨。上午四七，下午五〇。

竟日未出，与幽若等打牌，自午前至夜分，尽二十圈。大赢，生平未有之盛举也。

报仍停，而号外竞飞，知倭已占榆关，进逼秦皇岛。如此情形，前途正不知伊于胡底也！

1月4日（庚午　上弦）星期三

雨。上午五二，下午五四。

晨九时，冒雨到开明编所，正式就事。即在所中午饭。后以为常。看书选文，至下午五时乃归。

夜小饮听书，九时许即睡。

幽若去。

北宁路车仅通至唐山，是倭警深矣。

1月5日（辛未）星期四

雨，午后晴。上午五三，下午五一。

依时入所选文，五时归。

夜幽若、漱石来，遂重移席打牌，至十一时半毕，尽八圈，输四千文。十二时许就寝。

山海关失守后，倭似暂止，日惟反宣传是事，不识我军事当局究作何想？岂长此默认耶！抑准备迎降耶！思至此，欲哭无泪已。

济群来访，适予在所未晤。

1 月 6 日 (壬申　小寒) 星期五

晴。上午五一,下午五二。44. 1—36. 3

依时入所选文,三日来凡得六十篇矣。五时归。

夜小饮听书,并为道始草一银公司缘起。但属思未就,竟致阁笔。

漱石、幽若去,大约须假期再来矣。

今日尚未正式出报,据号外载,倭仍占山海关,平、津暂安。

煦先已来沪,未见,予同亦不日可来。前闻振铎将南下,或可同时晤聚也。

1 月 7 日 (癸酉) 星期六

晴寒。上午五〇,下午五二。49. 1—30. 0

依时入所,选文十二篇,手钞一篇。五时归。

夜阅报,知心南已到闽教厅任,觉敷在彼任秘书。是觉敷已自蜀返,过沪赴闽矣。

小饮听书,坐至十时许就寝。

草完道始所托文,明日交文权转递之。

1 月 8 日 (甲戌) 星期日

晴寒。上午五〇,下午五二。56. 3—31. 5

报纸于榆关寇警依然不详,大约彼此停滞,坐待寇大耳。愤甚!

午后圣陶来,同访息予,谈移时,步经四马路一带至抛球场乃乘车归。

夜小饮,听书自遣。

息予告予,子敦言,《四部备要》已全售缺,陡如一瓢冷水灌顶,殊缺望。自被难后,此心渐死,近忽微挑之,终致失仰,可悲孰甚乎?

1 月 9 日 (乙亥) 星期一

阴雨,燠闷。上午五二,下午五八。59.2—37.0

依时入所选文,五时归。幽若与悦之适去,悦之即去,幽则饭而后行。饭后,予与铮子、天然、轮仙打牌八圈,十一时半乃睡。

未打牌前仍小饮。

珏人身体日弱,夜间竟不安寐,殊可虑也!

写信与仲珩、子敦、聿修。

1 月 10 日 (丙子) 星期二

阴雨,燠闷。上午五七,下午六二。61.3—45.5

依时入所选文,手写一篇。五时归。

夜小饮听书,十时就睡。

珏人身体依然,恐须待分娩始可即安矣。

接心南就职宣言,知已到闽教厅任矣。但未见觉敷消息,不识究否出川也?

1 月 11 日 (丁丑) 星期三

阴雨,午后风起转寒。夜半霰雪并至。上午五七,下午五六。44.4—42.6

依时入所选文,并手钞一篇。五时冲寒归。

夜小饮,听书自遣。夜分乃寝。

予同过沪见访,谈移时去,今晚即须乘船返瑞安也。

云彬、文祺夜过谈,旋去。

1 月 12 日(戊寅　望)星期四

风雪交加。上午五〇,下午四七。29.1—27.0

依时入所选文,仍手钞一篇。五时归。

夜小饮听书,十时就寝。

接晴帆、子敦信,知晴帆已到省,正准备再度出发视察。子敦谓刘稿已询虎如取决,《四部备要》已售罄,局方允代收,或可有机再得也。

寇警如故,而报纸消息沉滞。丐尊得平友信,正纷纷预备逃难矣。可见平、津倭情甚叵测也。于此,益念颉刚、振铎、佩弦、平伯诸友。

今日为阴历十七日而推为望,甚奇,岂阴历日久愈舛乎!

1 月 13 日(己卯)星期五

风寒载雪。上午四二,下午四八。28.0—22.6

依时入所选文,并手钞两篇。五时雪中乘电车归。

室小为煤气所窘,几全家致疾,亟辟窗放空气流通始渐回复,甚幸也。

仍小饮听书,十时乃睡。就床未久,邮差叩门急,启户接之,乃子敦快信也。剖而读之,知《备要》三集俱有人求售,索价亦仅三百元,可筹款往取书矣。为之大快。不图急景凋年乃使旧藏之一部得庆延津、合浦之喜如此也!明日当与丐尊一商,俾筹款。

1 月 14 日（庚辰）星期六

风雪，寒甚。上午四二，下午四七。30.3—25.3

依时入所选文，并手钞两篇。四时五十分归。

丏尊、雪村未来，未及与商，即写信先复子敦谢其力，并约十六日下午往洽。

夜小饮，听书，十时睡。为规画庋书之方又发旧疾，三时半醒后，达旦未寐。

1 月 15 日（辛巳）星期日

阴晴兼行，减寒。上午四三，下午四八。33.8—23.4

上午与丏尊商，允预支《中学生丛书》两部稿费以应补购《备要》之需，甚感之。饭后，偕圣陶闲步四马路，到开明发行所参观，晤雪山；并过新中国书局发行所一巡而出，旋又至二酉书庄取书，后返四马路折至抛球场乘电车以归。

夜与文权打牌，十时许乃息。

幽若明日将归苏，昨日来即住我家。伊为家庭问题搬动口舌，甚为厌憎。颇望以后少来走动，免纠纷横生为是。

1 月 16 日（壬午）星期一

大雨终日，午后霰。上午四八，下午五〇。41.4—31.6

上午依时入所，适编所迁回安多里，不能作事。丏尊开支单三百元与我，即持以归饭。饭后未入所，冒雨到开明发行所取款，晤雪山，复至新中国发行所晤剑华，谈移时去，乘车往中华编所晤子敦，接洽妥贴，即以款交之，约过日再往取书，暂存栈房中，五时冒雨归。

夜小饮听书,为《中学生》草一文。至十二时就寝,止得四纸,馀尾只能俟之明日矣。

1 月 17 日(癸未)星期二

阴寒,午后微见雪花。上午四八,下午五〇。39.6—28.2

依时入所,以新搬正在装灯等工作,未能坐定写作。且午饭亦立而进,想须数日之后始能就绪耳。午后抽暇草毕昨晚之文,凡得五纸半,署为"历史与纲鉴",即交圣陶,五时冲寒归。

夜小饮,仍听书。十时乃寝。

唤匠人作书架仿壁大,盖预备庋置《四部备要》者。

1 月 18 日(甲申)星期三

大雪竟日。上午四四,下午四八。34.2—25.9

依时入所工作,五时返。

书架已做好,匠人连夜来装,甚满意。连木梯在内共二十五元,亦甚廉也。

夜小饮听书,十时就寝。

1 月 19 日(乙酉　下弦)星期四

雪霁,无日。上午四六,下午五〇。40.8—30.7

依时入所工作,五时返。

《备要》一、二、三集已于下午遣金才取来,据子敦回信,谓四集之上半须待主其事者之签允始可,故仅取三集云,当于晚间小饮后草草上架,待再理。

夜打牌八圈,无胜负。

1 月 20 日 (丙戌　大寒) 星期五

阴雨。上午五〇,下午五四。43.7—36.1

依时入所工作,五时归。

虎如稿已决定抽版税,今日将契约送子敦,并谢其为力得书焉。

夜小饮,饮后整理架书,至十一时未毕,遂置之而睡。

1 月 21 日 (丁亥) 星期六

阴霾。上午五四,下午五二。39.2—36.1

依时入所工作,手写多篇,并校出参考书二册四十页。五时归。

《备要》四集之上半二百有七册,亦由中华发行所派司送来,甚快。当于晚间小饮后据本加以整理,十一时毕,于是庋架秩然矣。

1 月 22 日 (戊子) 星期日

晴和。上午四七,下午五一。41.7—31.1

晨起料理年事,遣濬儿致酬凤岐,清儿还讫酒账,而予则作书与子敦谢其为书尽力。午刻,雪村邀饭,以晴帆见过而辞之。饭后,与晴帆同出,游邑庙豫园,伊买古钱数事,予则就摊唉鳝鱼耳。旋出园,过利利公司购《故宫》四期,复步至新世界,与晴帆别,乘十二路电车以归。

夜仍小饮,发书校疑义数事。新书初用,颇收效,殊乐也,虽负债甘之矣。

文权来,将代装《故宫》二册携交予。

1 月 23 日(己丑)星期一

晴和。上午四六,下午五〇。42.4—27.7

依时入所工作,已迟到一分。手写选文三篇,校参考复样四十页。

夜小饮听书。

珏人胎气殊不好,遍身发肿,行动维艰,甚可怜也。

1 月 24 日(庚寅)星期二

晴不甚寒。上午四六,下午四九。47.0—27.9

依时到所工作,下午四时即退,到四马路一带物色朱笺小立轴,未得,废然而返。此小轴本备书写历代宗亲之位者,不能得则惟有别购红纸代之耳。

夜小饮听书,十时即睡。

明日起,开明放假,须三十一日始照常办公也。又知自二月一日起,午膳须自理,别给津贴三元。至时归饭,予却深幸得宜矣。

1 月 25 日(辛卯 壬申岁除)星期三

晴,较昨略寒。上午四六,下午四八。

午刻在圣陶所吃年饭,振铎偕调孚来,盖昨甫自平南至也。相见倍欢,谈平事甚悉。饭后过予谈,东华、圣陶、调孚俱来,直至五时半乃辞去。

夜书红为历代宗亲神位供诸案头,蠲一切香烛锭帛献享,但示纪时追念之意。举家即合餐其前,以后逢时逢节当以为常。追远惟庄,祭不欲黩,亦难得小小一改革矣。

爆竹终夜声喧,较去岁真如霄壤。但国难方殷,不识国人亦涉念东省灾黎及榆关倭氛逼人乎!

文权来吃夜饭,饭后偕之过访息予及立斋,潜儿从。因同游城隍庙,一巡而出。行至天主堂街口,分道各归。予与潜儿抵家已十一时半矣。

1 月 26 日 (壬辰　癸酉岁正朔　月建甲寅) 星期四

晴,午后阴,飞雪花。上午四四,下午四八。

昨宵十二时后就睡,今日八时起,率群儿拜历代宗亲之位,旋文权来拜年,叶、章宅眷亦来。珏人不能出,命潜儿代往叶、章宅答拜,并至宋宅贺年。

饭后本拟出游,以风冽而止,与文权、至善、潜儿打牌,大胜。

夜小饮。无线电休息,并为一二八纪念停止娱乐,须廿九(即初四日)始播送,故无可听受也。八时许,文权、至善先后去,予亦就寝。

珏人身体不好,而又重之以伤风,狂嗽不止,又见红,不识碍及胎儿否? 甚虑之。

1 月 27 日 (癸巳) 星期五

阴寒地冻。上午四二,下午四六。

珏人卧床未起,而息予夫人、君谋夫人及修妹先后至,忙甚。

午后与圣陶出,乘车至邑庙小世界,预备看昆剧,盖小世界门前除夕即张有仙霓社之招牌也。讵意空张旗鼓诳人,历上下都无其迹,愤然遂行。乃同过息予谈。至晚六时,与圣陶复赴东华之招,晤柏丞、雪村、振铎、调孚、云彬。饮后乘车径归,已十一时矣。

昨日起无报,然号外仍出,乃送报人竟不送来,可恨!

1 月 28 日(甲午)星期六

晴寒。上午四四,下午四五。

珏人病咳甚剧,气逆加甚,赖天然疗治,差可就枕。予心忧之而无如何,闷甚。

午后四时,乃乾夫妇偕振铎来,晚六时许去。圣陶、云彬俱来会。以珏人未起而诸儿又无力能干招待之事,未留饭。甚歉如也!幸老友知我,不致诧异耳。

1 月 29 日(乙未)星期日

晴寒。上午四一,下午四四。40.6—16.9

上午十一时,邀云彬同赴柏丞之约,以未起,不果。遂走调孚所,招同赴之。至则振铎、涵川、东华、莲僧俱已先在矣。乃入席饮。至二时许始毕。谈至三时,与振铎、东华、调孚辞出,过访雁冰,未晤,复往访六逸,又不晤。乃至东方社小憩,顺访愈之。薄暮,愈之请振铎等往洁而精晚餐,予则过息予饭,八时许即辞归,以珏人体气不安,不能久滞在外也。

晨尝为珏人赴邑庙购药梨,俾止咳,然亦无甚急效也。

1 月 30 日(丙申)星期一

晴寒。上午四二,下午四六。47.5—19.9

下午独往豫园一逛,薄暮即归。

夜应冰然之招,过饮其家,与丏尊、云彬、圣陶、墨林同席。即席辨难气节问题,几与圣陶冲突,事后思之,闲争可笑也。

明日开明编所开始办公,预备即将五、六两册编次妥善。不识五八天内能否付排耳。

1月31日(丁酉)星期二

晴,寒较昨稍杀。上午四五,下午四九。56.1—25.7

照常入所工作。

乃乾电话招饮,六时后,与圣陶同赴高长兴晤之。至则振铎、越然俱来,九时许乃散。复过三马路陪振铎往小有天定菜而别。及与圣陶抵里,已十时三刻矣。

珏人偃蹇难起,肿势仍炽,而予牵事外出时多,不能照料,甚歉如也。

2月1日(戊戌)星期三

晴,较和。上午四六,下午四四。44.1—31.5

照常入所工作。

夜六时,与云彬赴振铎小有天之约,聚晤者有东华、调孚、愈之、六逸、蛰存、雁冰、颂华、幼雄、柏丞等。知予同明日将来沪,因议定明晚仍在小有天举行聚餐。十时散,复与振铎、六逸、愈之、调孚、幼雄过精美进咖啡。及归家,已十二时矣。

珏人病势甚剧,特延孔锡鹏医师来诊,据断胎儿尚好,惟咳嗽必须立止,因配药水止嗽,药片消肿。夜间服药后气仍未平,恐日内未必即见效验也。

2 月 2 日（己亥　上弦）星期四

晴寒。上午四四,下午四七。42.6—24.1

照常工作,文篇几齐集矣。

珏人服药后咳稍止,气稍平,为之一慰。

夜与圣陶、调孚、云彬同赴小有天聚餐。除昨夜到者毕集外,又增入明养、仲华、息予、径三等,凡坐两席。惟予同迄未到,想船尚未入口也。谈至十一时,乃各散归。振铎明晨即北行,不克把别矣。

2 月 3 日（庚子）星期五

晴寒。上午四四,下午四六。42.8—23.7

上午照常入所。归饭时,息予与俱。适珏人腹中发动,饭后遂未入所,息予则伴予听信,一时五十分,天然先接一女,极顺利。继产一男,足先露,赖天然手术得全,时为二时十分。先后相距二十分耳。珏人因此脱险,幸获平安。为之大喜。五时,息予去。六时许,予草草进面已,即赶至天韵楼晤仲弟报知之。伊闻悉大喜,两儿俱要留养。约明日上半天来接取。十时予归,告知珏人,珏人幸两儿有托,甚喜。

十二时后就寝,在床上思新生两儿之名,遂定以淑华命女,济华命男。又明日适为立春,故复以先春、早春为两儿之乳名。

予同来,昨夜深始到,故未及赶赴小有天,谈移时,去。

2 月 4 日（辛丑　立春）星期六

晴和。上午四四,下午四六。49.5—26.4

照常入所工作,文篇已齐,止待钞矣。

上午十一时许,仲弟、弟妇、涵侄及乳妈俱来,预备接取两儿。饭后予仍入所,至三时许仲弟等接两儿共载以去。

夜六时,与丏尊、圣陶共赴东方社与予同、径三、愈之会,遂晚饮焉。十时许,仍与丏尊、圣陶同乘以归。十二时就寝。

2 月 5 日(壬寅)星期日

阴,细雨终日。上午四六,下午五〇。45.0—34.5

竟日未出,夜打牌五圈。

梓生见过,询商《年鉴》水利、宗教两栏编次。

圣陶、丏尊俱于今日迁入汾安坊八号新居,丏尊曾来告。

以伤风微嗽,今晚未进酒。惟为珏人伴话,仍至十二时乃睡。

致天然二十金,酬其收生。

2 月 6 日(癸卯)星期一

晴,润,转燠。上午四八,下午五〇。51.8—32.0

照常入所工作。

硕民傍晚见过,盖甫自苏来。夜饭后与之同访圣陶,伊即宿其家,予坐谈移时乃归,并于坐中晤幼雄。

潜儿往省淑、济,乳媪已雇定,情形甚佳,至慰。

珏人一切舒服,肿亦大消,惟乳潼已至,颇以为苦,乃嘱天然配药以止之。不识连服之后得安度否耳。

2 月 7 日(甲辰)星期二

阴晴无常,闷。上午五〇,下午五二。59.0—36.0

照常入所工作,钞《地理志》犹未毕。

硕民赴嘉善。

两日未饮,为酬酢积倦或家务纷乱故。今日珏人已渐臻康复,而予疲劳亦渐回常,乃复饮,并听书自娱焉。

2 月 8 日(乙巳)星期三

阴湿,夜雨霰。上午五一,下午五二。42.1—39.1

照常入所工作,文篇已全,待校勘编次而已。

夜小饮听书,十一时睡。

珏人日见康复,甚慰。最近乐事莫有过此者矣。

2 月 9 日(丙午)星期四

雪。四八。42.1—32.0

照常入所工作,校文三十篇。

禅生见过,谈移时去。

晚与云彬过饮圣陶新居,饮后与主宾登楼寻丐尊纵谈,不觉至十时半始返。既多饮,又多话,竟大疲,幸酒好,无它坏象耳。

2 月 10 日(丁未 望)星期五

早晴,午后大雪。四八。41.9—33.8

照常入所工作。校毕文篇,凡八十五篇。

夜小饮听书,正泰播送之丝竹殊好听,惟间以唱片则颇刺耳也。

圣陶约为《中学生》撰文论热河近事,已允之,故取最近报载消息汇观之,冀入手立论也。

昨夜为旧历元宵,月为雪掩,可惜,可惜! 今晚雪后,明月窥窗,竟使我无任惆怅。

2月11日(戊申)星期六

晴阴兼施,偶见细雨。上午四七,下午四八。47.3—29.3

照常入所工作。上午校参考书第二册排样二十页,下午编排教本五六册次第。

接翼之复信,知其父病笃矣。当转告幽若,属速作准备。

夜小饮听书,至十一时始寝。卧见月色映窗,庭空如洗,颇感静趣。

2月12日(己酉)星期日

晴和,有春意。上午四七,下午五〇。50.4—26.2

晨写信复慰翼之。饭后到仲弟所看淑、济两儿,多好,甚慰。旋归,过利利文艺部购得《故宫》七期返。在抛球场上电车,遇文权、潘儿,遂与俱归。傍晚,复出,步由昆明路、塘山路、西安路、西华德路、天潼路、四川路、宁波路、天津路、河南路、南京路、浙江路,小饮于小醉天。八时归,乘电车以行,心焉忽忽,不知何故? 昨日翼之书云,柏寒正患武性神经病,予殆以此刺戟而然欤!

到家后仍听书自娱,然终不能与平日比也。

幽若今日到厂工作,多日赖其照拂,一旦骤去,殊感不便耳。

2月13日(庚戌)星期一

晴朗。五〇。52.7—31.1

照常入所工作。教本五、六两册已排次就绪,编目交调孚发排,限三月底前排好。明日起当入手为参考书第三册之编集矣。

夜本拟草文论热河近况,以心绪恶劣未能属笔也。

珏人身体日健,昨晚忽又出盗汗,今日乃沉沉思睡,殊不舒。

入夜小饮听书,固成常课,而废事不举正亦坐此。

2 月 14 日(辛亥)星期二

晴朗。上午五○,下午五一。55.9—28.9

照常入所工作。草拟剪报集材分类大纲,并开始作第三册参考书。下午贝仲珩、缄三见过,谈有顷乃去。

夜小饮听书后思欲属文论热河,而倦莫能举笔,遂就睡。

珏人今日稍好,而漱儿又以寒热卧床竟未入学。病氛密裹如此,真不快之甚矣。

2 月 15 日(壬子)星期三

晨晴,近午起大雨不休。上午五一,下午四八。43.5—37.4

照常入馆工作。续作参考书第三册。归饭值雨,衣尽湿,狼狈甚。

夜废饮,停听书,奋笔草《寇氛侵逼中之热河》,备登《中学生》。至中夜十一时半得五纸,未及一半也。然倦矣,只得就寝。且灯下不适绘地图,必待白昼始可临摹耳。

珏人精神不振,思睡怕烦,反不如前数日之健,甚忧之。漱儿亦仍卧床。

2 月 16 日(癸丑)星期四

阴雨连绵。上午五二,下午五三。46.8—37.4

照常入所,手绘热河地图一幅,并续作参考。

午后乃乾见访,携其所校辑之《元人小令集》稿一大包交我,当即转付开明发排之。承其雨中过谈,惠我实多,至感也。惜牵事不能多语耳。

梦九久无信,以其或它往也。今乃有函致乃乾,打听予行踪,备致系念。乃乾以书示予,为之大感动。明日当作书与之也。

夜仍废酒及听书,续草昨文,至十二时许乃毕,共得十纸耳。但就眠过迟,已稍升火,至一时后始入睡。未及天明,又醒矣。

2月17日（甲寅　下弦）星期五

晴和。夜仍寒。上午五三,下午五二。50.5—39.0

照常入所工作。交《中学生》文于圣陶,心头顿轻。

傍晚散出,息予坚邀过其家,沽酒作黍,畅谈至十时乃别。乘人力车至大世界,待九路公共汽车,越半小时未得,乃改由十七路无轨电车赶归。途次萧索,抵家已十一时矣。

热河风云日紧,战事必不可免,设宣战者,长城以南平、津等处卒不能避骚动也。在今日,战亦难,不战更难,总之,徒苦吾民耳。

英国文豪萧伯纳今日莅沪,欢迎之者如醉如狂。当晚即行,谓由秦皇岛绕往北平一览我北方景物云。

2月18日（乙卯）星期六

晴寒。上午五○,下午四八。53.1—33.8

照常入所工作,续编参考。

我与日本间战机日亟,彼方竟有向我提最后通牒说。彼欲无厌,我舍奋起自卫外复有何道!

夜在家小饮,心甚不快,珏人长此奄奄,生气遂尔抑拂矣。闷坐至十一时就寝,殊郁郁耳。

2 月 19 日（丙辰　雨水）星期日

晨晴,午后阴,傍晚雪。四七。46.8—32.4

晨九时与祖璋、彬然同往上海大戏院,应塔斯社之招,看苏联影片《重逢》之试映。坐待至十时半始见之,以无说明,且多剪去,遂于故事不甚了了。但其中精彩动人处不少,有时且十分紧张也。十一时三刻毕,仍乘电车以归。

息予夫妇午前来,饭后,予与息予徒步游东郊,由昆明、华德、韬明、榆林、平凉、华盛诸路穿至杨树浦路,越杨树浦桥,直至电灯厂门前,九路公共汽车尽头处,乃乘之而返。去时行二小时,归仅十五分耳。甫到家而雪至,遂雇车送息予夫妇回。

夜沽酒小饮,仍无以自遣闷怀,殊难自解也。

2 月 20 日（丁巳）星期一

阴晴飘忽。上午四八,下午四九。51.1—30.2

照常入所工作,续作参考。

夜在家小饮不怡,草草食已,即外出。由四马路一带购物数事而归。抵家后闷怀难释,颇有病态,益信激刺之容易发痴也。我神经素弱,若长此以往,终恐不免成疯耳。十一时后就寝。

寇氛日亟,愤火中烧,所见辄梗,多不能平,奈何!

写信与梦九陈近状,且询其是否出门过。

晴帆书来,谓由道始处得予添子讯,专函奉贺云。予为多子苦,乃承友朋远贺,且以己无子为儿深致不满者。可见天下事无一定,欣戚由人,初无定律范束也。

2 月 21 日(戊午)星期二

晴,较和。上午五一,下午五四。60.8—33.4

照常入所工作,校参考第二册一○一至一五四页。

陈岳生见过,知其在澄衷学校教书。谈移时乃去。

夜小饮。知正泰厂锅炉爆裂,死三百许人,大惊。因奔大连湾路店中访胡隆基,询其家属有无损害。至则隆基适返江阴,未晤,询诸店友,则谓其家属幸免,无一人受伤也。匆匆走归。

2 月 22 日(己未)星期三

晴,午暖晚冷。上午五一,下午五三。56.7—34.3

照常入所工作。续校参考二册一五五至一九四页。并看望道《修辞学发凡》,备编第三册参考中。

五时三刻归,已将黑矣。入夜仍小饮听书,九时半便寝。但睡至四时即醒,迨天明未曾合眼。大概日来以珏人不健并漱儿伤风,空气不愉快故。如得清健,或可渐好耳。

2 月 23 日(庚申)星期四

阴雨,微闷。上午五二,下午五四。56.8—42.8

照常入所工作,注《木兰辞》,为考证人地故,颇费时。将退,又校读本第五册排样八页。

夜归仍小饮听书,思欲着手编《甲午之战》,意不属也。

珏人已能稍稍起坐,为之少安。

苏州迄无信来,仁斋丈或未出事也。十八日曾来一信,告幽若、漱石已安抵家门,仁丈神识尚清云。大概偶尔加重,翼之为欲减轻大任计,故特先电话促返耳。

2 月 24 日（辛酉　二朔　月建乙卯　日偏食）星期五

晴,春寒料峭。上午五三,下午五一。44.2—35.6

照常入所工作。注完《木兰辞》,并校第五册排样三十二页。

夜仍小饮听书,用憩疲劳。盖日间力作后,晚间竟无法再用脑力也。非俟精神体力稍复强壮,恐不能从事馆外工作耳。所负书债,实难于一时措还矣,奈何!

道始之太夫人暨其夫人来省珏人,予适在所,未克迎谈,甚歉!

大门上之信箱铜门为小窃撬去,即饬匠别以铅皮挖槽补之。夜眠不甚贴,又闻里中有撬挖声,明旦起视之,对门章宅之信箱门又被窃去矣。予自移来迄今已将一年,窃贼肆狷,尚为第一次,不识往后将何如也? 治安云何哉!

2 月 25 日（壬戌）星期六

阴寒,夜大雪,但未积。四八。45.9—26.2

照常入所,校读本及参考书排样复样,竟日为之,犹不给。

夜赴雪村、仲盐之招,饮至九时乃归。

珏人今日始下楼,予为大慰。盖体日健矣。

韫华见过,属为撰文送其友。并言道始所谋多未遂,现将悬牌为律师矣。予允为属文,三日后交之。谈未久即去。

组青夫人昨宵来投珏人,谓组青如何虐待,不能相安云。今日命潜儿往劝之,竟不入。只得先留居在此,徐图转纽耳。予素畏事而偏多烦恼,其亦乏味之甚矣!

2月26日（癸亥）星期日

阴雨，入夜间以霰。上午四八，下午五〇。44.1—34.2

午前修妹来。午后幼雄来。幼雄去，已将二时，予亟赶赴小世界，看仙霓社昆剧。至则坐位无多，得一至劣之地，勉强看完而已。在场遇慰元，散戏后长谈而别。归后，圣陶见过，同到云彬所晚饮。坐有自海盐来者曰查人伟，携有特产沙虎，为醉糟之蝤蛑，不用下酒，而以之投酒中吸其膏，味加厚而不腥，生平未尝也。据云它处绝无，食法为明代殿撰朱某所发明者。

八时许归，仍听书，至十时半乃寝。记此时正饱听霰打东窗也。

修妹傍晚去。文权午后来，亦傍晚去，予则未之见。

立斋晨来，商其父讣告事。

2月27日（甲子）星期一

阴雨竟日。上午四九，下午五二。47.8—35.8

照常入所工作。校阅虎如所译《航海的故事》。夜六时，与雪村、丏尊、圣陶共赴上海舆地学社，会稼轩、震平、绍良、石卿等。盖立社已届一年，例须召集股东开会一次也。预计本年工作尚有把握，惟印费少成问题耳。晚饭后谈至十一时始归。

今日始，息予来吾家午饭。取便就食，不能具也。

丏尊为予代向江南银行保火险二千两，已将保单交予。

2月28日（乙丑）星期二

阴雨闷湿。上午五二，下午五五。50.5—42.8

照常入所工作。续阅《航海的故事》,并校读本及参考书排样多张。又约定明日起分头剪报,予担任《大公报》及《申报》之圈定。每日饭后行之。

商务特价,予选购《鲒埼亭全集》,及《诗集》,计七元。又买南京李光明所刻《司空诗品注释》一本,计二角。

夜六时,愈昭来省珏人,晚饭后去。

3 月 1 日(丙寅)星期三

晴寒。上午五一,下午五三。52.5—38.3

照常入所工作。校编并施,所注《鹅笼夫人传》犹未逮半也。

淑儿不甚顺利,得仲弟信知之,今日特遣濬儿往视之。据云尚无大恙。

夜小饮听书如常,十一时就寝。

组青迄不来,殆作弃妇计矣。事之可叹,无逾于此,先外舅有知,当大哭不止也。予视组青夫人年少不任操作则有之,而遽加虐待,且闻已别有所欢,则真得罪自己匪细矣。

3 月 2 日(丁卯)星期四

阴寒,风急,雨意厚。上午五二,下午五三。53.8—33.8

照常入所工作,续注《鹅笼夫人传》。尽三纸,犹未能毕也。

息予本约于散馆后同访凤岐,以天变恐值雨而止。

夜小饮听书。十一时就寝。

晴帆书来,约五日上午过我,予因飞函剑秋亦约于是日前来,俾共饭之后作半日畅谈也。

3 月 3 日（戊辰）星期五

晴寒。上午五三,下午五四。58.5—41.0

照常入所工作,校排样甚夥,并注文篇。

五时半出所,偕息予访凤岐,未晤,遂别过文成制版社访梦岩。谈未久,即与共往王宝和小饮。候凤岐不来,渐致多饮。至十时归,尽三壶半。归即就睡,尚好,惟至二时许醒来,却大不适。

禅生见过,承以所著《胡适与郭沫若》相贻。询悉销路甚好,渠自己已销去七百本,而别家翻版却销过二千本矣。

3 月 4 日（己巳　上弦）星期六

阴,雨滴时见。上午五三,下午五四。50.5—43.0

照常入馆工作,注毕《鹅笼夫人传》。

雁冰来,持启为马翁捐钱作纪念,予与丏尊、云彬、息予、圣陶各捐二元与之。

傍晚凤岐来,托写医例。

晨起欲吐不能,眩晕备至,只索饮茶令呕,然后勉强到所。

夜坐听书,仍至十时后乃寝。

3 月 5 日（庚午）星期日

阴寒,入夜下雪。上午五〇,下午四六。40.8—34.3

晨起阅报,知热河失守,倭于三日入承德,汤玉麟不战而遁,临走时且扣公私车辆及军用车等不令前赴战地,为其载运珍物及家具云。其溃军多退集喜峰口、古北口一带,张学良正派队堵截,不使内向也。守土官吏将兵如此,尚何言哉! 尚何言哉!

午前十时,剑秋至。十一时,晴帆、铁笙至。十二时,共出,饮于四马路高长兴楼下。二时许散。过利利购得《故宫》三日刊六期。旋至豫园,巡历于古董铺之间。五时,四人复至麦家圈马上侯楼上聚饮。七时散,分道各归。时已飘雪。予因候车,复在老大房购儿饵数事。比抵家,已八时许矣。

3 月 6 日(辛未　惊蛰)星期一

阴寒,傍晚有雪。上午四七,下午四八。41.0—30.2

照常入所工作,校排样及续编参考。

热河全陷,守土者腼然无怍,执枢者空言惩处,左右如一,失地则依然实事耳。外传蒋中正将北上夺地盘,大致可信也。吾意阎、冯久伏思动,此时正是绝好机会,其或有所活动乎?

散馆后,与息予同赴凤岐梁园之约,盖彼请沈舜庭、应云卫,特邀予与息予、君谋、立斋作陪也。七时许开饮,十时乃散,复与凤、息、立、君过精美进咖啡。至十一时馀乃归家。

3 月 7 日(壬申)星期二

阴晴并施,寒。上午四七,下午四八。39.2—32.5

照常入所工作,校编并为。

夜在家小饮听书,明日拟开手作《甲午之战》矣。

滋儿夜啼,疑其有不适也。甚虑之。凡小儿夜眠不安而易致啼哭者,必为病征,诸儿皆然,可覆验也。故特加虑耳。

今日午后,修妹来领组青夫人,送之归。组青卒不至,甚感失当也!

3 月 8 日（癸酉）星期三

阴晴间作，寒甚。上午四六，下午四八。50.2—30.7

照常入所编校，并为所中收书。予亦收得《经策通纂》及《经学小学汇函》，来青阁所售，价尚未付也。夜小饮听书，仍未能动手作书，想又延下矣。

珏人产后渐痊，方深欣慰，乃忽感寒，又复喘咳。一时后即未睡，听之甚不舒也。复儿又啼。予心如揉，不可说矣。

接翼之信，其尊人竟于昨晨一时归道山矣。当夜作书唁之，并嘱代奠挂帛二元云。

3 月 9 日（甲戌）星期四

阴，午后大雨，彻宵。上午四八，下午五〇。48.3—38.3

照常入所，校编并施。中国书店送书来，予购得《小腆纪传》、《小腆纪年》及《金陀粹编》，凡出价十六元。傍晚冒雨到来青阁，代开明还钱，予昨所购书，计价十七元四角还讫。旋归，仍小饮听书。

珏人大咳，午后服萝卜汁而稍止。

接达人函，谓《女子月刊》已出，借重雪村、圣陶、振铎及予之名以广招徕。甚不怿之，然无法拒绝也。

作书与君谋，却十二日珏人过访之约。

3 月 10 日（乙亥）星期五

大雨竟日，傍晚稍止。上午五〇，下午五一。40.2—34.5

照常入所工作，校编并施。

夜小饮听书，十时便睡。

珏人咳后又体乏,盗汗不止,竟不能起,虚弱至此,弥堪虑也。一俟天晴气暖,当陪往曹容甫处诊察,开方调理焉。

3 月 11 日(丙子)星期六

晴,春寒砭肌。上午四七,下午四八。45.3—32.9

照常入馆工作,校编俱作,五、六两教本将过半矣。

夜小饮听书,并看《小腆纪年》,备重撰《郑成功》。

前日写与君谋书,以漏写一"九"字,由局退回。遂托息予打电话回谢,明日仍不能令珏人过谈也。

日来大买书,而资斧遂竭,益令人追恨倭乱被毁之为害殊烈矣。所买俱旧藏所有,以待用甚殷,不得不买,真如揭我旧疮耳。

3 月 12 日(丁丑　望)星期日

晴,有春味矣。上午四六,下午五〇。54.0—29.3

晨起理发,看报,知何应钦已以军政部长名义代张学良镇北平,张则于今日乘飞机来沪矣。默察大势,抗倭殆成画饼耳。今日事,止有安排政权,蒙饰民众,仍便统治者之操纵也已。

饭后往访乃乾,谈至傍晚,乃走赴聚丰园。至则东华、雁冰、仲云已在,云彬旋来,愈之、仲华、良辅、圣陶、调孚陆续到,六逸亦到,雪村、丏尊最后至。十时散,予与丏、雪、云、调、圣步月而归,抵家已十一时矣。

3 月 13 日(戊寅)星期一

晴和。上午四九,下午五一。53.2—30.4

照常入所工作,编校并行。第二册参考书已排完矣。

晴帆书来,约今日午后五时过我谈,及时果来。谈文权结婚期及婚前购置等办法。大礼不远,予素主简易,决无苛求也。因留之小饮,饮后略坐,即辞去。

倭报载我有飞机二十架于今日北飞过宁,前往北平。而我报则抽去之。意者,事关秘密,不能公揭乎?用意何在,颇堪推详,此次飞机殆取以镇压北方反蒋将领耳。如云抗日,则张扬之不暇,何必隐饰!至此,高唱航空救国者亦可翻然自失矣。

3 月 14 日(己卯)星期二

晴和,夜星烂。上午五〇,下午五二。57.7—33.1

照常入所,编校并施。

夜小饮听书,十时就睡。

倭寇压长城而阵,古北、喜峰两口均吃紧。默察我方布置,仍急于对内而缓于对外,昨日飞机北去,迄无消息,究不审落于何所也?

3 月 15 日(庚辰)星期三

阴晴倏忽,西风急。上午五四,下午五五。59.4—43.9

倭报载我北飞之机俱集洛阳,两日疑念始释。沪上各报皆未之及,殊闷损人也。

照常入所,校排样甚夥。

夜归,铁笙过我,因留与饮。饮后八时,辞去。予仍听书,至十一时乃就卧。

3 月 16 日(辛巳)星期四

晴阴变幻如昨,风仍急。上午五四,下午五六。50.9—39.6

照常入所工作,续编参考。

倭报突转论调,已公然宣言将入犯关内。果尔,则战事当难免。我中枢计议如何,迄无所闻,其将委曲求全乎?抑真前立抗战乎?依我默察,终必屈伏卖我国家民族耳。偶一思之,中心如焚矣。

夜散归,仍小饮听书,以资休息。十时后就寝。

连日看各书坊所出国文教科,悠缪可笑处至多,即例言亦多欠通。式瞻前途,可为寒心,而彼执笔者大都起自大黉,党附枝连,方霸教育,并教部编审亦半为所据,我辈所作且将受其挑剔也。可胜叹耶!

3 月 17 日(壬午)星期五

晴朗。上午五二,下午五四。59.9—32.4

照常入所工作,续编参考,注完宋本《工狱》。

夜六时,雪村招饮其家,晤愈之、仲持、幼雄、仲盐、云楼等。十时各散归。予随手翻书,信笔署《金佗粹编》书签。十一时后乃就卧。珏人身体未复,又发痰喘,中夜数坐起,否则气逆难平矣。予为此廑虑,殊不能安睡也。

来青阁伙友沈宝山来,以横行本《六通》配直行本《三通》求售。索二十金。予正需此,而利其来也,许之。

3 月 18 日(癸未)星期六

晴明。上午五六,下午五八。61.5—43.0

照常入所,校排样甚多。

夜仍小饮听书,十时就睡。

珏人气急殊甚,且胸次作痛,拟明晨陪往曹容甫所一诊之。

喜峰口外宋哲元战倭奇捷,即倭报亦谓明治练兵以来未有之大辱,可见此是实况矣。无如政枢欠健,将帅各怀彼此,恐终为敌所笑耳。

3 月 19 日(甲申　下弦)星期日

晴,还润。上午五六,下午六二。69.4—46.8

上午预备与珏人往曹氏就诊。至九时许,息予电话来,谓容甫已返苏,可勿往,遂罢。日亭午,七阿姨来,盖昨自苏至,住其侄所,今乃主予家也。

下午本拟出行,以燥热未果,乃与家人打牌四圈。

夜仍小饮听书,至十一时始寝。

3 月 20 日(乙酉)星期一

闷热异常,夜大风。上午六二,下午六八。86.0—50.5

照常入所工作,校排样甚夥。散馆归,又打牌两圈。

夜小饮听书,十时寝。

每日在所工作七小时,肩重眼花,散归后亟待休憩,不复能操思有所撰述矣。而衡之日常生活所需,月薪所入,万不足以应付,若添置,若购书,在在不能缺,而在在无所出,又如何可以不作酬稿之件以资沾溉乎! 荷荷!

3 月 21 日(丙戌　春分)星期二

风霾。午后尤甚。上午六二,下午六〇。53.8—47.7

照常入所,校排样百页。

夜归后仍小饮听书。

　　珏人连宵气逆失寐,昨夜尤甚,予因亦欠睡。今晚不能支持,九时许即就卧矣。

3 月 22 日 (丁亥　望) 星期三

　　雷雨续作。上午六〇,下午五八。51.3—45.0

　　照常入所,仍赶校排样。

　　夜小饮听书,十时寝。珏人气逆加甚,而曹医仍未返沪,它医又无较稔而信者,甚焦灼也。以电话询之,知明晚将来,届时当往候诊之。

　　幽若、漱石今晚由苏来,盖其父已过訔回矣。询知办丧大概及善后情形。

3 月 23 日 (戊子) 星期四

　　大雷雨。上午五六,下午五二。46.0—40.6

　　照常入所工作,续作参考。

　　夜小饮,以雷故,未能听书。

　　珏人气逆加剧,大有虚象,至可虑,息予为往曹医处挂号,电知尚未来,明日九时当再有确音。

3 月 24 日 (己丑) 星期五

　　阴雨。五十三。46.4—40.5

　　照常到所,续作参考。午后又接校参考二册排样。

　　珏人今日由潜儿及缄三陪往曹融甫处就诊,用旋覆代赭汤。即晚服之,气稍平,可不坐赴俯枕矣。明日拟连下一帖,俟清理后再请曹医以培补之剂投之。

夜小饮,饮后闲翻架书,十时就卧。

3 月 25 日(庚寅)星期六

晴,春寒料峭。上午五三,下午五四。56.7—41.4

照常入所,校毕第二册参考书,并续作第三册参考。溯自入所以来,未及三月,已成读本二册、参考书四分之一册,校好三册,似亦过得去矣。

傍晚与丏尊、雪村、圣陶、调孚共赴爱多亚路杭州饭庄聚餐。雁冰已先在,既而仲云、云彬、东华、仲华、愈之亦陆续至,七时许开饮。予适感冒,不能多食,谈兴亦杀。九时席散,即遄返。

午刻予亲往蔡同德撮药,珏人服后,气益松矣。心稍慰。

3 月 26 日(辛卯　三朔　月建丙辰)星期日

大雨竟日,而呼吸觉燥。上午五五,下午五六。47.5—41.0

雨中陪珏人往曹融甫处复诊,汽车往还,予则于归途过抛球场蔡同德撮药。医谓宜守成议,毋事更张,仍用旋覆、代赭,而加以归身。服后不甚舒帖,又益以出门新感风寒,咳转剧,入夜气复上逆,终宵频起,殆甚于前矣。予为牵夺,不安之至。诚令人无所措手也。

在曹医处遇沈世璟及严修权,伊等亦以咳嗽求治也。

3 月 27 日(壬辰)星期一

晴,风寒。上午五二,下午五〇。46.4—38.1

照常入所工作。归饭时,见珏人气喘愈烈,中心如捣,正无奈间,周凤岐医师适来访,乃属打针救济。饬潗儿往集成药房购德药麻黄制剂注射之,气即平,居然可以安枕矣。甚为快慰。予于二时后入所,夜归后复过圣陶所饮,谈至十时许乃返。急看珏人,居然安卧,设一夜可安眠者,往后必大松也。

3 月 28 日(癸巳)星期二

晴,风寒。上午五〇,下午五二。50.4—29.8

照常入所工作。

珏人气益平,而又感新凉,弥咳也。予甚愤激。周医仍来施针。

夜无聊,在家小饮,格格不能畅,岂心头有事便尔乎?

3 月 29 日(甲午)星期三

晴,仍觉寒。上午五二,下午五五。54.1—32.7

照常入所工作。岳生来访,谈有顷,去。

珏人气喘已平,仍咳嗽,周医来复诊,依旧打针。谓气色已转常,可无大碍矣。心头为之一松。

夜小饮。早睡以弥前缺。乃有人来延天然接生,扰攘半夜,及二时而猫儿打架致梯倒椅倾,竟为不寐。至三时后乃稍合眼。

3 月 30 日(乙未)星期四

晴,稍和。上午五四,下午五六。61.9—39.2

珏人今日仍打针,气喘已愈,咳嗽亦良已,惟觉力气不胜耳。

照常入所工作,注《曹爽传》未毕。

夜六时,立斋来访,因留小饮,藉资快谈,至八时许乃辞去。

3 月 31 日(丙申) 星期五

晴明。上午五五,下午五八。68.2—38.5

珏人已大好,为之大慰。仍服强心剂,暂停中药。

依时入所,签毕参考第二册清样。截至今日止,入所凡三阅月,选印读本五、六两册已成,校参考第二册亦完,作参考第三册则注就十三篇。自谓不少矣。

振铎昨归自平,今日来访,知平、津或可无事。春假后彼将挈眷复往矣。谈至饭时而别,约明晚六时在古益轩聚餐。

夜仍小饮听书。

仲弟来邀,下月三日将为淑、济两儿举行汤饼会于石路鸿运楼。谈至薄暮去。

4 月 1 日(丁酉) 星期六

晴和。上午五六,下午六〇。64.9—39.7

照常入所工作。为本店草《开明国文读本送审呈文》,十馀年不为此,亦殊生涩也。散班后,与丏尊、调孚、雪村、云彬、薰宇、叔琴赴古益轩聚餐,圣陶、振铎、烈文、愈之、乔峰、景深等陆续至,七时半遂开樽。凡两席,予与圣陶、薰宇、雪村、叔琴、丏尊、云彬同坐,至九时许,各散归。

珏人又一度发气喘,幸即平。

4 月 2 日(戊戌) 星期日

午前晴,午后阴,傍晚大雨。上午五八,下午六三。59.0—44.6

清晨偕云彬、圣南、缄三、圣陶、至善、调孚乘电车往徐家汇,参观交大工铁展览会。历三小时,依然走马看花也。予于机械知识太幼稚,故茫然无所得,所能了解者各种模型而已。馀则表册繁多,不及浏览。下午一时许出,复过土山湾一逛。即就镇上小饭馆午餐。饭后走龙华,乃值雨。在小茶馆中暂憩,雇汽车不成,仍回天钥桥,转乘电车而返。

夜小饮,是日祀先,故有看核下酒,较往常为适意也。

溯自播迁以还,已历年馀,祀事久阙。今始广修,而予适先有友约,未克亲拜。特饬儿辈代叩申敬焉。

4 月 3 日(己亥 上弦)星期一

阴霾,欲雨者再。六一。63.1—50.7

照常入所工作,续作参考。

今日淑、济两儿举行汤饼会,五时半散班后径赴鸿运楼与焉。珏人率诸儿偕幽若先乘汽车往,女佣爱贞宾从。八时许席散,予即掣眷辞归,抵家,仍及听蒋如庭、朱介生之《落金扇》也。

振铎来看屋,将寄书于开明旧编所,赁屋半间带一厢,月纳十元云。

4 月 4 日(庚子)星期二

晴,较暖。上午五九,下午六一。63.1—46.6

依时入所工作,续注薛叔耘《书汉阳叶相广州之变》。

夜在家小饮听书,而文权自扬州至,携来镇江之肴,正可下酒也。

潘儿赴其同学李针南女士之招,过饭其家,以时晏,宿而返。

珏人病气日退,为之大慰。但愿一帆风顺,日臻康彊,则幸甚。

4月5日（辛丑　清明）星期三

晴，偶翳，未雨。上午五九，下午六二。65.3—41.7

依时到所注书，参加讨论编辑高小教科事。

息予多日未来，今始至，知在寓为中华赶编耳。

夜在家小饮，饮后听书。至十时而睡。

4月6日（壬寅）星期四

晴，还润。夜细雨。上午六〇，下午六四。70.7—48.9

依时入所注文。散班后与调孚过千顷堂为开明购书。旋赴会宾楼振铎、东华、愈之之宴。到十五人，挤一大圆桌，亦殊有趣也。计主人之外，有乔峰、鲁迅、仲云、达夫、蛰存、巴金、六逸、调孚、雁冰、望道、圣陶及予十二客。纵谈办文学杂志事，兼涉谐谑，至十时三刻乃散。比乘电车归家，已十一时许矣。

天气忽变，闷热，珏人感此影响，又加咳不宁矣，甚悬！

4月7日（癸卯）星期五

阴晦风雨，变幻之至。一日备四时。上午六八，下午七一，晚六六。81.9—60.3

依时入所注文。

夜仍小饮听书。嘱濬儿明日随幽若赴苏，代予致奠仁斋姻丈，并负责诣九曲港先茔扫墓。十时后就寝。

珏人体气较好，日间咳甚稀，惟夜间不大宁贴耳。

4 月 8 日（甲辰）星期六

阴雨。陡冷。六一。52.7—47.3

照常入所注文，上下午俱迟到。

夜归小饮听书，十时后乃就卧。

珏人今日打补血针后又不宁；回溯以往，亦逢打必剧，间日便平。予疑药不对症，反应遂烈，即拟停止数番，俟体健后再施之。

幽若、漱石、瀋儿俱今晨往苏州。

4 月 9 日（乙巳）星期日

晴，时有云翳，兼见细雨。上午五九，下午五八。59.5—44.2

午前锦珊来，知方自苏接眷返，谈至十一时，去。

饭后，挈同儿出游。购玩物于国货商场，《中华故事》、《中华童话》于中华书局，《故宫周刊》于利利文艺部。旋以见雨，即乘车遄返。车中惟倭兵、倭妇及白俄团兵，国人止三数人，与鬼共乘之感，不禁袭予心房矣。

夜仍小饮听书。文权来，晚饭后十时始去。

4 月 10 日（丙午　望）星期一

阴霾，春寒仍烈。上午五八，下午五七。55.8—44.1

照常入所注文，《书汉阳叶相广州之变》已毕。

夜归小饮，仍听书，十时即寝。

珏人体气渐愈，甚慰。

瀋儿赴苏已三日，无信寄回，甚念之。

买蒙文通《古史甄微》看之，渠主古代传说显分三晋、邹鲁、荆

楚三系,故体系纠纷难通,若寻其地域以剖析之,当能焕然云。亦
自成说。

4 月 11 日(丁未)**星期二**

晴,仍不暖。上午五八,下午六〇。64.6—45.7

依时入所注文,续注薛叔耘《书科尔沁亲王死事略》。

丏尊今日赴宁,与教育部中人接洽,就便送审。

参考书第二册已印成,今送赠书与我。因查照上期所开赠送
名单,复作一通与锡恩,嘱照送。较上期多五册。

夜小饮,仍听书。九时许即睡。石莼傍晚见过,谈移时乃去。

买《方舆纪要京省序详注》未得,明日当可到手也。

东北失地长官张学良昨日已安然挈眷放洋矣,一若守土者之
断送领地为应享之权利者,尚何言纪律哉!地方官如此,握兵柄者
亦如此,执中枢者又何莫不如此,群丑踞津,肆其毒虐,诚举世滔
滔,不知所届矣!

4 月 12 日(戊申)**星期三**

晴,仍不暖。上午五八,下午六〇。60.6—41.0

依时入所注薛文,并处杂事。

疏达注《方舆纪要京省序》已看到,无甚意味,止可认为顾书
之提要耳。取与蒙著相较,殊难齐轨也。

夜小饮,忽接翼之快信,谓忘我先茔之所在及坟丁之姓名,大
诧,伊同我前往已不止一次,何健忘若此哉!且濬儿亦太岂有此
理,临行尚谆谆告诫,何转身便忘耶!总之,不任事而已。颇愤愤,
因急快信告之,俾速了此扫墓一案也。

4 月 13 日(己酉)星期四

阴晴兼施。夜雨。上午五八,下午六一。

依时入所,注毕《僧王死事略》,续注朱光潜《谈动》。

散归后仍小饮听书,且看杨家骆《四库全书文献》,即附在《四库大辞典》之后。

连日以来,颇无聊,怅惘无名,不知所遣,岂有意外事来袭邪?

珏人体气渐复,而倦劳难遣,依理,须静卧安养。但家事鞅掌,亦正不容有此也,奈何!

4 月 14 日(庚戌)星期五

阴雨,傍晚放晴。上午六一,下午六三。64.4—51.3

依时入所注文,注毕《谈动》,并续注《谈静》。

道始电话约谈,谓再下一星期当来看我。

夜小饮听书,十时就卧。

濬儿在苏,今日或往扫墓,不识遭雨否?甚以为念。

汉、漱二儿雨中旅行龙华,晨出暮归,询悉随师参观飞机场、龙华寺、中山公园等处,所得亦殊不鲜也。同儿明日旅行城中,参观文庙等公共机关。特命清儿届时陪同前往。

4 月 15 日(辛亥)星期六

阴雨风寒。六〇。53.1—49.8

依时入所工作,注毕《谈静》,并续注《史记·廉蔺传》。

夜在家小饮,仍听书。友联今日起七时至八时播送魏钰卿、含英弹唱《二度梅》。今后或可接连听下也。

滍儿书来，告十三日上午即接予快信，当日即由翼之、幽若陪同前往九曲港先茔祭扫矣。惟被留盘桓，须十八日始能遄返云。届时或仍与幽若、漱石同行也。

4 月 16 日（壬子）星期日

阴雨竟日。上午五六，下午五四。49.6—44.4

晨十时，珏人挈同、复两儿往圣陶家，祝其母六旬晋九寿。予则于十一时往拜焉。宾客不少，平日聚餐旧侣俱集。予与子恺、红蕉、圣陶夫妇同坐，吃觉林之斋，盖子恺持佛戒，不茹荤也。

饭后与息予、雁冰归，会君谋于予斋，谈联华拍演《子夜》事。傍晚散去，而文权适来，遂托往候珏人。甫至里口而车来矣。晚仍小饮。夜饭后文权偕清、汉、漱、润往东海看电影，九时乃归。文权谈至十时后始去。

4 月 17 日（癸丑　下弦）星期一

晴寒。五五。59.7—41.0

依时入所工作，续注《廉蔺传》。

夜小饮听书。滍儿随幽若归来，询悉一切。幽若即下榻于此。

教育部批回，《开明小学课本》之国语，常识已无问题，俟七、八两册审过，便可发给审定执照云。惟《中学国文读本》则尚在审查中，不识如何耳。

4 月 18 日（甲寅）星期二

阴雨。上午五五，下午五七。51.3—46.8

依时入所，注毕《廉蔺传》，并续注崔东壁《争论》。

夜仍小饮。

珏人忽发风疹块,遍体粟起,奇痒难忍。大约消化欠佳所致耳。一昼时后或可渐平乎?

清儿往省仲弟,归谓淑、济尚好,淑顶疮已收口矣。

幽若仍留住此间。

4 月 19 日(乙卯)星期三

阴雨。上午五七,下午五八。53.4—45.1

依时入所,注毕《争论》。并续注梁任公《为学与做人》。

夜仍小饮。

珏人风块依然。

幽若去。

北方时局混沌,倭已进逼滦州,秦皇岛一带驻军不战引却,喜峰口、冷口相继失陷,宋哲元以前血战全功尽弃。其部队几归全灭云。一面宋子文从容出席华府谈话会,将第四批(末批)古物运离北平,于倭焰之灼一若无睹然。奇已。

4 月 20 日(丙辰　谷雨)星期四

午前阴,午后略晴。上午五八,下午六〇。65.1—48.9

依时入所,注毕《为学与做人》。

珏人风疹未消,兼有微热,甚以为苦,而予亦此故,饭食俱不落胃矣。今晚饮酒未多,而躁闷咽下,竟致不快。睡至中夜,几吐也。楼上之戚贝氏儿女又连宵晏归,归又不即就卧;宋氏又为女病厌烦,寄其狸奴于此。虽欲不失寐,其可得乎!

北地南天,同示反蒋,外报固已喧腾不讳,即中报亦蛛丝马迹,跃然于字里行间矣。滦防之溃,其殆倒戈逐何应钦乎?倭焰日张,伪势坐大,徒以中枢不厌人望,遽赋阋墙,哀哉!

4月21日（丁巳）星期五

晴。回暖。上午六〇,下午六四。64.8—50.9

依时入所,续作参考。注毕《为学与做人》,并接注蒲留仙之《金和尚》。此文富滑稽之趣,写势力之状,诚骂世之妙文也。惟使典太多,一时注之不尽耳。

珏人风疹未消,室内环境如故,窘甚!借酒浇愁,旋浇旋起,不自知何所措手足矣。

4月22日（戊午）星期六

晴暖。上午六二,下午六五。65.7—48.6

依时入所,续注《金和尚》。写信复禅生。

珏人风疹已渐消,而面部及手足加肿,命瀋儿往请之,下午来诊。云无大妨,服泻盐涂油膏而已。

今日晚间丐尊在古益轩请客,百俞为子其士结婚于致美楼请客,予以珏人故,不能赴,谢丐尊而令瀋儿代往百俞处申贺。

互生今晨七时逝世,电讯传来,不胜痛悼。互生以一身持立达,同人先后解去者至众,而彼则奔走支撑,独挡艰危,"一二八"事起,蜷伏兵间,以身翼校,卒致痼疾,驯以不起。闻之者莫不雪涕,遗爱于学生尤深。可谓以身殉志,贞固笃行者矣!

4月23日（己未）星期日

晴暖。上午六四,下午六九。81.0—52.5

晨起看报,并闲翻《宋文宪集》。午后二时许,道始来访,谈至四时,同出,先过其事务所,坐谈有顷,旋偕行于棋盘街一带书肆中。六时许,小饮于高长兴。八时许乃散归。

珏人风疹浮肿俱渐消,女佣爱珍亦假满复来,家中空气一时稍稍回好矣。

夜看《故宫》,十时许寝。

4 月 24 日(庚申)星期一

晴,午后渐翳,夜雷雨。上午六八,下午七一。71.8—57.6

依时入所,注毕《金和尚》。

息予多日未至开明,今日来,盖亦为家事所牵也。

夜小饮听书,十时许就寝。

珏人身体渐好,甚慰。但求一帆风顺,不再打岔,则两三月后或可复原矣。

4 月 25 日(辛酉 四朔 月建丁巳)星期二

雨,闷湿有类黄梅时。傍晚雨止起风。上午六九,下午七一。69.1—61.2

冒雨往所,接注《孟子》神农之言章。

珏人以天气故,又发气急,昨日之慰,又顿形消失,幸傍晚收爆后气渐平复耳。然反复打岔,终非办法,宜如何而后可,予直为此踌躇难安矣。

息予阻雨不来,而屡打电话邀往晚饭其家。却之不可,遂于下午五时半散班后往就之。在电车中遇莲僧,略谈近事而别。至息所,正六时半,七时即饭。与立斋谈苏地琐闻。至九时,别归。抵家已十时矣。

4月26日（壬戌）星期三

晴。六五。70.2—55.6

依时入所，续注《孟子》未毕。

仲弟于午前十一时挈眷归省，诸儿俱苗壮可爱矣。午后六时乃去。珏人终日劳动，昨又气急，予大为之危。幸夜卧尚安，稍定。

夜仍小饮听书，至十时就卧。

锦珊夫妇来，予以在所未之晤。

看丁仲祜《说文解字诂林补遗》，盖所中新购得之。予顿触囊绪，颇伤旧藏之成烟，为之不怡良久。

4月27日（癸亥）星期四

晴，较和。上午六三，下午六七。75.7—45.7

依时入所，注毕《孟子》神农之言章。

丏尊有事返上虞，为其戚讼缠排解也。息予上午来，午刻返，未到予家吃饭。幽若弟妇漱石晚自苏来，晚饭后即赴其工寓。

夜小饮听书，与缄三闲谈。文权亦至，语移时去。

珏人强起，气稍宁，就枕后亦未见逆，为之少慰。

4月28日（甲子）星期五

晴朗。上午六五，下午六八。74.7—51.3

依时入所，注王遵岩《海中平寇记》。

在西泠印社购得《书目举要》、《书目长编》及丹徒赵曾望《右史新编》及《二十四史类聚》。书目两种为予补旧藏之需，而赵氏书则初见。予旧有赵氏《字学举隅》一种,夙许以为在龙氏上,不幸燔矣。

夜在家小饮听书,九时许即睡。然以楼上之不早眠,喧声不绝,竟不能安,恚甚!

福崇书来,谢予参考书之赠,并告已迁居暨大新村十五号。外附所撰《广韵研究》一册即以为贻。此稿予早见之,并勖其勉成《说文研究》、《尔雅研究》以与之合为三部曲者,故倍觉亲切而有味也。

4 月 29 日 (乙丑) 星期六

早濛雨,近午大雨,午后晴。上午六五,下午六六。72.5—52.0

依时入所,注毕《海上平寇记》,并续注彭尺木《重修盘门双忠祠记》。

雪村之少子阿恪患类似脑炎症,遍延西医如刘荣敬、杜克明、陈谟之流诊察,俱言瞳孔已放大,半边已不动,项强不能转动已成形,必不治。其家人不得已,听路人之言,延中医恽铁樵姑试之,乃一剂药下,大有转机,今日竟瞳缩项转若无事矣。无意中建此奇绩,亦足为中医吐气已!本谓中医非科学亦止一半有理,未根究中医之不衷理而漫攻之,实亦自陷于非科学之境耳。

夜小饮听书,而文权适来,奉珏人并偕诸儿往百老汇看电影。九时归,居然甚适,予为大慰。云彬来作夜谈,其女病已日痊矣。

4 月 30 日 (丙寅) 星期日

晴,热矣,不能夹绵。上午七十,下午七五。86.2—56.3

上午未出,闲看架书而已。下午二时,挈同、复两儿出游,先至国货公司,继至永安、先施两公司。登权轻重之机,予得百三十五磅,同得三十五磅,复得二十八磅耳。略涉一周,出,过老大房购儿饵数事,乃登电车归。五时,乃乾夫人来省珏人,谈至七时乃去。

夜仍小饮,云彬仍来谈。文权送照片至,盖其毕业纪念也。

5 月 1 日 (丁卯) 星期一

晴暖有风,傍晚微雨。上午七六,下午七九。

晨到所,知五一书坊同业俱放假,因嘱锡恩电询发行所及总务处,据答一律放假,遂各散。午间,小饮于圣陶所,息予与偕。饭后,圣陶、息予、圣南与予四人作郊外游,由兆丰路、物华路、香烟桥路、全家桥路迤逦入于其美路,东北径去,直至市中心区。以途之遥也,为时已两小时有半。驻足未久,即循黄兴路南下,直达宁国路而入华德路之东端,复走至高郎桥,始乘十七路电车以归。在保定路转角下车,到家已六时许矣。尘土渗面,腰脚疲茶,亟盥沐以休。入夜仍小饮。

幽若、漱石俱以休假来,漱石以同伴欲行,先辞去。幽若则晚饭后去。

5 月 2 日 (戊辰) 星期二

微阴,午后晴。上午七二,下午七〇。65.8—62.6

昨日工人停工,今日遂无报。

依时入所,注毕《重修盘门双忠祠记》。并作《史通·模拟篇》解题。

息予上午未来,下午至,知芝九已归,顷已返苏矣。承送咖啡及橡胶玩具,甚感!

夜小饮听书,十时就寝。

商务预约之戊种《辞源》已出书,今日饬役取来,较旧有者多四角号码检字索引。但原有谬讹仍沿而未改也。

5 月 3 日(己巳　上弦)星期三

晴明,仍感冷。上午六四,下午六五。70.2—45.5

清晨出,乘电车至浙江路,进汤包及鳝丝拌面于大春楼。旋走归,径入所中,恰为八时三十分。续注《摸拟篇》,未就毕。

曩在商务所编之《现代初中本国史》已托调孚付装竟,今日送来,甚佳。稍暇当撰长跋以记编纂始末及绝版经过也。教科用书,原不足奇,惟阅兹沧桑则不无敝帚自珍之意耳。

夜仍小饮听书。

臭虫为患,今特置一帆布之榻以安同、复两儿。

5 月 4 日(庚午)星期四

晴。上午六五,下午七〇。77.9—52.0

依时入所,续注《摸拟篇》未毕。

夜小饮,文权来,谈至十时,去。

珏人身体稍好,饮食亦渐佳矣。

五一上海大捕人,即在汇山路一区亦捕去三十许人,俱救国御侮会人物。上海报纸禁不得载,予初未之知,今日阅天津《大公报》始备悉之。政府之措置亦掩目而捕雀,既不如外间所传之屈伏苟和,取缔抗日,又何必暧昧出此,自示不广耶!

5月5日(辛未)星期五

晴,热矣。上午六七,下午七三。77.4—52.7

依时入所,续注《摸拟》,仍未毕。

夜小饮听书,十时就睡。

前在西泠印社所买之《邵亭知见传本书目》查有缺页,屡属所役掉换,终有羡阙。拟再换一次,如不果偿,则别调同价之它书矣。

铁笙昨来商借,今日畀以十金。

5月6日(壬申　立夏)星期六

晴暖。上午六九,下午七五。84.6—53.6

依时入所,续注《摸拟》,仍未毕。

得翼之书,知明日上午当挈眷来。

接梦九书,知来沪寓孟渊,因于午后六时往访之。谈久,同上高长兴酒楼小饮。渠近况尚好,其女且有人说亲,故来打听也。十时始别,明晨即须北返矣。予到家,已十一时,知文权方去,而幽若携汉、漱两儿往东海看电影亦垂垂归矣。

夜二时许,有人来邀天然出收生,潇儿从之去。不识明晨何时返也?予为此扰之,遂欠睡。

5月7日(癸酉)星期日

晴暖。上午七〇,下午七六。81.5—54.1

晨八时许,天然偕潇儿归。因饬潇儿往车站接翼眷。予则与云彬同往豫园取石菖蒲。十一时返,少坐,潇导翼眷五人亦至。文权亦同在车站候之同来者。

饭后,翼之等出游,予则将近日所得目录诸书加以整理,并装之,签题之,亦甚得也。夜六时,翼等归,遂与共饮。饮后与翼之、文权、幽若打牌四圈,十一时始罢。文权去,翼等下榻宿焉。

5 月 8 日(甲戌)星期一

晴暖。上午七二,下午七五。81.0—62.4

依时入所,注毕《摸拟》,并作曾涤生《答李眉生书》解题。

翼之凌晨去,予送之登电车,因亦早起,六时许便出。

夜小饮,待幽若、漱石及翼眷等归,十时乃就寝。

珏人忽患齿痛,坐卧不安,饮食未遑,饭后即由潜儿陪往周医处拔去蛀损齿根两颗,至四时乃返。幸出血无多,一宿即平复,大约病根已去。当不致再痛矣。

悦之之外舅陈公踉开明请见,大诉悦之之荒唐无人理,挟诈凌辱,无所不至。予见其幡然一叟,垂老见侮于幼辈,为之痛愤不已。勉慰之,送之去。

5 月 9 日(乙亥)星期二

晴暖。上午六九,下午七四。81.1—51.1

照常入所,续注《复李眉生书》。查出处极费事,终日所得,仅数条耳。旷日不见功,颇自恨也。彼昌言负责者以忙自号,实亦未见彼伸于此,然言外有逼拶之意矣。

夜,潜儿陪幽若、漱石、翼眷等往小世界看仙霓社昆剧,复儿宾从。予则在家小饮,待彼等归,乃睡。饮后,云彬、息予至,云则闲谈,息则来商其女就诊寿白进止。十时去。文权亦来,少坐便往杨树浦路教书,散课后径自归去云。

5月10日(丙子　望)**星期三**

晨阴,旋晴,转冷。上午七二,下午七一。74.7—60.2

照常入所,续注《复李眉生书》,仍未毕,且有数处搁浅也。为此者惨淡经营,用之者未必知此甘苦,诚无谓矣。古之学者为己,今之学者为人,信然。

夜小饮,饮后闲翻《静志居诗话》,十时就寝。

幽若、漱石去,翼眷独留,午后由珏人及濬儿陪往东海看电影。夜未出。

5月11日(丁丑)**星期四**

晴冷。上午六九,下午七四。81.1—52.0

照常入所,注完曾文。

珏人伴翼眷往小世界看昆戏,濬、清、滋从。幽若亦往。傍晚始归。

道始来,谈姓氏之别,并托予代撰贺文送吴德生。

夜小饮。饮后,息予来,送予苏州土物,盖其夫人方自乡归来也。

5月12日(戊寅)**星期五**

晴暖。上午七〇,下午七五。80.2—55.4

依时入所,注沈三白《闲情记趣》,未毕。

夜小饮,不多。幽若、翼眷及濬儿等复往小世界看昆戏,夜十一时半乃归。予坐此故,睡不能安,至二时始得合眼也。珏人亦失寐欠精神,颇难自振云。屋小人挤,诸戚偏又往来频数,遂使区区方寸永无宁日矣。

5 月 13 日（己卯）星期六

晴,骤热。上午七五,下午八〇。84.4—65.5

依时入所,注毕《闲情记趣》,并接注丏翁之《长闲》。

申报年鉴社赠《年鉴》一册,盖梓生尝来就商,以此为酬耳。

珏人仍偕幽若、翼眷等往看昆戏,诸儿俱从,傍晚归,幽若、组青夫人及汉儿则夜戏完后始返也。

翼之晚八时到,盖来接眷者。予已罢饮,为更张以款之。夜十二时乃各就卧。

5 月 14 日（庚辰）星期日

晴热异常,晚见虹。上午七九,下午八六。92.3—69.1

竟日未出,犹嫌汗喘,窘甚。初热之难受有如是者。

翼之挈眷于午后二时十五分行,幽若送之。文权、潜儿俱未去。幽若归,伊等乃参入打牌。予旁观而已。

夜仍小饮,九时许即就卧,偿积日欠睡也。

组青夫人昨日来,谓组青有事赴宁,须在此宿数宵俟其归来乃赋返去也。组青花样正多,浆糊事既无端放手,扃室它行,谅有别故,正不识其葫芦中又卖甚么药也?

5 月 15 日（辛巳）星期一

晴热,傍晚有雷,夜雨。上午七八,下午八二。90.3—68.9

依时入所,闷热甚。注毕《长闲》及朱孟实《无言之美》。

写信与福崇及乃乾,一则接其来书而复之,且约二十日在王宝和酒叙;一则转介云彬托查清人数事也。

夜仍小饮,惟未听书,查韩文迄不得欲查者。

雨后觉快,竟有伏暑之象矣。

5 月 16 日(壬午　下弦)星期二

闷热,傍晚雷雨,中宵未休。上午七八,下午八三。86. 9—
65. 8

依时入所,注丏翁《文艺鉴赏的程度》和周启明《生活之艺
术》。

丏尊接偀工函,知予编《读本》以语文比率有问题,似作难然。
予甚耻之,不图佣书之贱殆有甚于仕宦也。所中为生意计,不得不
周旋,丏尊且定日内晋京疏通焉。可胜道哉! 可胜叹哉!

夜仍小饮,以雷雨不能启机听书。读韩文数篇。

同儿卧后戏猫,从床下坠,颅肿如疣,甚恚之。幸睡后稍平。

5 月 17 日(癸未)星期三

晴爽,较昨快多。上午七七,下午八一。87. 8—66. 6

依时入所,注毕方望溪《左忠毅公逸事》,并续备《梅花岭记》
注材。

组青来,与其妇闹,果不出予所料,赴宁云云全系虚构,直欲逼
令赴苏为之作工吸取其工资耳。攘攘久之,予不得安。夜深去,其
妇则须明日来挈云。予属珏人,以后尚宜疏隔之也。

夜小饮,以组青故,大不怡。

幽若来,偕潜、清两儿往小世界看昆戏,夜十一时许乃归。

5 月 18 日（甲申）星期四

晴，午后雷雨。上午七八，下午八二。92.7—69.8

依时入所，注毕全谢山《梅花岭记》。并作邵青门《阉典史传》解题。

午后三时，珏人亲送组青夫人归去，至晚乃返，大雨时适不在途，亦云幸矣。

夜未饮，以气不舒也。九时即睡。然幽若仍偕潛、清出看夜戏，十二时许犹有声喧聒也。恚甚！

丏尊为教本事，今日又赴宁。

5 月 19 日（乙酉）星期五

阴晴阵雨兼作。七六。72.9—69.4

依时入所，续注《阉典史传》，未毕。

夜与圣陶、云彬过饮仲盐所，尝其家酿八年陈绍。九时许乃归，为道始撰《送吴德生母冥诞寿辞》，至十二时始睡。睡不甚贴，未明已大醒矣。

与日妥协之说殆征实，黄郛已抵平视事，进行勾搭矣。当车过天津时，有一童子在站掷弹未中，即晚斩于市。据路透电称此童实激于义愤，谋破坏妥协，乃官中宣称此童为日方所嗾使，竟横被汉奸之目矣。呜呼！

5 月 20 日（丙戌）星期六

阴晴倏忽，晚晴。上午七〇，下午七二。71.8—59.7

依时入所，续注《阉典史传》，仍未完。

傍晚出,径赴王宝和,晤剑秋。既而福崇偕皖峰至,畅谈别绪。下半年福崇将任暨大中国文学系主任,商量颇多云。十时许散,予过老大房购儿饵数事乃归。

倭在天津又动乱,据悉内幕者言,实无聊老军阀石友三、孙传芳、张敬尧、吴佩孚等所主持与争斗。盖若辈于华北俱思染指者,今张敬尧既被刺身死,吴佩孚卫队亦解除武装,而黄郛入平以后彼等将更无活动馀地,于是石友三、孙传芳辈遂不得不挺而走险以图一逞矣。倭乐祸性成,因而推波助澜耳。

5 月 21 日(丁亥　小满)星期日

晴阴兼作。上午七一,下午七二。73.2—56.8

依时起,看报。珏人气急又作,倩天然为注射麻黄制剂。

饭后挈同儿赴豫园,会剑秋于得意楼,其眷属及妇弟徐步丹亦在,建初偕其未婚妻适自苏至,乃共饮于高长兴。夜九时许乃散归。当在豫园群游时,同儿几走失,幸为碗摊主所拦,得复聚也。

建初之来,大东书局实招之,将畀以推广部之职。予闻之,不能无动,因劝其暂勿进受,俟予与开明当局商酌后再说,能为予而却彼就此,固所深望也。明日当约圣、丏、雪等一商之。

5 月 22 日(戊子)星期一

晴暖。上午六八,下午七〇。76.5—56.1

依时入所,注毕《阉典史传》,并作陆次云《圆圆传》解题。

延揽建初推广教科书事,已与海生、丏尊、雪村、雪山、圣陶商妥,遂打电话约谈。午间予与圣陶先往访之,未值。傍晚再走旅馆候之,先晤剑秋等,告以意。既而建初归,乃共赴豫丰泰,与海生、雪村、雪山会。面洽甚惬,当可集事也。九时许散,与雪村同行赋归。

义坤表兄及童氏表侄婿来,予自豫丰泰归晤之,与语至十二时乃各就寝。询悉姨母尚健,年八十二矣,而薛用裕诪张为幻,殊可恶也。

5 月 23 日 (己丑) 星期二

晴温。七〇。73.0—57.7

照常入所,续注《圆圆传》。

建初事已商定月致酬金八十元,用编审名义,由杜海生出函聘任之。予复作函申意焉。

义坤一行,由清儿导往仲弟所,并伴之游大世界。晚归,予与俱饮。谈至十一时乃睡。明日将往童氏之甥王虎泉所,后晨即归浒关矣。

5 月 24 日 (庚寅　五朔　月建戊午) 星期三

晴温。上午七一,下午七三。77.5—58.8

照常入所,续注《圆圆传》毕,并接注吴梅村《圆圆曲》。

饭后,仍由清儿送义坤一行至虎泉所,八月中当来。

夜在家小饮,十时即睡。

连日戚串坌集,酬答为艰,即日记亦无暇顾及,至此始得追补一二。地小人稠,不容回翔,平日已嫌狭窄,加以时有客至,兼多下榻,诚非语言所能形容其苦况矣。

5 月 25 日（辛卯）星期四

阴晴间作，时见细雨。上午七一，下午七三。77.9—59.2

照常入所，续注《圆圆曲》，仍未毕。

息予介绍陆并谦为开明在上海推广教科书，今夜开明假座圣陶家宴之，予参焉。谈亦甚洽，当能顺利进行也。十时散，予与雪村同行归。

晴帆自镇江书来，托代购《饮虹簃所刻曲》。

5 月 26 日（壬辰）星期五

晴，东风颇大。上午七三，下午七二。80.2—59.9

照常入所，注毕《圆圆曲》。

夜本为息予所约，以其女忽患痧子，遂改期。予仍在家小饮。

九时许就卧，连日积倦，为之一舒。

5 月 27 日（癸巳）星期六

晴，午后雨，遂达旦。上午七一，下午七三。73.9—58.5

照常入所，注任公《祭蔡公松坡文》未毕。

本拟偕珏人往小世界看《宋十回》，以阻雨未果。适文权来，晚饭遂令与珏人及潜、同两儿并幽若俱往东海看电影，十时归，文权去。予则在家手一卷，静坐休息而已。

5 月 28 日（甲午　端午节）星期日

晴暖。上午六八，下午七一。76.5—58.1

午间小饮，饮后不舒，珏人率清、汉、漱三儿偕幽若往小世界看昆剧,予则偃卧至暮。抵暮,珏人等归,予乃与云彬及潘儿、文权赴北京路湖社看昆剧保存社俞振飞、王福民、徐慕烟等客串。至则正六时,圣陶、调孚两家俱在,天然、缄三亦先予等入坐矣。观众甚挤,及八时开场而楼上下皆满,几无隙地。二时半始毕,与云彬、调孚夫妇、天然、缄三及潘儿同乘以归,抵家正二时三刻。略进稀粥,三时许始睡。戏甚好,俞振飞、王福民之《投渊》及《跪池》,徐慕烟之《安天会》尤佳,而福民无懈可击,振飞实臻化境,更叹观止矣!予本无憀,及此乃如饮醇醴,霍然不倦,奇哉!

5 月 29 日(乙未)星期一

晴暖。上午七四,下午七六。83.5—56.7

照常入所,注毕《祭蔡公松坡文》,并接注《亡友夏穗卿先生》。

接建初快信,知已进行,予以函交雪村,并复知建初以后关于业务者可径与雪村通信云。又接晴帆函,知已返沪,约下星期会晤。

今日起拟废止每夜小饮。无宴会则家中概不开樽。

幽若、漱石偕珏人往小世界看全本《牡丹亭》,傍晚归,晚饭而后去。

5 月 30 日(丙申)星期二

晴暖。上午七五,下午七七。

清晨与珏人出进早点于浙江路大春楼。旋归,予径入所。注毕《亡友夏穗卿先生》。

珏人于午后挈潘儿过访胡孟泉夫人,薄暮乃返。

二酉出第二期书目,翻检一过,无甚可购。明后日出,或选购数种也。

5月31日(丁酉)星期三

晴暖。上午七四,下午七八。84.4—62.1

今日无报,故昨日天文台温度报告缺。

照常入所,注毕鲁迅《雪》。其杜甫《咏怀古迹五首》及施绍莘《吟雪》则多见扞格,一时未易着笔也。

息予之幼女出痧子,其家坚欲珏人往视,却之不可,勉往一省。此等处实太不知趣矣。甚为不欢。

不饮已三日,甚好,此后能乘此戒去,洵近德之事也!

夜借彬然新购附有刊误之《人名辞典》,校正旧有之本,过录其刊正语。阅两小时始毕。又写信四封,分寄乃乾、翼之、晴帆、梦九,十时许乃睡。

6月1日(戊戌　上弦)星期四

晴暖。七五。75.6—65.5

照常入所,注毕鲁迅之《雪》及施子野《吟雪》之一部。

铮子病危,由家移住华德医院,天然等陪之。病起不多日,竟致如此,人生亦无谓之至矣。

夜与家人打牌八圈,十一时许就睡。

6月2日(己亥)星期五

晴暖。上午七六,下午八〇。85.5—64.8

照常入所,注毕《吟雪》,并补注前遗各条。

夜仍打牌,为潜所顶撞,未终局即散。

铮子病笃,杜克明却诊,别延尤彭熙诊之,谓有办法。不识究
何如也?

建初本月十九日续弦,与丏尊、雪村、圣陶合送一绸幛,将托翼
之在苏就近代办。

6 月 3 日（庚子）星期六

阴晴兼施,夜半雨。上午七六,下午七九。84.0—65.1

照常入所,注杜工部《咏怀古迹五首》,未毕。

夜六时,与圣陶、调孚同赴仲云会宾楼之宴。仲云约为《少年
文库》编《太平天国史》。允之。十时归。

尝过二酉书店为开明购书。看定十馀种,订六日送来安多里。

坐中尝询东华以柏丞近状,据云近得肺疾,将遵医教休息,不
日移眷回里矣。闻之愕然,苦于无暇一走访之也。其人固巽愞,备
受李、王之弄而愤无所泄,遂郁而至此乎! 予忝与雅故,不能无惜
也。

6 月 4 日（辛丑）星期日

乍雨乍止,阴湿殊甚。上午七七,下午七五。73.4—67.5

晨九时出,先访晴帆,谈别绪二小时。至十一时许,同过乃乾。
饭焉。在其案头饱看宋版书数种,又名迹数事。至四时,待伯经不
至,乃乘雨隙辞归。既出,仍与晴帆至四马路书肆中闲眺。予在利
利购得《故宫》二四三至二五〇,又在世界书局无意中遇俞守己。
守己本苏州玛瑙经房学生,后任商务东三省各处分馆经理甚久,东
北事起,返沪任总店事。顷方受沈知方之拉,将出任重庆或成都分
店经理,故离商务而就世界耳。盖亦不堪商务之恶遇而它适之一

人也。细雨如麻,不待天晚即归。及抵家,文权在,知道始尝过访,未值为歉。晚饭后,△△文权去。

6月5日(壬寅)星期一

忽阴忽晴,有霉意。上午七四,下午七六。80.8—67.1

照常入所,注毕杜《咏怀古迹》,并为云彬看讲义稿。明日起,将入手为敷演诸项,须特赶一赶矣。

二酉送书来,予购得道光刻《事类统编》三十二本,价三元。此价在今日算廉矣。开明则购入《明通鉴》等,计费三十八元。

夜饭后本拟为云彬选文,以眼倦而止。

6月6日(癸卯　芒种)星期二

阴晴兼作,午后转燥。上午七六,下午七八。81.7—72.1

照常入所,为《藕与莼菜》之敷演、习问毕,并为《西湖七月半》之敷演。

饭后,在圣陶所晤硕民,盖来省铮子之疾者,当天即须返善,略谈便行。

漱石来,晚饭后去。文权、云彬先后至,谈半晌,去。

宋子文在美借款五千万成,已签字。彼以棉花、小麦、面粉作价,我以数种统税作抵,息五厘,两年还清。从此棉、麦市场,我农民又将被屏,坐待破产矣。国事百无一是如此,我真欲哭无泪耳。

6月7日(甲辰)星期三

晴暖。早晚冷。上午七一,下午七六。82.0—55.4

照常入所,作《秋声赋》敷演、参证、习问毕。并作《秋情》敷演。

夜归,闲翻架书,至十时睡,潆、漱两儿则随幽若至小世界看昆剧。

珏人身体渐好,惟易致感冒,胃口不旺,终不免放心不下耳。

今日起,订阅《大美晚报》,将回绝《申报》矣。盖《申报》送到已晏,而每日馆中有之,何必重出;乐得夜饭前后看此晚报也。

购得吴荷屋《历代名人年谱》及陈捷译箭内亘《元朝怯薛及斡耳朵考》。俱商务书馆新印本。

6 月 8 日 (乙巳　望) 星期四

晴暖。早晚冷。上午七六,下午七八。84.2—60.1

照常入所,续作《秋情》敷演,谈诗与词,仍未毕。

散班后,与息予步至四马路高长兴晤子敦,俟至七时许乃来。闲谈至九时许始各归。道始电话约饮,以先有约却之。

与开明编所毗连之屋,已由当局统租,作扩充编所之用。其屋适在东熙华德路、兆丰路抱角,楼下仍可分租与人作店面也。如此孟晋,前途殆有希望乎!

6 月 9 日 (丙午　入霉) 星期五

晴,近午阴,午后雨。上午七五,下午七三。76.3—64.4

照常入所,作完《秋情》敷演、习问,并作《花芯》、《清华园之菊》之敷演、习问。此番进行较诠释为速,大约本月内当可完成第三册也。

夜在家听书,并预备为云彬定文学史纲要及选文。

作书二通,一与乃乾,告《新唐书》卷帙残存数,一与福崇,托为晴帆代购《饮虹簃所刻曲》。二事俱应早办而坐牵延至今者，故偶忆及之即为付发也。

6 月 10 日（丁未）星期六

阴雨。凉。上午七〇，下午七二。66.2—61.0

依时入所，作完《木兰诗》敷演、习问并《鹅笼夫人传》敷演。

汉儿太不中绳墨，颇发气。

傍晚本拟与珏人出，适幽若来，遂未果。夜饭后打牌四圈，输钱四百。九时半即睡。因念友人中颇有十时上局连打二个通宵者，予止有谥之为铁汉，瞠目结舌而已，非敢望也。

自北平妥协后，冯玉祥在张家口高揭同盟抗日之旗以与南京异趣。彼此诋諆，固是长技，但愿各人秉持天良，不争为真正卖国之领导者，则吾民大幸矣。纷纷口舌之战，在予视之直蚊雷之不若耳。

6 月 11 日（戊申）星期日

阴晴倏忽。凉。上午七〇，下午七二。75.6—62.8

上午未出，近午时，过饮仲盐所，盖其子弥月作汤饼宴也。饭后二时，赴四马路新中国书局出席董事会。晤煦春、君毅、稼轩、圣陶，谈今后进行事。傍晚归，遇铁恨及调孚。铁恨约明晚在味雅叙谈。旋与圣陶、调孚过春明书局购得新印《留春新集》一函。此集久已不见，兹新印，惜止有有光纸本，勉强购以备查。自春明出，遂归。

夜饭时，幽若、漱石、文权、缄三俱在，甚热闹。九时后乃陆续去。

接乃乾函，谓《新唐书》当可收。其侣方患病甚重也。

6 月 12 日 (己酉) 星期一

晴,转热。上午七二,下午七八。84.9—63.0

依时到所,作完《欧游心影录·楔子》之敷演、习问及《我所知道的康桥》之敷演之半。散馆归后,少坐复出,过圣陶、调孚,同赴昨日铁恨之约,先经新中国看剑华,未晤,因径往味雅。晤铁恨、心田、旦初及李方桂、关实之等(此外尚有三人,不忆姓字)。剑华卒不至。心田别已六载,此番以历史语言研究所南迁,因亦南来,即住曹家渡小万柳堂研究所赁屋中。铁恨与心田同乡里,故宴之,并邀识友作陪也。十时乃散,在石路口等电车良久,十一时始到家。

6 月 13 日 (庚戌) 星期二

早晚晴,午后大雷雨。上午七七,下午八〇。83.7—68.0

照常入所,作毕《我所知道的康桥》之敷演、习问并《卜来敦记》之敷演、习问。

子敦以所著《实用国文修辞学》见寄,读之甚惬。

夜文权来,八时去。

广东反蒋空气已缓,而北方阎及奉系徐众又未能与冯合作,故张家口之举动殆等趣剧。报载倭将窥察及中央派三师入察,冯已允取消同盟军云云,其故可深长思矣。高唱抗日,结果降倭,民族之耻尚容澌息乎! 未审日以民族复兴号于人者将何以自解耳。

6 月 14 日 (辛亥) 星期三

晴阴无常,有风。上午七六,下午七八。84.7—64.6

照常到所,作《卜来敦记》参证及《工狱》之敷演、习问与《曹爽之难》敷演之半。将散时,粹生见过,略谈即行。

夜为云彬定《中国文学史》体系,大纲已定而纲目未安,尚待续拟也。

濬、汉与幽若往小世界看昆剧,清、漱、润则与缄三往东海看《除夕》。九时许,清等归。十一时许,濬等归。

6 月 15 日（壬子　下弦）星期四

阴晴并施。上午七五,下午七七。79.3—70.7

依时入所,作完昨日之馀剩敷演、习问,及《书汉阳叶相广州之变》《科尔沁郡王死事略》之敷演、习问。下午且作《谈动》之敷演,但未毕。

夜坐忽感无憀,看书不入,作字懒动,自亦不知为何也。予时有此等征兆,来之无由,大半与天气有关。如遇特别刺戟,尤觉显然。总之,体气不充,不任外铄耳。

文权来,知其将举行毕业礼,因以旧藏陈墨一匣为贺。

晨写信两通,分寄翼之及剑秋。

6 月 16 日（癸丑）星期五

阴霾,夜大雨。上午七六,下午七七。81.9—68.0

依时入所,作完《谈动》《谈静》之敷演、习问,并及《廉蔺列传》之敷演。

夜看吴曾佑《文学刍议》,以多饮浓茶,竟失寐,至一时许乃入睡。

每天白昼为七小时之工作,入夜遂无馀力再作文字,而为人所敦迫及为经济所鼓激之件颇有积者,奈何!

接子敦函,提明日聚饮之约。

6 月 17 日（甲寅）星期六

晴和。上午七五,下午七八。81.9—66.7

依时入所,作完《廉蔺传》习问及《争论》、《为学与做人》之敷演、习问。

傍晚六时,赴静安寺路延年坊二十二号子敦所小饮,与息予俱。九时半,乘末次东行公共汽车归。至家已十时矣。以缄三未归,坐待至十一时后乃下键就寝。不审缘何住外也?

同儿尝随幽若至小世界看昆戏,幸未连夜场即归,予返时已入睡矣。

6 月 18 日（乙卯）星期日

晴不甚朗,入夜雨。上午七七,下午七八。80.1—66.0

缄三迄未归,想已奉派上船乎?

文权来饭,饭后,予偕珏人、幽若挈同、复两儿往小世界看全本《白罗衫》。六时散出,即遇四路电车,到家不及半小时也。

铮子在院病略转机,且思归,因于今日下午雇汽油船送归矣。墨林、天然、圣南母女同之去,今晚可以到达云。

6 月 19 日（丙辰）星期一

阴雨,又见寒袭矣。上午七五,下午七二。69.8—66.4

饬人打电话至电台询缄三,谓已派事矣,心为之安,然终不能无怪何为而不一通知,累予悬之也。彼本无与予事,徒以天然之托,遂不免负意外之责耳。

昨晨八时半,中央研究院副院长杨铨被刺于院门口,立殒,凶手逃。此事必有政治关系,最显著者,彼主持"民权保障大同盟",为政治犯护救,一般野心棍蠹自不能不出毒手以致之死地矣。豺狼当路,率兽食人,民彝胥沦,纪纲隳绝,呜呼!不出十年恐中国已成兽世界,无复人迹耳!虽然,造业食果,事理之常,作俑者其能苟免乎!

照常入所,作完《金和尚传》、《差不多先生传》之敷演与习问,并及《神农之言》之敷演一部分。夜忽思饮,仍酌二杯。

6月20日(丁巳)星期二

阴雨绵绵。上午七四,下午七五。75—65.1

照常入所,作完《神农之言》敷演、参证、习问,并《海上平寇记》敷演、参证。

夜仍小饮。文权、云彬来谈,旋去。

日本文报纸载我国白色恐怖已开始,市长以下各局长悉为蓝衣社,可征与否固难说,而呼声久闻,空穴来风,自亦不能尽推以为无闻耳。总之,"法西斯蒂"已褾贩过来,杀运方开,将不知伊于胡底也。

天然有快信来,谓昨晨六时半载铮子到苏,病人心理稍安,烦躁竟大好,或有转机也。闻之甚慰。

· 叔琴丧父,予与雪村等各致赙二元。

6月21日(戊午)星期三

阴雨。上午七四,下午七五。77.2—68.0

照常入所,作完《重修盘门双忠祠记》敷演、习问,《海上平寇记》习问,《摸拟》敷演、参证、习问。

本欲与珏人同出晚饭,以同儿坚欲跟随,遂废不行。

夜早睡,九时许即就卧矣。

6 月 22 日(己未　夏至)星期四

阴霾可怖,闷郁甚。上午七五,下午七六。78.3—68.4

照常入所,作完《复李眉生书》之敷演、习问及《闲情记趣》敷
演之大半,并补作《重修盘门双忠祠记》参证。

夜据振铎所寄刊误表校正《插图本中国文学史》一、二、三三
册。

听中西播送昆剧。

6 月 23 日(庚申　闰五朔)星期五

闷燠,下午放晴。上午七六,下午八〇。86.4—68.5

依时入所,作完《闲情记趣》之敷演、习问并及《长闲》敷演之
半。下午易一新桌,较费时也。薄暮归,震平、绍良见过,盖方自印
所监印地图,归道顺谈也。谈移时乃去。于葛石卿颇致不满,内部
似有问题矣。明日上海舆地学社本有集会,而予以先约子敦及福
崇,不能赴之,不识有无要事发生也?

夜听书,九时许即寝。屡欲伸纸为云彬选文,卒以惮于构思而止。

6 月 24 日(辛酉)星期六

晴,大热矣。上午七八,下午八一。90.0—69.3

依时入所,作完《长闲》之敷演、习问,并《生活之艺术》及《文
艺鉴赏的程度》之敷演、习问。前送部审查之教本已批回,指摘不

合处甚多,须修正再送云。丐尊、雪村之意,不理会它,照常进行,勿再送审矣。据云,审查者孙俍工与丐有不快,故藉为报复之具也。此日何日,尚待究纪纲与是非耶? 俍工不俍工固滔滔皆是耳!

夜六时,集子敦、福崇、息予小饮,铁笙来会,甚适。九时后散去。

明日将与雪村赴苏,会建初以宴当地教育界,为推销教科也。

6月25日(壬戌)星期日

晴热。上午八一,下午八六。91.8—75.2

晨九时半与雪村同赴车站,乘十时特快车往苏州,十一时半到。先下榻于景德路口中央饭店。电话通知建初,则在纯一小学会考监试。予等乃同往松鹤楼午饭,饭后踵其门看之,未归也,因坐候至四时许乃见其来。略谈后即偕返旅舍,坐待宾客之至。至夕,到邑中督学、教委、校长等四十馀人,晤亚伟、翼之、逊先、旦初、公才诸公。席间由雪村宣传小学课本,成绩尚好。建初力事推销,或可得一相当数目也。十时散,十一时就寝。以蚊多,颇失寐。

予同来访,以将赴苏,少话即行。

6月26日(癸亥)星期一

晴热。上午八六,下午八八。92.5—75.4

晨七时,翼之送新出《吴县志》来,即话别,予以时促,不能往辞,且不能一晤硕民,惠甚。九时许,建初来,同过吴苑啜茗,顺道游狮子林,近午出城,饭于大鸿楼。饭后游留园,匆匆即出。及赶到车站,特别通车已过,乃乘三四等车以行。七时到上海,驱车径归。知芝九在圣陶所,因赴之。谈至十时乃别。归后,濯身易衣然后睡。

　　绍虞送骆驼绒絮两包,电灯书画罩一只,交由开明发行所转来。并附条言今晚即上船赴闽。盖其尊人在其兄所(福州协和大学)患病,电招前往者。匆匆不及晤,良憾也!

6 月 27 日(甲子)星期二

　　阴霾,东北风烈。上午八三,下午八一。83.8—74.5

　　照常入所,作完《梅花岭记》、《阉典史传》、《左忠毅公逸事》之敷演、参证、习问。夜在圣陶所聚餐,到予同、愈之、雁冰、调孚、雪村、云彬、丐尊、圣陶、煦先、东华等。九时许散。

　　息予将于下月一日正式任开明推广部事,月薪百金,丐尊托予转说合之。多年同事,中经睽离,今乃复合,洵快事也!

6 月 28 日(乙丑)星期三

　　晴热。上午八三,下午八四。92.3—75.2

　　依时入所,作完《圆圆传》、《圆圆曲》之敷演、参证、习问。

　　夜归时,天然偕其甥女已自苏返,缄三亦自安东归,始悉前此奉派在船也。天然携有菜肴数事分惠,因复小酌以遣之。饮后为天然撰一联挽铮子云:

　　　　因师为母,苔岑托同心,恩逾骨肉;

　　　　惟疾煎人,生死悲永诀,痛切肺肝。

盖其关系为义母女也。铮子名宛,仁和人,以遇人不淑,留学日本习师范,历任龙江女师校长及吴县诸地女教师有年,近与天然住上海,适与予同寓。以疾返苏,竟死,年五十六,硕民为其妹婿,圣陶夫人则其侄也。

6月29日（丙寅）星期四

阴雨，早晚放晴。上午下午俱八二。84.9—75.0

依时入所，作完《祭蔡松坡文》之敷演、习问并《亡友夏穗卿先生》敷演之半。薄暮归，息予夫人在家，送衣料及火腿，盖息予过予午餐已累月，特来消浇者。再三却之，不果。

夜仍小饮，饮后小坐听书，十时就寝。

佣妇爱珍今日以疾引去，别招一昆山老妪陆妈承其乏。上海雇佣女仆至不易，花样时翻，见异思迁者多，爱珍大约又中人之诱惑耳。今后止能用老妪，年轻之人实无从縶维也。

6月30日（丁卯）星期五

阴雨闷湿。上午八〇，下午八一。80.6—74.7

依时入所，作杜律敷演，详解律诗与古诗之异同。未毕也。

本拟与云彬出饮，适以伊客电招赴宴，遂未果。夜听天然述铮子身后情形甚详，至十时乃寝。

开明大添人，金仲华、韦息予、卢沉定于明日到。姚云漪亦将来。其它临时工作人员王志成、马精武闻亦将于明日来也。

7月1日（戊辰　上弦）星期六

阴霾，时见细雨。上午七九，下午七八。85.6—72.9

依时入所，作完杜律敷演、习问，又作完《雪》敷演、习问，《吟雪》之敷演亦将毕。下星期一必可将第三册参考书稿子缴出也。惟时间局促，不及于今日赶出耳。

夜文权来谈，旋去。潜、漱随幽若往小世界看《铁冠图》，十二时半乃归。

　　苏州交通书局已将前托代寄之《吴县志》八十卷计四十本递到发行所,今午饬金才取回,并前购《清鉴辑览》十二本在内。

7 月 2 日(己巳)星期日

　　晴。上午七八,下午八〇。84.9—70.2

　　午后二时许,剑秋来,因与共出,小饮于高长兴楼下。躬走浙江路杜五房买糟鸡、糟鸭、糟肉以资下酒。至八时许乃散归。顺道过福建人所开桂圆号,购得佛手柑四只。归供案头,颇有清香之气也。

　　夜归翻阅《吴县志》,尽两卷,都《杂记》也。

7 月 3 日(庚午)星期一

　　晴。上午七九,下午八二。86.4—70.7

　　依时入所,料理参考书第三册稿毕,以丏尊赴甬未归,先属圣陶看之。午后预备接注第四册。

　　夜续看《县志·列传》,并听书。

　　开明为推销教科书事,近日大忙,明日,圣陶、彬然又须赴杭演讲也。

7 月 4 日(辛未)星期二

　　晴爽。上午七八,下午七九。84.4—69.3

　　依时入所,注毕《平民的文学》,并《作文底基本的态度》之半。

　　夜听书,本思饮,以陈贤良酒厂未送来,不果。仲盐肆应之力远不逮雪村,雪村偶疏,仲盐便无方弥之,不问美成与酒厂,前途甚不容十分乐观也。

圣陶、彬然今日上午赴杭。

7月5日（壬申）星期三

晴爽，夜有雨。上午七七，下午七九。85.3—67.1

依时入所，注毕《作文底基本的态度》及《人境庐诗草自序》之大部。

今日公司中送半年来升工九十一元，惟薪水则须暂缓也。当将前借息予五十金立即还讫，轻一心事，至快也！

夜小饮，即以陈贤良瓶装状元红酌之，味终不逮生酒也，盖蒸熟后入瓶宜有"烫煞酒"之气息耳。

7月6日（癸酉）星期四

晴热。上午七九，下午八三。87.8—70.3

依时入所，续注毕《人境庐诗草自序》并《今别离》四首。第三册参考书发排。限一个排好，不识能否集事也？

圣陶已于昨晚自杭归，谓印象尚不恶，教科前途尚有把握。

雪村、云彬鼓励我重振《知见杂录》之兴，笔记现代史料。甚拜嘉。

王志成、马精武今日来所作临时编辑，赶编《小学国语教授书》。

7月7日（甲戌　小暑　望）星期五

晴热。上午八〇，下午八四。85.8—74.5

依时入所，注袁石公《徐文长传》，未及半也。

本月上半薪水今日发，加二元，凑足五数。

夜仍小饮。

晴帆来访,取《饮虹簃所刻曲》去。谈顷,知铁笙之侄集钱赒之,或可稍稍活动矣。

7 月 8 日(乙亥)星期六

晴热。上午八三,下午八五。93.2—76.3

依时入所,注毕《徐文长传》。

夜小饮听书,十时就寝。

汉儿病口腔炎,不日已五日,今日潜儿伴往周医所诊治。寒热不退,甚以为虑,不识能不转伤寒否耳?屋小人稠,又值天热,洵非"人的生活"矣。苦极!

7 月 9 日(丙子)星期日

晴热。上午八六,下午八九。97.7—76.3

清晨得乃乾电话,谓绍虞在彼,将偕来看我,请勿它适。予方展阅《吴县志》,因备以待之,迟至十一时许,始来,甫坐定,乃乾为其家人电促归,盖蜚云适往候之也。予则与绍虞谈,知省父北返,不日将转道杭州访友载途也。饭已,乃同至圣陶所访谈,三时许,三人并出,在三马路一带书林阅肆,予为开明购得《读史方舆纪要》、《绎史》、《植物名实图考》及《长编》于来青阁,计价十七元。至五时半,往饮于高长兴,兼会剑秋。八时三刻散,各归。

7 月 10 日(丁丑)星期一

闷热,午后雷雨大风。上午八六,下午八八。98.4—76.8

依时入所,注宗子相《报刘一丈书》,毕之。午后到所,适雨后,衢中积水甚厚,而汽车轮激之,飞浪三尺,溅及半身,两履淋漓不堪矣。直至五时散馆归后始易之,苦甚。

汉儿口腔炎增剧,今日特延周医来家诊之,据云,无妨,用双氧水漱口并以碘酒调蜜蘸擦患处。寒热已稍降,惟饮食仍不能引起耳。

夜小饮未成,缘周医谈至七时许始去也。草草饭已,略坐便寝。

组青来,其妇又与同居矣。

7 月 11 日 (戊寅) 星期二

晴热。上午八八,下午九二。96.4—76.3

依时入所,注李少卿《答苏子卿书》,未及半,以多且繁也。

仍请周医为汉儿疗治,已略见好,谈至六时半去。

夜小饮,听书至十时,就睡。

7 月 12 日 (己卯) 星期三

晴热。上午八六,下午八八。96.6—75.4

依时入所,续注《答苏武书》,仍未毕。

稼轩来,出新出模范地图相示,甚好,惟装订欠佳耳。

夜仍小饮。周医仍来。

连日天热,归后竟不能作一字,每晨又惮于弄笔,遂搁积此记。至十三晨始补记足成之。

7 月 13 日 (庚辰　初伏起) 星期四

晴热。上午八五,下午八九。97.5—76.1

依时入所,续注《答苏武书》毕。

汉儿已渐好,惟成蛀夏现象,不肯进食。周医拟请明日再来复诊,如无它异,当可日臻平复耳。

夜仍小饮,听书自遣,暑中亦正不复能作它事也。

7 月 14 日(辛巳 下弦)星期五

炎热,午前后起阵。上午八六,下午九一。99.0—77.7

依时入所,注庾子山《哀江南赋序》。

汉儿已大好,能起坐略进食。周医来,谓无碍矣。

天然、缄三今日由苏来。

夜仍小饮。入浴后听书为娱。

早起,记昨日事。

接乃乾书,《新唐书》宋本允出廿元易一册,凡二十四本。

7 月 15 日(壬午)星期六

闷热,午前后起阵。上午八六,下午八七。98.2—77.9

早起记昨日事,并为云彬草成《文学史纲要》两纸,及为缄三填履历两纸。

依时入馆,续注《哀江南赋序》,仍未毕。

夜仍小饮。墨林来谈,文权亦来谈,至十时,乃各去。

始买西瓜,每百斤价三元八角。

7 月 16 日(癸未 出霉)星期日

晴热。有风。上午九〇,下午九二。99.5—78.8

早起记昨日事,并写信两封,分寄晴帆、乃乾。

竟日未出,亦未作事。夜,珏人偕幽若率澨、清、漱三儿同往仙霓社看《武十回》,坐以待之,倦竟难支云。幸有书可听,有酒可酌,始稍减厌气,否则,无法撑持矣。

7 月 17 日(甲申)星期一

晴热,有南风。上午八四,下午八八。93.4—77.7

早起记昨日事。

依时入所,注毕《哀江南赋序》。

傍晚六时,偕圣陶、息予及旧同学谷春帆饮于大马路之新雅,谈至九时许乃散归。春帆现在邮务管理局理画处任事,研精经济,于旧诗词亦甚有趣致,故方面极多,谈极洽。

7 月 18 日(乙酉)星期二

晴热,南风较小。上午八四,下午八八。93.6—76.3

依时入所,注《牧羊记》、《望乡》,未毕。

夜在家小饮,候晴帆不至。晴帆昨日书来,约今日午后五六时来谈,竟不果。未识何故,岂误忆日期须明日来耶? 抑到宝山算交代未竣尚留滞彼中耶?

稼轩来,出平衡律师所代表世界、东方两舆地学社通知上海舆地学社函,谓有附图若干与之相同,指为抄袭仿冒。同行兴妒,固事理之常,特任情污蔑不能少容,必当与之周旋者也。因与同访雪村商对付。

伯才见访,携赠贵州仁怀县茅台村名酒两瓶,感极! 此酒久闻云彬绳其美,因分惠一瓶与之,俾共尝焉。

7 月 19 日 (丙戌) 星期三

晴热,风较小矣。上午八五,下午八六。94.6—76.6

早起,记前昨两日事。

依时入所,续注《望乡》毕。并注毕李后主《怀旧词》。

稼轩持答辩稿来,雪村拟改作然后登出。

夜小饮听书,十时乃睡。初以邻儿啼,继以猧子闹,竟失寐,至一时后乃稍入睡。久不作此旧疾,今忽现之,恐非好兆,积渐而来,不且大动乎!

晴帆仍不至,奇甚,明日当飞书一探之。

7 月 20 日 (丁亥) 星期四

晴热。夜稍凉。上午八四,下午八五。93.6—77.9

晨起记昨日事,并写信与晴帆。午接道始信,欲改予前拟《裕中银公司缘起》为《惠中银行宣言》,再托润色,因于午后即令金才持去。

依时入所,注毕黄山谷《晚春词》,并及《春江花月夜》之解题。

为稼轩答辩两条。明日大约可以登出也。

夜发伯才所赠茅台酒尝之,味冽而清芬溢齿,真妙品也。晚饭后打牌四圈,十时就寝。

7 月 21 日 (戊子) 星期五

晴,有阵雨,闷热。上午八四,下午八六。92.5—76.1

晨起记昨日事。

依时入所,注毕《春江花月夜》。

陈稼轩答复世界、东方舆地学社之文已登出,不识彼等又将若何反应也? 止恃流氓势力而不顾学术,彼虽幸胜,亦终不能掩天下人之耳目焉。又何惧乎?

夜仍小饮,听书为娱。十时乃睡。

7月22日(己丑　六月朔　月建己未)星期六

晴热。上午八五,下午九〇。93.6—78.3

晨起记昨日事。

依时入馆,注毕佩弦之《看花》。下午校参考第三册排样第一批。

稼轩来,谓方进行诉讼,盖与世界、东方已形成欲罢不能之势也。

夜仍小饮,且以听书为娱,十时许就卧。

7月23日(庚寅　大暑　中伏起)星期日

晴热。上午八五,下午八七。90.3—77.7

晨起记昨日事,并看报。世界、大东两社又有半幅大广告再质稼轩,多方纠缠,务极迷眩之致。既以提起诉讼,实可不必再在报上答复耳。不识稼轩之意究云何也?

午后三时出,访圣陶不遇,径往棋盘街、四马路一带闲行。在泗泾路利利文艺部购得《故宫》周刊七期。天热而无熟人相逢,遂附车归。汗沈浴体,重衣皆透,不快甚。亟濯身易衣,小坐自酌,至七时始怡然也。九时听蒋、朱播《落金扇》。十时许乃睡。

息予有电话招潽儿往谈,其姑愈昭有馆地两处,以将产不能往教,特挽潽庖代之,明日即须赴该两处一试也。

7 月 24 日(辛卯)星期一

晴热。上午八二,下午八七。94. 3—75. 2

晨起记昨日事。

依时到所,校毕第一批参考第三册排样送出。并为建初来谈及稼轩进行诉讼事多所耽搁。

夜六时,与丏尊、圣陶同赴福州路、湖北路转角神仙世界旧址明湖春菜馆晚宴,盖本店请建初及丁重宣、熊蒉高、赵欲仁等,被邀陪坐也。到息予、雪村、雪山诸人。九时散,予与息予、圣陶同至建初客寓谈。十时三刻乃别。抵家已十一时矣。

7 月 25 日(壬辰)星期二

晴热。上午八五,下午八九。96. 8—78. 1

依时入所,注毕周启明《故乡的野菜》。并校覆样一批。

夜归小饮。稼轩至,出诉状推敲之,盖已延定潘震亚律师代表控诉世界、东方侮辱诽谤也。未几,雪村亦至,因共商酌之,为更易数处而就。稼轩匆匆饭已即行,状甚可悯也。

幼雄来,大有为屠思聪拉拢,希望和解意。但稼轩受侮太甚,不能自已矣。

7 月 26 日(癸巳)星期三

晴热,午前后阴。上午八五,下午八八。95. 7—79. 3

晨起记前昨两日事。

依时入所,注柳子厚《永州八记》,未及半也。

幼雄又来调停,稼轩亦至,惟不识如何能使稼轩及旁人下得一口气耳。屠思聪、洪懋熙太过无聊,忝颜出版事业实有愧同业多矣。

夜在家小饮,看《古今奇观》。九时许即睡。

7 月 27 日 (甲午) 星期四

晴,炎热。上午八五,下午九〇。94.3—79.2

晨起记昨日事。

依时入所,续注《永州八记》,仍未毕。

建初快邮报告,商务、世界在苏竭力破坏开明营业,竟有挟胁书坊拒售开明各书之说。竞争之烈至此,深堪浩叹,而卑劣若是,尤不胜诛伐耳。资本之威胁不撤除,货真价实之品终难立足也。然为自存记,亦惟有与之周旋角逐,尽力从事而已。

在来青阁购得贯吾斋石印横行《九通》一百二十八本,价二十四元。

夜小饮,看《路史》。

7 月 28 日 (乙未) 星期五

晴热。上午八五,下午九〇。94.1—78.4

晨起记昨日事。

依时入所,续注《永州八记》仍未毕。校参考三册排样第二批。

夜幼雄、梓生见过,商调解东方、世界与上海三社事。有顷去。

仍小饮听书。

7 月 29 日 (丙申) 星期六

晴,炎热。上午八六,下午九〇。94.5—79.0

晨兴记昨日事。

依时入所,续校参考三册排样第二批毕。

稼轩来,对调解事勉接受。及晚又来,则以社中人及雪山之意,就再登报驳复,无以挽名誉与营业。故已决先行登报,暂缓进行和议矣。予适于小饮后往东海看《春水情波》,未及见,由家中人导往雪村所径洽之。

7 月 30 日(丁酉 上弦)星期日

晴,炎热。上午八七,下午九一。93.6—77.2

晨起记昨日事。出《故宫》赏之,十一时,电话来,谓屠哲生在编所中候予谈。不得已,往晤之。据谈,受人耸动,颇不愿多争,故诚意接受调解。予与雪村、丏尊亦深以速了为然,因电招稼轩至,磋商再三,乃定,然后介绍双方见面,同赴状元楼午饭。时已二时许矣。建初适至,因共饭焉。饭后已三时许,与建初同赴打浦坊访剑秋。傍晚三人偕出,先至吴宫开好房间,然后往发行所晤雪村、雪山、子良、息予,待店事商定后乃同赴明湖春晚餐。到剑秋、建初、季廉、锡山、息予、海生、雪村、雪山、子良及予十人。十时许散归。建初明晨行矣。

今日为旧历六月初九日,因为滋儿下面过生日。

7 月 31 日(戊戌)星期一

晴,炎热。上午八五,下午八九。93.2—76.6

晨起记昨日事。

依时入所,校毕第二批排样送出,并续注《永州八记》。

夜仍小饮。饮后为事动气,通宵未寐。

8 月 1 日(己亥)星期二

晴，炎热。上午八四，下午八八。93.7—75.6

昨宵失寐，早起记昨日事。

依时入所，续注《永州八记》毕，并校第二批覆样四十页。

夜仍小饮。雪村、幼雄来言，今日调解广告登出后，世界、东方方面忽又认为吃亏，要求改作信稿，而稼轩坚不让步，嘱劝之息争。明日当面劝一切，如不听纳，当然登报声明，退出调解地位耳。

8 月 2 日(庚子　末伏起)星期三

晴热，有风，夜雨。上午八四，下午八六。91.8—74.8

晨起记昨日事。

依时入所，注韩退之《张中丞传后叙》。并校覆样两批。

稼轩来，勉劝息事，爰于午刻偕同圣陶、丏尊、幼雄、息予同到北京路大加利会屠哲生，当面讲妥，相约双方重写信翰，止许传示有关系人，不得发表。

傍晚，与云彬往会乃乾于神州四〇六，晤贾绍中谈《新唐书》事。双方距离甚远，未得成。留饮于彼，十时许乃辞返。

8 月 3 日(辛丑)星期四

晴晦无定，有微风，飓已过矣。上午八二，下午八六。90—77.2

晨兴记昨日事。

依时入所，续注《张中丞传后叙》毕，并接注《祭十二郎文》。

四时一刻出，即在附近理发店理发，五时许到大陆商场晤道始。有顷,晴帆亦至。七时,同赴明湖春晚饭。道始以文权婚期见商,并商仪注数事。已允选择于中秋前后举行典礼。十时归,告诸珏人。

8 月 4 日(壬寅)星期五

炎热。上午八三,下午八五。94.1—73.6

依时入所,续注《祭十二郎文》毕。

晚六时,与圣陶、息予、精武同出,径赴明湖春。盖今日圣陶宴勖成,并及粹伦、世璟诸人也。谈至十时许,乃散归。连宵在外,颇耗神,今竟失寐。

与珏人商定,瀶华、文权婚期拟于十月十九日即旧历九月初一日,已函知道始及晴帆。

8 月 5 日(癸卯)星期六

炎热。如炙如焚。上午八六,下午九〇。97.3—77.4

依时入所,续校第四批参考书排样,并注黄太冲《万里寻兄记》。

晚七时,赴屠哲生杏花楼之宴,晤稼轩、丐尊、纪隆、息予、哲生诸人,谈甚洽,至九时乃归。

双方信件已递到,只待录副通知各对方,事便可了矣。

接钱君匋请柬,知将结婚矣。

8 月 6 日(甲辰　望)星期日

晴炎,午后起阵未果。上午八九,下午九〇。98.6—79.5

晨起,记前昨两日事。读应慈法师讲《波若波罗密多心经浅说》一过。

科头跣足,竟日未出,犹汗喘不止,惫甚。

连日晏寝,颇苦酬酢,今晚开明又在明湖春宴客,予坚谢不往,九时即就卧。幸入睡甚酣适,足偿所欠矣。

无线电收音机已失效,饭后珏人、清儿因往白克路唤组青来视之,知烧坏保险铅丝,今日星期无购处,须明日配买,然后可应用也。

8月7日(乙巳)星期一

炎热甚,下午雷雨,即止。上午八六,下午九〇。99.7—79.2

清晨记昨日事。

依时入所,校参考书排样一批,并续注《万里寻兄记》。

手录上海与世界、东方函通知两边,原函保存于锡恩所铁箱中。调解手续已了,今后无事则幸甚!

夜在家小饮,饮后与珏人挈同儿往百老汇看《国门之战》,甚无谓也。头胀而返。

组青未配到机件,止得辍听。

8月8日(丙午 立秋)星期二

晴热,起阵未果。上午八五,下午八八。94.3—76.6

晨起记昨日事。

依时入所,注毕《万里寻兄记》,并及《桃花扇·馀韵》之《哀江南》。又校覆样一批。

上海舆地学社定明日开股东会,商今后进行事宜。

晚七时,乃乾偕其如君来,过云彬所晚饭。盖云先约之来者。谈至十时许乃去。

8 月 9 日(丁未)星期三

晴热,殊闷。上午八五,下午八六。93.0—77.0

晨起记昨日事。

依时入所,续注《桃花扇》,未毕。建初、楔兰来,因与雪村、息予、圣陶、彬然陪之同出,饭于大马路新雅。慰元亦至,谈至二时许乃散。仍归所工作,校覆样并签清样。

散班后,与丏尊同车赴上海舆地学社,出席临时股东会。先进餐,餐后开谈。开明方面提出社中但管制图不问印刷、发行诸务,由开明管印刷、发行,向社提交版税。原则通过,细目另定再商。九时半散,到家已十时许矣。

8 月 10 日(戊申)星期四

阴霾不雨,闷热甚。上午八五,下午八八。90.5—78.1

晨起记昨日事。

依时入所,续注《桃花扇》毕。并作《通鉴·淝水之战》解题。

夜小饮听书,早睡。热甚,竟夜浴汗。

今日天然自苏返,盖铮子已断七矣。缄三尚未同来,谓苏州有事耽搁耳。

8 月 11 日(己酉)星期五

闷热甚,下午五时阵雨。入夜仍有雷雨。上午八五,下午九二。97.5—78.8

早起,记昨日事。

依时到所,续注《淝水之战》,仍未毕。看外稿一种。

夜小饮听雨,烦襟顿涤,近日一快也!惟雨来之顷,须严闭窗户。暂时闷闷,亦无法排除耳。

8 月 12 日(庚戌)星期六

晴热,闷依然。夜半雨。上午八三,下午九二。95.9—74.3

早起记昨日事。

依时到所,续注《淝水之战》仍未毕。选活页又送一批。

散馆后与珏人偕出,本拟在外夜膳,乃先于国货公司购得饼干四听,持重二十磅,竟不能再作它计,因而就近于五芳斋进点,即至抛球场待车。立二十分钟,始见七路电车,奇挤,不得立直,遑云坐位。到家刚黑,而予等困几欲踣矣,惫甚!

夜不欲听书,即睡。至三时,为凉风所袭觉。未几雨至,乃急闭窗,引被复卧,竟失寐。然苦热之情大减矣。

8 月 13 日(辛亥 下弦)星期日

晴热。较昨大爽。上午八一,下午八七。90.0—72.5

早起记昨日事。竟日未出。

珏人偕潜儿、文权往大光明看《民族英雄》。下午二时出,五时半归。

组青来。缄三自苏至,明日将就事于此间电台矣。

墨林来,与共饮,谈至十时乃去。圣陶今日赴苏演讲,彬然则未去。

8 月 14 日(壬子)星期一

晴阴雨兼作,闷热。上午八三,下午八七。93.9—75.0

早起记昨日事。

依时入所,续注《淝水之战》未毕,校参考书排样。

夜小饮听书,挪地方安设甫自乃乾所假来之沙发。

接道始信,谓文权结婚地点及宴客地点须文杰由扬到沪后再决定。据云,文杰甚干练,诸事可多劳其心力耳。

8 月 15 日 (癸丑) 星期二

闷热,傍晚雨,延久。上午八三,下午八六。95.4—74.7

晨起记昨日事。

依时入所,续注《淝水之战》,并看外稿一件。

上海、东方、世界三社纠纷已经调解,而洪懋熙忽又登报破坏上海《模范图》,稼轩来书质问,当即转幼雄询问办法,惟未得复,不能答稼轩也。

浒关曹氏表亲来,屋小人稠,挤甚。又值风雨,不能启窗户,益窘。如此居处,诚非人生之正轨矣。

8 月 16 日 (甲寅) 星期三

晴热。上午八三,下午八八。91.9—72.9

晨起记昨日事。并写信一通寄翼之,兼答幽若之问。

依时入所,为云彬看稿二篇,续注《淝水之战》毕。

愈之来所,晤之,久不见矣。

申报馆六十年纪念之《中国分省图》今日出版,即购得之。此图实是空前名作,回视纷纷喧呶之徒,曾蝼蚁之不若矣。洪懋熙辈更何足道!

乡亲为析产而来乞言,甚厌苦之。

仲弟、弟妇及涵、淑、济三侄同归,晚饭后去。

8 月 17 日(乙卯)星期四

晴热,早晚凉。上午八三,下午八六。90.9—75.0

晨起送乡亲归去,并作昨日日记。

依时入所,校参考书排样。注白香山《新丰折臂翁》。

夜小饮听书,搬家具,浴身。十时就睡。连日为外务纠结,疲矣。

幼雄主稿,将联名责问哲生以洪懋熙无聊行动之用意。

8 月 18 日(丙辰)星期五

晴明,午热,早晚凉。上午八二,下午八四。91.0—72.7

早起记昨日事。

依时入所,校排样。

与幼雄联名信今晨送哲生,即晚得复,声明世界社及彼个人全不参与此事,应向洪懋熙直接交涉云云。当晚稼轩宴客于古益轩,哲生、丐尊、雪山、圣陶、纪隆、息予俱到,当面解释,彼此涣然。今后当由稼轩与洪懋熙直接交涉矣。洪小人,即哲生亦不满之也。

夜九时三刻归,十时听筱桂孙《活捉》,十一时乃寝。

8 月 19 日(丁巳)星期六

晴热,早晚凉。上午八一,下午八四。90.5—71.6

晨起记昨日事。

依时入所,续校排样及覆核清样,伏案竟日,甚倦,腰背作疼矣。夜卧时翻身且觉困难,殆久不发病,乘时发作耳。

福崇快信来,促明日上午必往一叙,谓已约子敦会谈矣。

8 月 20 日(戊午)星期日

闷热,阵雨时作。上午八四,下午八八。87.3—76.3

早起记昨日事。

上午十时半出,乘车赴真如暨大新村十五号福崇寓所,晤之,因午酌焉。子敦竟未至,大约别有所事也。谈至三时许,偕之出,周历暨校及新村,然后登车径归。抵家已五时矣。久不与绿野亲,今得此境,殊不胜恋恋也。约俟予同至时,再偕往一游。

潘儿以次全往仙霓社看戏,至七时始归,家中惟珏人在,适道始、晴帆来,略坐即去,以聘金交珏人收。

8 月 21 日(己未 七朔 月建庚申 日偏食)星期一

晴热,夜大风雨。上午八二,下午八八。93.0—72.1

晨起记昨日事。

依时入所,注毕《新丰折臂翁》,并校排样覆样两大批。

颉刚自苏来,住孟渊二一八号,午后二时来访,旋去。散班后,予与圣陶同往访之,共饮于高长兴。谈甚惬,不觉风雨之狂至也。及九时散出,始见地湿,冒雨送颉归寓,即乘车遄返。抵家,履袜尽透矣。

8 月 22 日(庚申)星期二

晴热。上午八二,下午八六。91.9—86.9

晨起记昨日事。

依时入所,注朱孟实《谈读书》。校样甚多,因辍它事应之。

夜六时,与圣陶、调孚共赴拉都路敦和里东华所,谈《文学》事,因晚膳焉。九时许,息予电话至,约过其家商要事。遂与圣陶同赴之。谈至十时许乃行。抵家已十一时矣。

8 月 23 日(辛酉　处暑)星期三

晴热。上午八二,下午八四。93.6—70.7

依时入馆,校排样。息予早来,就商缮文自白事。

夜在家小饮,饮后打牌四圈,十时半寝。连日在外宴饮,颇感劳倦,今得在家小休,殊见适也。

道始书来,介绍嘉定赵光荣,当即复书谢之,盖开明编所现方支配工作定当也。光荣字英若,与虎如、东郊稔,予前亦与之同席数次。亦曾任事于中华书局。

8 月 24 日(壬戌)星期四

闷热,午后雷阵不果。上午八四,下午八六。95.5—74.7

晨起,记前昨两日事。

到所校毕前积覆样,复续注《谈读书》,篇中引外国人名、书名甚夥,查填费时,颇厌苦之。

夜在家小饮听书,至十一时乃就卧。

硕民自苏来,在圣陶所午饭。予于散班后往访之,已赴嘉善矣。凤岐来谈,知与远东小学交涉事已解决,此事久缠无益,自以速了为宜也。

8 月 25 日(癸亥)星期五

闷热,入夜雷雨,即止。上午八四,下午八六。95.0—73.4

晨起记昨日事。

依时入所,续注《谈读书》,毕之。校排样覆样等数十页。

夜在家小饮。饮后听书为娱。十时许寝。

潘儿昨晚发热,今日未到馆。然热已退矣,明日当可照常莅教于吴氏也。

8 月 26 日(甲子)星期六

闷热,望雨不得。上午八三,下午八六。91.0—72.1

晨起记昨日事,并看包慎伯《艺舟双楫》。

依时入所,校覆样多批,并覆校《元人小令集》。

予同过境,午后见访,承以原刻本《名原》赠予。本须伴同出饮,以文权有电话来约,谓其兄文杰将来访予,谈一切,遂归家候之。予同乃过圣陶许晚饭。

文杰入晚来,具酒食飨之。谈妥权、潘婚期为十一月十日即旧历九月廿三日,在慕尔堂举行典礼,在一品香宴亲友云。八时去。

8 月 27 日(乙丑)星期日

闷热异常,夜雷雨。上午八五,下午八九。92.8—74.3

是日为旧历七夕,汉儿生日,即于午间治馔祀先。饭后方拟高卧,而剑秋见过,乃共出,闲行无聊,即入高长兴饮。七时归,遇雨,驻足国货公司以避之。未几各返。闷热甚,秋老虎之威实较三伏为难当也。坐以俟凉,直至十一时乃睡。

8 月 28 日(丙寅 上弦)星期一

晴,午间微雨,夜凉。上午八四,下午八二。85.1—73.2

晨起记前昨两日事，虽乘早凉，宿热犹堪惊心也，午雨后始稍好。

依时入所，校《元人小令集》并注毕圣陶《书的夜话》。

散班后与云彬、息予同出，过扫叶山房、文瑞楼等闲看，以一角钱买得《桃花扇》一册，盖见商业竞争之烈。至六时许，息予径归，予则偕云彬赴三马路古益轩聚餐之约。计到丏尊、雪村、圣陶、调孚、仲华、愈之、云彬、觉敷、予同、径三、煦先及予十二人。予同明日即行，须于九月一日赶到安庆。觉敷将赴粤，就新设大学之聘。九时许散归。

翼之书来，即复之。

8 月 29 日（丁卯）星期二

晴热，惟不闷耳。上午八二，下午八五。94.6—71.1

晨起记昨日事。

依时入馆，续注《国策·冯谖市义》。未及半，而校样坌至，遂移力校之。陈友琴所选《清人绝句选》已说妥在开明出版，依版税例。陈为圣陶所介绍，稿已退修数回，今日始定当耳。

组青来，夜饭后去。予饭后入浴，依时汗沾，恨甚！秋郁勃至于如此，深可奇也。

今晨财政部长宋子文由欧美归国，在上海登岸，飞机盘空，水陆戒严，极威武之致。不识囊中妙计又断送吾民命脉若干也？倭之生心，特表面文章而已。

8 月 30 日（戊辰）星期三

晴热。晚尚凉。上午八四，下午八八。93.4—76.3

早起,记昨日事。

依时入所,续校参考排样,盖页数虽多,而为末一批,拟于两日内赶校毕之,俾可早日付印也。

报载红军于二十八日袭取福建之延平,福州上游之水口已设防,日本、英、美各派舰驶闽保侨,形势甚为严重云。日报且谓蔡廷锴以下已预备出走,省府运命不过三四日矣。倭方恶意宣传,其志固欲借题伸脚,而红军之逆袭力量亦未可忽视也。设一旦波及福州,吾知必将引起国际干涉之大问题,日军且从此再演占地置偏之故智耳。言念前途,无任寒战矣!

夜仍小饮自遣,十时就寝。

8 月 31 日(己巳)星期四

晴,复蒸热矣。上午八三,下午八八。92.8—75.2

晨起记昨日事。

依时入所,续校参考改样。

开明推广工作实不坏,而发行运输机构却太差,至今日尚有搁货堆在转运公司未及送出者。闻之殊深扼腕。设长此不加改良,前途洵未许乐观也。

各大报对闽讯俱若隐若现,不切真际。而《大美晚报》则云福州已濒紧张之时,英、日领事谋协调以资对付,呜呼!吾昨言将不幸而中矣!

夜小饮,十时寝。

9 月 1 日(庚午)星期五

阴霾,发风,夜雨。上午八四,下午八五。87.8—75.5

早起记昨日事。

依时入所,校毕第三册参考书排改样,此批凡一百页,三日内或可签正清样也。

章厥生《中华通史》上册今购到,即前文明书局所出《中国大历史》增损而成,叙至南北朝末年为止,不知下册究于何时出版也?《大历史》亦只见上册,且久绝版,旧藏成烟,无由对勘,良用戚然矣!

夜小饮,未听书即睡,闷热难遣,恚甚!

9 月 2 日 (辛未) 星期六

飓风至,挟雨不大,夜加烈。八四。86.0—77.0

晨起记昨日事。

依时入所,续注《冯谖》毕,并及袁简斋《书鲁亮侪事》之半。

夜归小饮,饮后背风仍热,听书自遣。

稼轩来,告以洪懋熙非人状,劝其不必睬他。洪今日大登广告,对于一切地图加以攻击,即其同盟之世界社亦搏撕至无完肤,营业竞争固事之常,如此背信无羞,大言蔑世,则稍具人心者皆得指斥之,学术云云,反予以觍脸之资矣。谥为虫贼,夫何失当!

延平状态不明,福州依然戒严。

9 月 3 日 (壬申) 星期日

晴,时有阵雨。上午八〇,下午八一。83.7—74.5

晨起记昨日事。知昨晚风雨甚大,马路上水深没胫,各行栈抢险之工作竟夜不休云。开明纸栈房亦着水,抢运至艰也。予竟以熟睡未之知,可谓幸矣!

饭后，珏人挈潘儿往省愈昭，清儿以下则往华德戏院看电影，惟润儿在家，补作校课，予为坐守焉。至五时半，清等先返，乃独赴四马路大中华贺君匋婚，并吃喜酒，与圣陶、岳生、云彬、调孚、均正、景深、仲持同席。七时三刻即已毕，乃与云、调、圣过来青阁，小憩，云购得《西域图考》，圣购得《书林清话》、《馀话》，然后乘电车归。

9 月 4 日 (癸酉　望) 星期一

晴，风过矣，大凉。上午七八，下午八二。

依时入所，续注毕《书鲁亮侪事》。

夜小饮。饮后作《黄河河身倾斜图》，应仲华索文之插图也。草底成，已十时许矣。凉意袭人，不欲再坐，乃舍之而睡。凉月盈庭，砌蛩应答，年来未有之境也。

福建事依然未明。而宋、汪、孙俱复作庐山之会，似外交上大有转变也。宋过倭不登岸，而归后日与亲倭之黄郛鬼混，玄机所在，亦足耐寻思矣。

9 月 5 日 (甲戌) 星期二

晴，凉。上午七六，下午七九。86.7—67.1

早起记前昨两日事。

依时入所，校参考书第三册最终一批排样覆样及《元人小令集》排样。振铎来，盖昨日甫自北平南返也。四时许，与圣陶、调孚、愈之及振铎同车驰赴东华所，即晚聚餐，有六逸、仲云、雁冰等。十时半散，到家已十一时许矣。十二时睡。

9月6日（乙亥）星期三

晴热。上午七七，下午八一。86.7—63.5

照常入所，上午画地图二幅，交仲华制版。下午续校《元人小令集》。散后归休，至六时半乃与云彬同往明湖春，电车中遇云六，谈世界书局近事甚悉。

明湖春聚餐凡两席，到雁冰、望道兄弟及慕晖、孟实、径三、振铎、六逸、地山、仲云、圣陶、调孚、幼雄、丐尊、愈之、李健吾、魏金枝、陈子展、周淦卿、薰宇、煦先、云彬、仲华及予二十三人。李、魏、陈初见，周仅晤一二面，馀则素识也。谈兴甚好而菜狂蹩，不无扫兴也。该店其将歇闭乎！十一时归。

9月7日（丙子）星期四

晴湿。上午八〇，下午八二。87.3—65.5

上午在家草《黄河》，下午照常到所，续注《与宁南侯书》。

夜小饮，饮后续草《黄河》，十一时睡。

仲云借《故宫》贰佰期两巨册去，由金才专送前往。

9月8日（丁丑　白露）星期五

晴温。上午八〇，下午八四。89.2—65.7

上午在家续草《黄河》。下午照常到所，续注《与宁南侯书》。

夜小饮，饮后续草《黄河》，至十一时半，眼疡难持，乃寝。此文从历史、地理两方面合看，材料颇不少，剪裁贯穿亦甚费力也。大约尚须一二日方能了事耳。

振铎寄存开明之书，钥匙已交予，惟书目则尚未交到，须俟查清后始能接受代管也。

9 月 9 日 (戊寅) 星期六

晴,较昨为热。上午八一,下午八四。90.7—68.2

五时即起,续草《黄河》,至十一时三刻始告一段落。然仅成五分之三耳。下午照常到所,续注《与宁南侯书》。先将《黄河》已成之部交仲华。四时出,乘车到胶州路合丰里高宅访振铎,同过越然。本先以电话约谈者,乃至则谓已先出,径在高长兴相候云。怅然行,过来青阁少坐。入晚乃赴高长兴,晤越然兄弟。久之,乃乾始来。息予事由乃乾与越然说,未洽。十时散归。约明晚七时在一枝香饯振铎。

9 月 10 日 (己卯) 星期日

晴,闷热,夜大雨。上午八二,下午八四。90.7—70.5

晨起补记五日以来事。

竟日在家续草《黄河》,完第四章。

傍晚六时与云彬同赴一枝香,待一小时许始见乃乾来。又待半小时,振铎乃至。谈至十时,各归,振铎当晚即北行矣。再见之期又须半年,聚散之无恒亦云至矣!

9 月 11 日 (庚辰) 星期一

晴热。夜雨。上午八三,下午八五。90.0—74.3

依时到馆,草毕《黄河》,凡前后八千馀言。又续注《与宁南侯书》。

夜在家小饮,饮后打牌四圈,十一时就寝。

连日夜牵事不释,甚以为苦,今得暂舒,大好。不任事如此,奈何生今生活剧争之世乎!

潘儿积疲感冒,又类去年类疟之象,今日电知吴宅请假,大约两三日内不能便往授课也。

9 月 12 日(辛巳　下弦)星期二

闷热,欲雨又止。上午八三,下午八八。91.2—75.4

晨起记昨日事。

依时入馆,注毕《与宁南侯书》。

潘儿寒热加高,亟请周医来诊,仍主清肠热。入夜,呕吐大作,盖牵动胃病矣。予正以儿疾廑忧,而右邻夫妇勃谿,捶案喧詈者移时,因坐是失寐。

黄河下游之祸未纾,而上游宁夏又飞电告急矣。霜降未过,秋汛方盛,瞻念前途,实不容不深切忧念也。黄河乎!真"黄祸"耳。

9 月 13 日(壬午)星期三

阴霾,大雷雨,仍闷。上午八三,下午八一。87.8—74.1

晨起记昨日事。

依时入所,作饶宓僧《代黎宋卿主张废督军电》之解题。此文关系近事太繁,入手注释当与薛庸盦《书汉阳叶相广州之变》齐量,将累数十纸不能尽也。

潘儿日间尚好,入夜又呕,含八卦丹后稍止。食多伤胃,戒之不悛,一旦大作,乃苦痛至此。

夜小饮,饮后听书自娱,十时就卧。

息予夫人挈其女圆圆来,傍晚乃去。

9 月 14 日（癸未）星期四

晴,较凉矣。上午七八,下午八一。84.6—72.7

晨起记昨日事。

依时入所,注《督军应废电》。

潏儿胃病大剧,仍请周医为之诊疗,并托天然为之灌肠。夜得大解,呕遂止,寒热亦退矣。

夜墨林来,乃乾及其侣毓英来。至十时后乃先后去。

周医去后始自饮,甫举杯而乃乾至,遂匆匆而罢。

9 月 15 日（甲申）星期五

晴爽。上午七七,下午七九。83.7—66.2

晨起记昨日事。天气爽适,一洗烦热,快甚!

依时入所,续注《废督通电》。并校《黄河》排样,凡得二十页。

夜小饮,饮后听书为娱,十时就卧。

雪村言,今年开明中学教本销路大滞,一因致力于推广小学课本,一因无部定之名,云云。予谓最大病因恐尚在发行所柜友之肆应不善,时时以冷脸或盛气向人耳。

《历代名人生卒年表》、《现代外国人名辞典》及《五十世纪中国历年表》今日取到,预约本在上月十五日出书,乃临时延期,致迟至今日耳。商务素不以失期闻,独于王云五全权操持之下有此举措,宜乎人之啧有烦言矣。而云五方自鸣得意,一切无视,真天厚其毒耶!

9 月 16 日（乙酉）星期六

晴，又转闷矣。上午七五，下午七八。85.1—59.7

晨起记昨日事。

依时入馆，为开明签注世界《高中本国史》抄袭《开明本国史》之处，备提交涉。逐项细对，颇费时力，其实此等事近于吹求，亦殊可不必也。乃主持者坚执为之，亦止有俯仰随人耳。

夜在家小饮，饮后听书，并打牌四圈。

9 月 17 日（丙戌）星期日

晴阴兼作，闷热。夜大风雨。上午七九，下午八二。82.2—65.8

早起扫除居室，并呼匠移挂大镜，掇置大橱，盖新购一床，今午将送来，故腾出假自乃乾之床即以归还也。扰之半日，极倦。十一时三刻，过丐尊、圣陶，偕赴稼轩致美楼之约。到稼轩、石卿、丐尊、雪村、雪山、圣陶及予并上海社之书记凡八人。商开明与上海合作契约，大旨就绪，今后出版发行全归开明，上海抽版税百分之十。先清算前账，然后再议结束方式。予与圣陶加入之股款将取还矣。饭后散归，顺道过利利购得《故宫》四期。傍晚复出，小饮于善元泰，七时归。

夜半大雨，东风甚急，打窗而入，几致滂沱，亟起抢护，不啻河员之堵险也。

9 月 18 日（丁亥）星期一

风雨连宵，闷湿甚。上午七九，下午八〇。77.0—73.9

依时入所,续签世界《高中本国史》,及午而毕。午后续注《废督电》。

《黄河》稿费已送到,计三十金。前后三个黄昏,一个星期整天,三个上午,除去旷班扣款外,所剩殆无几矣。此项酬稿,似太苛刻,好在帮忙,并非常以为之也。

夜小饮,饮后略坐即早睡。良以"九一八"纪念,娱乐既停止,而要人名流等之圣经式的演说,亦殊不愿在收音机中听之也。

9 月 19 日(戊子)星期二

阴,风雨。午后霁。上午七七,下午七六。81.9—69.4

晨起记前昨事。昨日"九一八"停报工,今日无报,惟《大美晚报》仍依时送来耳。苏联在远东颇有备战意,虽日方播谣,未可全信,而空穴来风,亦不能概必以为子虚也。

照常入所,风雨不能张盖,虽乘电车,而上下之际不免淋漓。

续注《废督电》,并看周传儒《殷墟之发掘》稿。

夜小饮,听书不多,即睡。

黄浦浸溢,马路有积水尺许者,电车之被阻不通者有多路,午后始稍稍通行耳。

9 月 20 日(己丑　八朔　月建辛酉)星期三

晴,凉爽多矣。上午七五,下午七八。87.1—65.3

晨起记昨日事。

依时入所,续注《废督电》。四时,平伯来,因共晚饭于圣陶家。在席有雪村、丐尊、调孚凡六人。谈至九时许,散归。听书一回,听苏滩半出,十时半就睡。

始以为前日无报,昨晨自缺,今知不然,各报俱登启事谓阻水迟送耳,据此,当向送报人一补之。

9 月 21 日 (庚寅) 星期四

晴爽,夜雨。上午七六,下午七九。84.0—65.5

晨起记昨日事。

依时入所,续注《废督电》。

夜小饮,饮后早睡。

组青来,九时许去。

崇仁失陷,师长吴奇伟被俘,孔荷宠攻浏阳,何键到萍乡。开化失守。永安戒严。俱见中、日报纸,足征赣省全部、湘东、浙闽交界之红军势甚张,而顿呃糜饷之剿军实已穷蹙万状矣。倭方日播警耗,在在以唤起列强注意为务,恐外力之引入终难幸免耳。

9 月 22 日 (辛卯) 星期五

晨阴,细雨。午后晴。夜小雨。上午七七,下午七九。85.5—69.3

晨起记昨日事。

依时入所,续注《废督电》。

平伯电话来,约六时在杏花楼相会,并邀圣陶与俱。散班出,先与圣陶过国货商场购呢帽,然后赴平伯之约。至则平伯已先在,因共小饮,同进晚餐。七时许即散出,复过精美饮冰,且从容谈宴焉。八时半各归,予抵家已九时许矣。时世乱离,朝不保夕,三年一面之故人,自当格外珍重矣。

方振武占怀柔,福州又告警,风涛之恶,一切可以立卷,寒心之甚!

《大美晚报》载粤、桂当局限制自来水笔、钢笔、铅笔等舶来品之使用,写中国字须用毛笔及中国纸云。此事虽迂,甚有至理,可深许也。

9 月 23 日(壬辰　秋分)星期六

阴雨,下午霁。上午七七,下午七九。74.3—71.2

晨记昨日事。

依时入所,续注《废督电》。

夜小饮听书,九时即睡。

偶翻商务最近《图书汇报》,知予前著《郑成功》依然存在,喜极。将购致之,俾自珍也。因思将从前所著各项教科及单行之本悉行征集,汇订成册,藉资纪念。然逐买既需巨款,搜罗亦决难完,回首旧藏,云何不怒耶!

9 月 24 日(癸巳)星期日

阴霾,闷热,夜雨。上午七七,下午七九。81.3—70.3

晨记昨日事。并出理发于里口。

息予夫人来,珏人因与天然偕赴圣陶所,盖墨林先期约饭也。予于饭后与圣陶同访湖帆于嵩山路八二号,晤潘博山诸人,谈至四时乃出。复过乃乾,又谈至六时始归。此行见书画手卷册页不少,戚继光一跋尤珍罕。

夜在家小饮,饮后听书,并打牌四圈,十时就卧。

9 月 25 日 (甲午) 星期一

阴雨。上午七五,下午七六。72.1—70.0

依时入所,注毕《废督电》。

《郑成功》仍买不到,谓尚未出版也,奇极。

建初来,散班后与息予、雪村同出,先在开明发行所小憩,然后偕子良、立斋、并谦同赴味雅小酌。予与建初先过高长兴,拉剑秋同往焉。终席笑乐,十时后乃散。

方振武军突占顺义、怀柔,将南窥平、津,形势甚急。恐倭计忝杂,风云正未有已也。

9 月 26 日 (乙未　上弦) 星期二

阴雨。上午七四,下午七六。72.7—68.9

依时入所,注嵇叔夜《送秀才入军》五首,毕之。

散班后与息予出,先访立斋,后过发行所,晚饭焉。饭后愈之、雪村、丐尊、幼雄、梓生、颂华诸人毕集,大笑乐。十时半乃归。

平、津风声益紧,倭报谓方等揭"讨蒋"旗帜,盖外抗无力,转而为内战矣。民十六以来,至有今日之局,蒋实无所逃责,讨之云云并不为过,特不出诸受害之民众而为失意军人所窃假,则不无以暴易暴之感,且亦预必不能彼善于此耳。可叹!

9 月 27 日 (丙申) 星期三

阴霾,午后转爽。上午七三,下午七五。74.1—65.3

晨起补记二十四日以来事。

依时入所,注陶渊明《停云》,毕之。

散班后与息予同出,赴梦岩交通路亚细亚书局之约。先过国货公司各购得呢帽一顶,然后往,至则介绍局东唐坚吾晤谈,并晤其编所中人胡云翼及汪君,乃共往味雅小酌。谈至十一时许始散,归家已十二时矣。唐君之意甚勤,或又将索稿为之出版耳。

9 月 28 日(丁酉)星期四

晴快。上午六九,下午七一。78.3—55.4

依时入所,注适之《不朽》。

夜在家小饮,饮后少坐便睡。偿连日在外晚归,积欠睡债也。

方振武有返入察境之讯,并有孑身逃津说,盖北方空气又得缓和矣。此次方之动作,必受倭之指使,一以扰平、津,一以胁南京,及蒋作宾有遄返东使任所之信,黄郛有北上收拾之报,方遂蹶而不振,其故可深思矣。

9 月 29 日(戊戌)星期五

晴爽。上午七〇,下午七二。79.0—59.2

晨记前昨两日事。

依时到所,续注《不朽》。

散班后与息予同往发行所,会立斋,偕到古益轩,盖立斋请客也。到客十人,计春帆、愈之、丏尊、圣陶、雪村、雪山、子良、幼雄、息予及我。九时许散,复偕春、愈、圣、村、雄、息、立过精美啜茗及饮冰。十时半乃归。

9 月 30 日(己亥)星期六

晴,入夜微雨。上午七二,下午七四。80.4—59.5

依时入所,续注《不朽》。

傍晚偕珏人挈复儿出,晚饭于石路之知味观。本拟饭后一登天韵楼,乃以复儿便急,不得不乘车遄返。抵家后听书,十一时始睡。

报载宋、汪、蒋俱有辞职说,虽经当事者否认,而今晨汪及孙科、孔祥熙、李煜瀛等俱集上海宋宅会议,内容不详而意味重大可知,政局与外交一时俱将大有变动矣。

10 月 1 日（庚子）星期日

晴阴兼施,夜雨。上午七四,下午七五。76.6—66.4

晨起补记前昨两日事。

午后挈同儿出,游邑庙,旋走至大马路国货公司,为同购一活动铅笔,然后归。近日囊空如洗,举步不能,止得归家小饮。

夜听书两档,即就卧。

政局转变,已渐沉寂,汪兆铭、唐有壬已返京,黄郛亦返平,独宋子文留沪耳。大概内部妥洽,一致亲日矣。美国派之失势已无可讳,不识长江流域将转何等面目也?

10 月 2 日（辛丑）星期一

晴,较暖。上午七四,下午七五。80.8—63.5

依时入所,续注《不朽》,并为云彬、振甫看稿。

夜小饮,饮后闲步近旁各衢,即返。适天然、圣南俱在,谈苏州近事,至十一时乃各就睡。

新闻报载,倭向我提抗议,谓顾维钧在国联演说抗日,实使中日关系恶化,如不制止,将取相当手段云云,凡四条。读之不禁大怒,倭竟以朝鲜视我耶!

10 月 3 日 (壬寅) 星期二

晴阴兼施,夜雨。上午七三,下午七六。77.9—61.9

晨起补记前昨两日事。

依时入所,注毕《不朽》,并及梁任公《科学精神与东西文化》之半。明日中秋,下午放假,据丏尊言,凡端阳、中秋后将为例矣。散班归,小饮。饮后听书,少坐即睡。

为振甫看《班超》稿,随手点定。

复儿夜发热,幸天明即退。

乃乾书来,谓收得铅印《九通》一部,价五十四元,属去取。

10 月 4 日 (癸卯　望　中秋) 星期三

阴雨,午后稍止。上午七八,下午七七。74.7—64.4

上午冒雨入所,看毕振甫稿,并续注《科学精神与东西文化》。

饭时小饮,饭后未出,偃卧将息。天然之兄楠伯来,谈有顷而去。入夜初持螯,尽四枚,甚醋,惜无皓魄照空,终失一岁之欢耳。时光之不可轻过如此,有辜多矣。

夜幽若来,谈其家近状,深斥小家庭之害,实则彼未知社会经济变动之情形耳。

10 月 5 日 (甲辰) 星期四

阴雨如昨,闷热甚。上午七八,下午八〇。83.1—70.2

依时入所,注毕《科学精神与东西文化》,并及任公《什么是文化》之半。

夜小饮。饮后补记前昨两日事并及今日之事。

昨日中秋,诸儿未免多食,复儿方好,漱儿今又呕吐不适矣。入夜,珏人亦不舒,泄泻数四,且兼腹痛,幸服十滴水后即安睡。入睡后渐见平复云。

10月6日(乙巳)星期五

阴雨。上午七七,下午七八。75.9—69.3

依时入所,续注《什么是文化》,并校《元人小令集》。

致觉来,谈近状,饭后更于圣陶所谈,旋约傍晚在三马路菜馨楼聚晤而别。散班后予与息予赴之,未几,圣陶亦至。致觉不茹荤饮酒久矣,独予等三人饮。饮次谈佛道甚久,致觉信之既笃,词源汩汩;正因此故,彼独能于拂逆之境处之泰然也。九时许别归。

10月7日(丙午)星期六

阴雨,较凉。上午七四,下午七五。71.1—66.2

依时入所,校《元人小令集》。

唐坚吾电话约饮,以雨,却之。夜在家小饮。饮后与珏人挈同儿往百老汇戏院看《虎啸狮吼》,珏人不耐邻座之雪茄味,先归,予与同则终焉而后返。市上方到有德国海京伯马戏班,予辈乃在银幕上看类似之影片,亦可谓过门大嚼矣。

驻日公使蒋作宾今回东京本任,中倭之间,早又种下鬼胎矣。南京政府之当局虽有百口,其何能掩此事实耶!

10月8日(丁未)星期日

早晴,午后阴,微雨。七十二。75.2—62.6

晨与云彬往新开之先得楼吃酥羊面,归后补记五、六、七三日日记。饭后兴发,与文权、潽、清两儿同往戈登路看海京伯马戏。乃轰动者众,观众超过坐位数倍,卖票处之门前挤千馀人,文权夺臂涌上,卒以五时之票亦已为客购尽,废然而退。伊三人往看电影,而予独乘十二路电车径归。夜在家小饮,饮后略坐即睡。

珏人自五日泄泻以来,身又不适,疲劳时感,予颇为担忧,不识办喜事时积劳得毋发病也?

10 月 9 日(戊申　寒露)星期一

晴朗。上午七〇,下午七一。74.3—58.6

晨起,拟请帖、谢帖两通,备发印。并记昨日事。

依时入所,注毕《什么是文化》。

冀野来,出所收端木子畴(埰)书贻王幼霞(鹏途)之《宋词十九首》手迹示予,将在开明影印行世也。七十衰翁,犹作端楷,且一以鲁公之笔运之,而字大才逾分许,古人之精神真可佩仰矣。

购得南京龙蟠里国学图书馆影印丁松生藏《花草粹编》明刻本,价五元,缩成袖珍精本,弥足爱玩也。来青阁经手,无折扣。

夜小饮,饮后听小桂生苏滩《说亲》。十一时乃睡。

10 月 10 日(己酉)星期二

晴,时间阴霾。上午六八,下午七一。

晨记昨日事。阅《申报》双十增刊,无可看。但见南京忙着开全国运动会,上海举行市府落成礼,一片煊烂,无非升平景象。国难乎,早为市贾窃取,用作招揽之广告而无复馀存矣!尚何言哉!

尚何言哉！

十一时三刻涌赴稼轩致美楼之约，晤雪村、雪山及石卿、绍良，十二时三刻乃饭。丏尊、圣陶迄未至。饭后，开明与上海舆地社签订版税合同，予为见议人。二时许散，即归。至五时四十分复出，应上海信笺公司唐坚吾之招，饮于同兴楼，晤梦岩、云翼诸人。九时归，仍听书两回，然后就卧。

10 月 11 日（庚戌）星期三

晴和。上午六八，下午七〇。75.2—59.0

晨记昨日事。

依时入所，注王抚五《科学的起源与效果》，以科学家履历及科学名词不甚了了，特托均正代查之。恐又将略延时日矣。

夜小饮。饮后作文《评先秦文学大纲》，至十二时半毕，凡得二千馀言。翌晨起，写定。

10 月 12 日（辛亥　下弦）星期四

晴和。上午六八，下午七〇。73.0—55.9

依时入所，续注《科学的起源与效果》。

下午自歇，偕息予、圣陶、濬儿同往静安寺路看海京伯马戏。坐位甚不舒，而演技却可观。海狗所演尤神奇。至于驱十四虎于一笼，则仅足以资号召而实际无甚意义也。五时散出，以车辆拥挤，步至福煦路同孚路口始搭乘九路公共汽车以归。抵家甚倦，小饮为休。

饮后，云彬来，纵谈马戏情形。十时就寝。

10 月 13 日（壬子）星期五

晴和。上午六九，下午七〇。74.8—54.5

晨起，补记前昨两日事。

依时入所，续注《科学的起源与效果》毕，均正之力也。

坚吾电话约往吃蟹，散班后，予与息予赴之，并约良才同集。至则梦岩已先在矣。少坐，过马上侯，持螯剧谈，颇可人意也。十时半始散，坚吾、梦岩直送至抛球场电车站而别。抵家询悉珏人与清儿往看马戏，甚满意也。

为开明购得《越缦堂日记》、《天方典礼》及《彊村丛书》。

10 月 14 日（癸丑）星期六

晴和。上午六八，下午七二。76.1—57.4

晨记昨日事。

依时入所，注翁咏霓《回头看与向前看》。

立斋今日三十岁，予于散班后偕息予及濬、清、润三儿往贺之，因夜饭焉。十时许归，十一时三刻乃睡。立斋柔善，人多以为戏，予则颇左右之。

丏尊购得《明诗综》一部，板尚未甚漫漶，此已不易多得，可谓偶得之便宜货矣。

坚吾电话约，明日上午十时来访。

10 月 15 日（甲寅）星期日

晴和。上午七〇，下午七一。74.7—59.2

晨记昨日事，并看《花草粹编》。近午，坚吾偕云翼来，因具餐焉。谈至三时许,乃去。伊欲整顿亚细亚书局,有托我代为规画意,予事冗,性又惮事,不能遽应也。

傍晚,闲步近市,藉舒闷气,移时即归。

夜未饮,听书至十时半就卧,且打牌四圈。

10 月 16 日（乙卯）星期一

晴和。上午六八,下午七〇。73.6—53.1

晨记昨日事。

依时入所,注毕《回头看与向前看》。有几条未了,将托人转询矣。

夜在家小饮。饮未毕,浒关薛用裕率其妇子来,盖先知潴喜期为十九而未接更期之讯,故来贺喜也。陡添多人,张罗卧处,甚费周章矣。据云,后日尚有大批乡亲前来也。

华北事甚奇幻,方振武、吉鸿昌突为倭方所逼,与北平当局掎角逐之,崩溃在即,方、吉且有被俘之说矣。义旗与匪干不辨,国军与敌人一气,中国之为中国如是而已矣。

10 月 17 日（丙辰）星期二

晴,不甚烈,转润矣。上午六八,下午七一。74.5—54.5

依时入所,注《文心雕龙·物色篇》。

请柬已印好,以亲戚在家,分心酬酢,不能即发。

夜小饮,饮后甚倦,九时许便就卧。

方、吉行踪,各报所载,消息纷歧,有谓在阵地擒获者,有谓在逃中截住者,有谓来商被留者,有谓自动投降者,而为倭所驱送于平方则同。

10 月 18 日（丁巳）星期三

晴,微闷,夜凉。上午七〇,下午七四。71.6—58.8

晨记前昨两日事。

依时入所,续注《物色》。散班后径赴仲弟所,小饮长谈,至十时乃归。归则乡亲毕集,周、曹、童三家凡来六人,计前来之薛氏共十人。屋窄不容转身,偃卧几如逃难矣。窘极。

方、吉有抵津后行踪不明说,大概平当局故掩人目之计耳。

予入所在一月,二十一年度红利截算至六月,故得半份,共九十三元,今日所得矣。据云尚有一批尾找,则当局斟酌考成而出之,权衡高下,不能悬揣多少耳。

10 月 19 日（戊午　九朔　月建壬戌）星期四

晴朗。上午六七,下午七一。75.9—56.7

今日本定为潘儿婚期,嗣以改后,致乡亲误集,乃特于晚间设席海国香以宴之。盖田事正忙不能久待,明日即将归去也。

依时入所,续注《物色》,毕之。

涵侄来晚宴,饭后送之上车,仍由奶妈伴归。

10 月 20 日（己未）星期五

晴朗。上午六八,下午七〇。74.8—54.8

清晨起,送浒关乡亲上车。补记前昨两日事。

依时入所,注《史通·烦省》。

夜啖蟹三枚。晚饭后写请柬,至十一时半乃睡。预备一百五十分,恐不足于用矣。

连日为乡亲酬酢,忙甚,晚间睡亦不安,苦极!

10 月 21 日(庚申)星期六

晴和。上午六六,下午七〇。76.1—49.8

晨补写请柬,第一批发出。

依时入所,注毕《烦省》,并及汪容甫《释三九上》之半。

夜六时,与圣陶同赴新中国书局同兴楼之约,剑华颟顸甚,终席迄无结果也。发股票事以尚未重行注册,未能照办,不知又延何日耳。八时半即归。

10 月 22 日(辛酉)星期日

上午晴,下午阴。上午六九,下午六八。73.6—57.7

晨补记前昨两日事,并发出末批请柬。

饭后偕珏人挈同儿往大千世界看仙霓社昆剧。剧目为沈传锟、袁传蕃之《训子》,沈传芷、郑传鉴之《剪发》、《卖发》,马传菁、张传芳、周传瑛之《催试》、《秋江》,朱传茗、赵传珺、王传淞、华传浩、姚传芗、施传镇、刘传蘅之《蝴蝶梦》。演至《说亲回话》时,剑秋寻踪而至,剧终,同往先得楼小饮。八时许乃各散归。

今日公共租界捕房探目陆连奎之妻出丧,仪从甚盛,途为之塞,招摇过市,旁若无人,黑氛障天,真不知人间何世矣! 看热闹者方且艳羡之,啧啧与杜、黄二人比盛,能知其非者盖千百中一人耳。

10 月 23 日(壬戌)星期一

晴,冷矣。上午六四,下午六三。65.8—50.9

依时入所,续注《释三九上》,毕之,并作姚姬传《古文辞类纂序》之解题。

夜小饮,饮后略坐便寝。

为文权补印请柬,幸原版未卸,得即时印成。

10 月 24 日 (癸亥 霜降) 星期二

晴冷。上午六二,下午六四。63.1—49.1

依时入所,续注《古文辞类纂序》。

夜持螯小饮,饮后少坐便睡。连日为潘事操心费力,深感疲乏,到晚已觉难支,幸旧疾未发,即枕入睡,得长此延续耳。否则殆矣。

生活书店以《文学》稿费十元送来。

仲华催为《中学生》撰文,日内拟即应之,奈事冗不得构思何!

10 月 25 日 (甲子) 星期三

晴冷。上午六三,下午六四。67.3—47.1

晨起补记二十二日以来事。

依时入所,续注《古文辞类纂序》。

散馆后与息予同出,在本店发行所坐候子敦,至七时乃遇之。于是同往大世界东首之青萍园小饮。谈至十时乃散归。蒙子敦致贺仪四元礼券,甚愧。

10 月 26 日 (乙丑 上弦) 星期四

晴和。上午六四,下午七〇。70.9—44.6

依时入所,注毕《古文辞类纂序》。

夜料理喜事,并写信两封。补记昨日事,记本日事。

昨夜多饮,又兼受凉,今日精神甚萎,头痛形寒,颇不舒也。溯自去夏发热以来,逾一年矣,今日其殆发热乎。

10 月 27 日(丙寅)星期五

晴阴兼作,转燠。上午六六,下午七〇。76.6—52.9

依时入所,注适之《请教育部颁行新式标点符号案》。

夜小饮。饮后看《十驾斋养新录》,备为《中学生》撰文。连日积倦,本有发热之势,夜坐提神,反觉好多矣。甚奇。

上海舆地学社与开明合组委员会事已谈妥,予被推为委员之一。将为改善模范地图事,着手草拟计画,备届时提出讨论云。

以后社中出版之图将冠以开明字样,在竞争营业上更将明显也。

10 月 28 日(丁卯)星期六

阴,夜半雨。六九。75.2—60.6

依时入所,注毕胡文。

建初来,因与息予偕之同出,先过其寓邀其夫人,然后同往青萍园晚膳。至十时乃散归。不觉又多饮矣。车中颠簸而归,殊不适也。

文权新屋已赁定北四川路老靶子路北首。

今日搬入,由陆妈过去主持烦事及守门等杂务。据云家伙器具俱设置周妥矣。

10 月 29 日（戊辰）星期日

阴，午后微雨时作。上午六九，下午六七。61.5—58.3

晨起补记前昨两日事，并看报。知宋子文辞职已确，政局早已酿变，亲日派必然抬头矣。唯江西剿共未见寸展，而四川东部又为徐向前所突破，不识主军者如何收拾耳。

下午在家贴剪自《申报》之现代书画，胡孟泉夫妇来，坐谈至三时许去。傍晚接剑秋电话，再赴青萍园晤之，并及建初夫妇。九时半散归。

10 月 30 日（己巳）星期一

晴，又冷矣。上午六二，下午六八。68.7—49.5

依时入所，注凌叔华《绣枕》毕，并为冰然看教本稿。

夜小饮。饮后作《中学生》文，立一间架，凡五百言，已十时许。倦极就睡，预备明后日续成之矣。

宋子文辞职已准，孔祥熙继，公债大跌，前途将有变动也。总之亲美派与亲日派已成短兵相接之局，斗法之日方长耳。据目下形势说，亲日派必见胜利，亲美派必暂屈伏，唯最后终有突转也。姑志之。

震平来，谈上海舆地学社近事甚悉。晚饭后去。乌青镇修志测绘地图事已与接洽，大约可行，明日当函告雁冰。

10 月 31 日（庚午）星期二

阴晴不定，夜雨。上午六三，下午七〇。72.1—45.0

依时入所，看傅稿毕，与之商洽。

夜小饮。饮后书帖子四副,封签单帖十二张,且补记两日来日记。本欲作文,兴退矣,且罢之。

前新疆省政府主席金树仁在南京被捕,据谓与苏俄擅订商约,而内蒙自治问题正急,中央有允许意,凡此俱与亲日派有关,华北前途,正堪殷忧也。

写信与雁冰,告震平意。

11 月 1 日（辛未）星期三

阴雨。夜月色好。上午六四,下午七〇。66.9—55.9

依时入所,注平伯《西湖六月十八夜》,毕之。第四册已注完,只待作敷演便可交卷矣。

夜小饮,饮后撰文,正欲捉笔而幽若至,坚拉打牌,遂辍之。打四圈已十一时矣,乃就睡。不意伊等续打,竟令人失寐,至二时后乃始朦胧云。宾朋酬答,至乐也,然牵此废事则苦矣。

11 月 2 日（壬申　朢）星期四

阴,转冷。上午六六,下午六五。64.9—49.5

依时入所,开始作第四册参考书之敷演。分配材料,调匀分量,颇费斟酌,第一课尚未能毕也。

夜方在家小饮,乃乾夫妇来,所购《九通》携至矣,甚感之。因共晚饭。饭后谈至九时三刻乃辞去。十时许即就卧,原拟赶作之件止得废阁矣。

报载商务同事周颐甫父子串绑戚友,北平大学生绑同学不赎而撕票,酿成箱尸奇案,上海留比学生冒用行政院委状骗取匡氏公司巨款。凡此种种者,从前固属骇人听闻,今乃数见而不鲜,足见一般的经济没落,而物质的享受却日趋日高也。

11 月 3 日(癸酉)星期五

晴阴兼至,夜雨。上午六一,下午六六。67.8—48.2

晨起补记前昨两日事。

依时入所,作毕第一课之敷演及习问,并及第二课敷演之半。

夜小饮,饮后正欲动笔而岳泰来,乃具酒享之,至九时半始去。检料一日琐事并写信复道始,遂至十时三刻,止得掷笔就卧矣,又何能更作一字乎?

内蒙自治恐已为倭所胜,似已成立政府。观于百灵庙王公之散去,与黄绍翃、赵丕廉之不敢前往,则此事之严重从可知矣。

11 月 4 日(甲戌)星期六

阴,下午放晴。上午六四,下午六九。70.2—54.9

依时入所,作完第二课敷演及习问,并及第三课敷演之半。下午三时,稼轩偕石卿及绍良来,举行第一次地图编审委员会,通过会章及付印《中国袖珍图》、《暗射图》、《上海交通图》诸案。尚有馀案,以时已过晏,不及讨论,留待下次集会时再商。六时乃归。

夜仍在家小饮,饮后略料检杂事,即抽暇撰文。只成一个楔子,已十一时有半矣,乃收笔而睡。

11 月 5 日(乙亥)星期日

阴雨。上午六七,下午六五。59.0—53.2

晨十时往安宁里访文杰,雨中初到,颇狼狈。与文杰谈宴客诸事,至十二时许乃行。乘车径往霞飞路觉林,东华、雁冰、丏尊、愈之、圣陶、调孚、六逸、河清俱已在,有顷开席,洪深亦至,谈至二时许乃罢,三时许始散。雨中与调、圣、雁同过商务廉价部一看,人甚挤而无所得,雨又大,乃驱车急归。

夜仍小饮,饮后续撰文,十一时睡,未毕也。

11 月 6 日(丙子)星期一

晴,寒意见矣。上午六三,下午六四。56.3—50.7

依时入所,撰文仍未毕,又处理杂事甚夥。

夜小饮,饮后续撰至十一时半乃睡。犹有尾文未了也。

报载日、俄风云陡紧,俄在三江口布防,日则遣久留米师团开往北满,虽各求示威,未必真打,而剑拔弩张,有触即发,恐终不免一碰耳。华北当局之亟与冈村勾结,有以也。沪传孙科、宋子文将联合反汪,实以为口实焉。

11 月 7 日(丁丑)星期二

晴冷。上午六〇,下午六一。60.6　37.4

依时入所,了毕尾文交仲华,题曰"读书与笔记"。续作敷演,完第三课。夜归仍小饮,处理杂务。

日、俄风云益迫,不知何日发难,俄方正式宣称备战,日亦大有不宣而战之概。一旦实现,东亚和平立破矣,不禁悚然。

11 月 8 日(戊寅　立冬)星期三

晴冷。上午五八,下午六四。67.1—37.6

依时入所,续作敷演,第四课将毕矣。

今夜本当至一品香贺由廛娶妇,以畏事未往,写信辞之。乃坚吾及叔旸见过,略谈即去。夜圣陶来,以天然忽染丹毒,特来一视之也。

小饮后仍处理杂务。

街头小贩盛喊日、俄开战,以未见报纸,不能证实也。

晨起补记四日事,夜补记五日以来事。

11 月 9 日(己卯)星期四

晴冷。上午六一,下午六四。70.9—45.1

依时入所,看卢芷芬《王安石》稿。

夜六时,与圣陶、息予、缄三共赴文权家,参观新房,然后同至北四川路天天酒家,盖今晚予与文杰具柬请媒也。至则道始、文杰、晴帆及金、何两牧师俱在矣,乃开席,至九时半散,各归。到家知翼之已来,喜甚,因与痛谈至十二时始寝。

盛传福建将独立反蒋,不识就里如何?

11 月 10 日(庚辰 下弦)星期五

晴冷。上午六一,下午六六。72.7—42.3

晨起料理粗毕,即出理发。及归,预雇之汽车已至,乃偕息予、翼之、组青并挈同、复两儿乘之,径往大加利。未几,文杰、文权亦至,乃布置幛联,并进午餐。饭后奔走于慕尔堂、大加利间,五时,行结婚礼,由予送潜儿至牧师前,异教人低头至此,甚窘,可谓为女牺牲矣!礼毕,立堂门前送客至六时乃得到大加利,客已云集,不及一一招待。如是迎送上下竟未贴席,至十一时乃稍进汤食。及事竣归家,已十二时半矣。疲劳之甚而招待不周,心耿耿焉,竟失寐。

11 月 11 日 (辛巳) 星期六

晴和。上午六四,下午六六。67.5—48.2

晨十时,往文权所,与文杰算付诸费,当即清交讫。道始全家俱至,文权乃驱车接珏人及大姊、七阿姨、翼之、幽若、琪官来,共往天天酒家午宴。至三时,予先归,与翼之同往中洲,晤硕民、剑秋、建初,同候息予,及晚,息予至,遂偕往青萍园小饮。谈至十时散,约明日看兽苑,仍来青萍园聚首。

大姊与七阿姨往看马戏,住济群所。

11 月 12 日 (壬午) 星期日

晴暖。上午六三,下午六五。66.7—43.5

晨起,早餐已,偕翼之挈同琪儿过访硕民于圣陶所,晤调孚,因与硕、圣、调及至诚等同车往大华故址看兽苑中喂兽。讵今日星期,观众云集,门口售票处之挤轧甚于马戏初开时,止得休矣。于是硕、圣、翼先归,予乃与调孚赴上海舆地学社之约,缓步前往。至则雪村已在,未几雪山亦至,乃开议,将前次尾事了毕。午饭后息予至,又续议至四时许乃罢。亟与息予赶至大千世界,原约之剑秋等均未见。遂走中洲,始晤剑秋、建初、习青,复电话约翼之来会。仍往青萍园小饮。十时散,归已将十一时矣。

吕氏大姊今日挈女来住,将小住数日焉。

11 月 13 日 (癸未) 星期一

晴暖。上午六五,下午六七。67.1—48.9

依时入所,看卢芷芬《王安石》稿。

文权偕潜华归,奉其母,与侄女俱。午饭时因以小饮。午后二
时许始到所。傍晚建初来所,又谈移时乃归。至则文权等已去矣。
翼之挈其女看马戏犹未回,乃先饮以待之,至八时半始返。与谈至
十一时,各入睡。明日伊且行矣。

11 月 14 日 (甲申) 星期二

晴暖。上午六五,下午六九。68.9—51.6

依时入所,续看卢稿并校《元人小令集》。饭前写信四封,复
颉刚、允言、乃乾、梦九,下午由雪村陪同参观美成印刷所。

夜归,锦珊姊丈在家候久矣,乃具酒享之。谈至九时,去。组
青亦在,十时,去。大姊等仍在楼上打牌,予乃核计此次喜事用度。
计酒席费二百四十元五角,当日汽车等开销杂耗四十三元,添妆时
钟二十一元,收礼开销脚力二十七元四角,凡三百三十一元九角,
记忆不起者不计,觋仪、送盘等不计。差幸亲朋惠我良多,不至十
分贴钱,否则窟窿大开,将何所弥补耶!

翼之于午前归去。

11 月 15 日 (乙酉) 星期三

晴,冷。上午六五,下午六四。64.9—52.3

依时入所,校《元人小令集》。

道始来柬约晚膳,并电约届时放车来接。珏人以大姊在家,未
能同去。适息予来,附车同行为道始所邀,遂偕赴之。坐有文权昆
弟、潜华及其姑,馀则道始一家人,谈至十时许乃散,仍坐道始之车
以归,顺道先送潜华。

后日圣陶四十初度,予与息予合送电银杯十具去。

11 月 16 日 (丙戌) 星期四

晴,突冷。上午五八,下午六〇。58.1—40.8

依时入所,校毕《元人小令集》一批,并续看卢稿。

夜归小饮。饮后与大姊、幽若、家英打牌六圈,牌终,再补前数日日记。及入睡,已十时许矣。

福建将组反蒋政府事已征实,惟沪报尚讳莫如深。

翼之书来,知已安抵家门,并告锦甫现住学士街王衙弄三号,作事则仍在齐门外公兴水果行。后有通信,可径寄矣。

七阿姨返苏去。

11 月 17 日 (丁亥) 星期五

晴寒。上午五六,下午五七。51.8—33.8

依时入所,续看卢稿毕,并接作参考书之敷演。

夜六时,与珏人挈清、润、滋三儿及缄三同往四马路同兴楼吃圣陶四十生日酒,潛儿方归,亦与焉。至则息予全家及丏尊夫人与两小姐、调孚伉俪、红蕉全家俱在,文权亦来会。八时三十分散,九时许到家。

闽局莫明底里,又有缓和象,殊难测也。

11 月 18 日 (戊子　十朔　月建癸亥) 星期六

晴冷。上午五六,下午五九。61.7—37.6

依时入所,仍作参考书敷演。

四时半与云彬同出,先过国货公司及永安、先施看菊花,无当意者,而价则奇昂。天短即晚,乃偕赴聚丰园煦先之约。至则煦先、梦痕、雪村已在,其后仲盐、调孚、圣陶、薰宇、丏尊来,即坐。既而愈之及为群先后至。谈至九时乃散,予则与圣陶同随煦先、仲盐过远东饭店少坐,十一时乃复偕圣陶乘十七路电车归。

福建事仍未分晓,日报则谓已有正式组织矣。

美、俄正式宣布复交。十六年中断之邦谊一旦恢复,于世界形势必有转移也。

11 月 19 日(己丑)星期日

晴暖。上午五九,下午六二。67.6—41.0

吕氏大姊今日去,刘氏二妹今日来,由珏人陪往濬华所。晚间八时,珏人归,二妹亦径返矣。

十时出,探铁笙病,已略好矣。谈至十二时,辞出。过仲弟所,适为生日,因留面,且小饮焉。谈至午后三时,乃出,访乃乾,晤之。未几,越然来,又叙谈至五时乃别去。予又谈至六时半乃归。归后小饮,晚饭后始见珏人自濬儿所返。今日本拟访晴帆,乃淹留各处,竟错失之。

11 月 20 日(庚寅)星期一

晴冷。上午五八,下午六〇。64.4—36.5

依时入所,续作参考。

前日道始电约,今日下午五时在事务所候予,因于散班后赴之。至则知为缪丏成所托,将邀予前往一商购书之事也。少坐,即与同赴赵主教路寓,遂夜饭焉。丏成初未之识,谈尚洽,饭后同往天蟾舞台看程砚秋之《聂隐娘》,谭富英之《断臂说书》。久不看平剧,亦正有合脾胃也。十二时半散,独坐车归,颇有戒心矣。到家后不能即睡,睡亦不甚好,至三时后始渐朦胧云。

11 月 21 日（辛卯）星期二

晴,有雾。上午五八,下午五三。74.3—44.6

依时入所,续作参考。

夜在家小饮。

福建事昨日已有正式官电拍发矣,惟此间多予扣留,故报纸莫有真相载明也。据日报,人民政府已成立,李济深为主席,下设行政委员会、军事委员会,陈铭枢主行政,蔡廷锴主军事。其它许锡清任财政,陈友仁任外交,章伯钧任教育云。又,徐谦、方振武、林植夫、何公敢俱各活动,派系纷歧,正不知何以善其后也。胡汉民似未往,大约主张不侔耳。

11 月 22 日（壬辰）星期三

晴暖。上午六五,下午六八。73.4—51.8

依时入所,续作参考。并出席函授讲义编纂委员会。

道始电约,予于五时许径赴之。至则丕成已在,旋虞仲言至,经介绍,知为惠中银行协理,旋又电约陈霆锐同会于小有天。六时许到彼,小饮至八时半乃散。席间彼辈召妓侑酒,散后复被拉过新会乐雪友三孃所小坐。终以不习,略延即辞出,径行归家矣。

丕成颇欲勉于学,与之谈,尚投契,然自谓内多欲而环境复诱之,深为惜之也。

李济深、陈铭枢等通电脱党,废□□□。

11 月 23 日(癸巳 小雪)星期四

晴。上午六六,下午六七。69.6—54.7

依时入所,续作参考。下午并写信一大批,藉清积欠。

散馆后,丐尊邀予及云彬、息予往马上侯吃蟹。谈及开明新组织,各所均设主任室秘书,浼予任编所主任室秘书。予无所不可,允正式成立后接理其事。

九时半散,十时到家矣。

11 月 24 日(甲午 上弦)星期五

阴霾,早暮重雾。上午六五,下午六六。63.3—54.3

依时入所,校《周易》白文,顺为圣陶觅取《索引》所遗诸条。

夜在家小饮。饮后挈复儿往百老汇看《爱奴敦之战》,无味。复且睡去。勉维至终场,抱之而归。

闽事已大白,组人民政府,发表政纲,改十九路军为人民革命军云。究竟如何,尚难观测,惟粤陈则颇见嫉视耳。

11 月 25 日(乙未)星期六

阴霾,不冷。上午六五,下午六六。68.2—54.5

依时入所,续作参考。

五时出,先过道始事务所,晴帆先在,谈悉镇江事已脱去矣。未几丕成至,谈书籍甚久。旋与同过蟫隐庐、中国书店及来青阁,俱无所得。乃别丕成、晴帆,而与道始同赴聚丰园中学生社之宴。到客綦众,挤满三席,予与道始、六逸、调孚、幼雄、纪元、颂华、均正、索非、仲华、息予、觉农同坐。八时许散,与调孚同过来青阁。

选购书籍多种,嘱于下星期一送开明。因即与调孚归。予到家已十时矣。

闽事甚烈,传蔡廷锴已率师北窥浙边矣。然闻之道始,则桂系未必合作,势且大孤也。

11 月 26 日(丙申)星期日

晴暖。上午六二,下午六三。66.7—51.7

上午在家看报并闲翻架书。

饭后往静安寺路延年坊访子敦。谈悉历史会事,南京方面如缪凤林辈尚有未洽处,已暂搁矣。三时辞出,四时半到濬儿所。汉、漱两儿已在,文权则尚未归,先饮待之。未几,缄三来。有顷,文权返。晚饭毕,打牌四圈,及归抵家,已十时许矣。缄三及汉、漱两儿偕予返。

蔡军侵浙边已证实,蒋亦调兵遣将,似将大举以临之也。内部如何不得知,恐未必有多大力量耳。

11 月 27 日(丁酉)星期一

晴。欲变未果。上午六一,下午六〇。65.8—45.8

依时入所,续作参考。

珏人挈汉、漱、润三儿往看海京伯马戏,四时半往,八时乃归。

夜在家小饮,缄三、天然与俱,直待珏人之归。

闽事特混沌,湘、粤联合以制桂,阎、黄钩连以牵冯,正在酝酿中。非至揭篇出台不能晓其真相也。南京之迎胡,李济深之走港,均系此,果为谣否,须静观其后耳。

上星六在来青阁购得之《南巡盛典》、《清续通考》、《三希堂帖》、《续清经解》,今已送来,计洋四十七元。

11 月 28 日 (戊戌) 星期二

晴冷。变定矣。上午五九,下午五八。56.1—41.0

依时入所,看彬然《社会课本》稿。

夜在家小饮,以珏人生日,故濬儿、文权俱来吃面。

复儿忽患牙痛,终宵不安,予为延至三时始入睡,深恐引动旧疾,颇不宁静矣。溯得疾之由亦为清儿夜不安睡所致,今值此,不免神经过敏耳。

11 月 29 日 (己亥) 星期三

晴,冷。上午五七,下午五九。63.9—43.5

依时入所,续看傅稿,并为圣陶写诸葛亮、岳飞事略,以备改撰课文。

濬儿偕清、复两儿及天然往看海京伯马戏,八时归,濬则径返新寓矣。海京伯明日演后即离埠它往,故连日观众甚挤,予亦以机会难得,怂恿珏人等往看之。

夜小饮。饮后少坐即睡。

天然潘氏之甥又来住,缄三未去,潘又来,顿觉挤轧矣。

11 月 30 日 (庚子) 星期四

晴冷。上午五九,下午六〇。60.4—43.7

依时入所,看毕傅稿,并接校《尚书》白文。

散班后往访锦珊,遂与其父子对饮。谈至十一时始归,薄醉矣。车中遇丐尊,询悉已十一时,乃恍然时晏耳。

福建军队纷向浙边集中,南京亦大调军队并四出拉夫。前锋已有接触,平阳且为人民政府军所占领。金融界消息究否可靠,尚待续报也。

12 月 1 日(辛丑)星期五

晴冷。上午五五,下午五六。57.9—34.5

依时入所,校《尚书》白文。

夜小饮,饮后即睡,以昨晚酒醉欠睡,竟无从支持也。

息予为开明事昨赴宁,今有书来,谓已安抵,晤雪村。明后日即须返沪也。

谣传闽军已深入浙,占瑞安矣。

12 月 2 日(壬寅　望)星期六

晴冷。上午五六,下午五八。61.2—35.4

依时入所,校活页文选一大批。

散班后与珏人同过圣陶,偕赴红蕉之宴。八时开饮,十时毕。又过小鹣谈,十一时半乃归。瀋儿、文权亦往,同时赋归。

冀野所印《宋词赏心录》已出版,今日购得十部,备分赠诸友之心赏宋词者。

12 月 3 日(癸卯)星期日

晴暖。上午五六,下午六二。66.7—38.3

晨起看报讫,十时往访晴帆。至则道始与一钱君俱在,谈至十二时,乃共往高长兴小饮,并午饭焉。饭后又偕赴豫园,看书画扇于梦月斋。历二小时许,乃出。复过利利文艺部,购得《故宫》三日刊十期,然后各归。

夜在家与墨林、天然小饮。十时乃散,珏人送墨林归。

12 月 4 日 (甲辰) 星期一

晴,转冷,浓雾。上午五八,下午五九。65.9—37.4

依时入所,续校《尚书》白文,毕之。犹待复校也。

震平来,《中学生》插图亦送到,惟尚未开账,不识较贵否也?据云,稼轩将至,但迄未见其来耳。

息予已自宁归,谓教育部年鉴事挑剔全在王世杰,大概为商务所嗾耳。兹已托力子及仲鸣前往说话,或可稍稍改好也。官场之混账如此,安所望政治清明乎!

夜小饮。饮后本拟为《中学生》撰文,乃伯庄、缄三坐谈不遽去,以此废事矣。十时就睡,竟未作一字也。

12 月 5 日 (乙巳) 星期二

晴,湿雾。上午六〇,下午五九。68.9—46.4

依时入所,复校《尚书》,并着手为函授学校选文。杂事蝟起,颇碍进行也。

吕氏大姊挈其女家英复来小住。

夜小饮。饮后大姊与珏人辈打牌,予则就灯为《中学生》撰文。至十时许,仅就八百言,倦矣,即睡。

南昌派飞机往泉州轰炸,死伤民众甚多,是直激民共起耳,飞机救国何说耶!加之各地拉夫,惨不忍闻,苛派勒索甚于寇盗,肆横至此,虽张宗昌之不若,乃欲居中号召,我徒见其衅积罪浮,贯盈自毙而已。

12 月 6 日 (丙午) 星期三

阴雨。上午五九,下午六二。60.4—42.8

依时入所,续作参考。

夜过圣陶小饮,同坐有丏尊、仲华、息予。谈至九时许,散归,续为《中学生》撰《关于用字》一文。十一时半睡。

文债甚迫,而连日有事牵缠,甚难排遣,颇不安也。

震平开账亦大,已如数付去,但以后恐难请教耳。

所中有意延揽鞠侯,丏尊属为写信探之。

立达学生黄业熊托介绍事情,已与丏尊说过,一时实无法,已照复之矣。

12 月 7 日 (丁未　大雪) 星期四

晴阴兼作。上午六一,下午六三。57.2—52.7

依时入所,续作参考书。

散班后赴坚吾之招,与梦岩、叔旸晤,知清泉已就事上海信笺公司矣,甚慰。少顷,守己至,因共往马上侯小饮。谈至十时许,乃散,梦、旸二公送予上车,甚感之。是夕不觉多饮,醉矣,归卧后几吐,幸即睡去为安耳。

未入馆前,续为《中学生》撰文。

12 月 8 日 (戊申) 星期五

阴雨。上午六三,下午六五。64.4—54.0

依时入所,续撰参考书。并接撰《中学生》文字。

散班后往访坚吾,复电约叔旸、梦岩仍饮故所,梦岩以杭州客至,未来,三人饮马上侯。谈至十时乃各散归。坚吾、叔旸送至抛球场,看予上电车,可感也。

12 月 9 日(己酉)星期六

阴雨,气闷湿。上午六三,下午六一。58.5—53.1

依时入所,校活页文选多篇。

夜小饮。饮后续撰质疑之解答,十一时寝,犹有尾文未毕也。

福建事,沪报甚混沌,日报则颇谓紧张,恐浙边必不免一战耳。南京方面,拉夫甚烈,驱市人而作战,残暴固已,其如不能收效何!倒行逆施至此,安见其可久恃哉!

明日开第二次业务会议后即将移入主任室,正式任秘书事。今后事剧,编书辄浅,成绩将一落千丈矣,奈何!

鞠侯有复信来,谓一时辞不去。

12 月 10 日(庚戌 下弦)星期日

阴,午后濛雨即止。六〇。57.7—49.6

晨八时,挈汉儿往先得楼,会坚吾、叔旸。早餐讫,已将十时,乃各归。饭后,予独往晴帆所访之,并送参考书三册应其缺。乃至则已偕尧年外出矣,坐待移时,不见归,即辞出,觅车径归寓庐。

濬儿婚已匝月,今日偕文权归宁。饭后,过孙家,即晚径返其家。

夜小饮,饮后少坐即睡。盖连宵赶撰《中学生》文字,今晨又早起了之,颇欠睡也。

12 月 11 日(辛亥)星期一

晴,转寒矣。上午五六,下午五七。52.3—38.7

　　依时入所,正式移坐主任室,为拟事务日记及审查稿件凭单各一纸。并校活页文选四篇。此后将专务编书为难能矣。予素惮人事,偏投深渊,可叹也。

　　夜小饮,补记一周来日记。并作随笔千言,曰《自讼》,备投《文学》新年号。

　　珏人挈濬、清两儿陪吕氏大姊及家英、幽若往东方书场听书。盖会串好书也。五时许便往,十二时许归。锦珊来,以大姊已出,少坐即行,约明日来接。

12 月 12 日（壬子）星期二

　　晴。上午五三,下午五四。55.4—34.7

　　依时入所,处理琐务,写信与鞠侯。商量编所组织之人选,大致已定。予为主任室秘书,兼编纂部编纂,编审委员会一般书组主任委员,活页文选组主任委员,中学书组委员,图书馆主任。居然仕宦景象,可笑也。

　　夜归小饮,饮后略坐即睡。

12 月 13 日（癸丑）星期三

　　晴。上午五三,下午五五。56.1—32.9

　　依时入所,为股款事作书与稼轩,编所各组织名单确立。看《袖珍中国地图》说明稿。

　　午间在丏尊所饮,与圣陶俱,盖陪张聿光也。开明少画人,故有意延揽之。

　　夜六时,与息予应梦岩之约,到信笺公司,晤坚吾、啸水、叔旸、云翼,共过马上侯饮焉。至九时半,散归,到家已十时许矣。

聿修来,谓世界书局将倒,被裁人员至众,彼亦其一,谈至十一时,辞去,约明日下午五时在高长兴叙晤。

吕氏大姊及家英今日上午归去。

12 月 14 日(甲寅)星期四

阴霾。上午五四,下午五六。55.9—34.7

依时入所,看稿及校《关于用字》。下午四时,稼轩来,仍淹缠,据理驳之,始无辞,然事实如此,恐终无良果也。

五时出,赴聿修之约于高长兴,未几,震平至,又有顷而息予偕墨君、硕纯至。知祝君为婚事出走,将出法律解决之一途,特托代介道始为之商问。作一柬与之,以得俾自往接洽也。九时半散,各归。

12 月 15 日(乙卯)星期五

阴雨,下午止,转燥。上午五七,下午六〇。51.4—47.8

依时入所,改作《辞通释例》两条,草函两封,并续作参考。

今日本有啸水之约,以连日出饮,过食晏寝,益以天时不正,竟大困,遂作书与坚吾属转谢之。乃电话数至,终却之矣。在家小饮,较为舒适,九时即就卧。

福建事报载甚沉寂,实则调兵遣将,双方均甚忙迫也。交锋之后,不难即时解决,盖不碰则彼此虚挺,莫知就里,一旦实做,强弱立判,不待对方之进攻而自己内部早成问题矣。

12 月 16 日(丙辰)星期六

晴冷。上午五五,下午五六。50.9—42.3

依时入所,续作参考。

夜小饮,饮后略翻架书,未几即睡。

明日宴坚吾、叔旸等,珏人因以大忙。

闽事混沌殊甚,岂新闻被抑耶?

举行编审委员会第一次谈话会。

12 月 17 日(丁巳　十一朔　月建甲子)**星期日**

晴冷。上午四六,下午四八。46.9—28.8

晨八时,往访道始,因与共诣丕成,谈至十二时许乃行。径到息予家,晤墨君、石莼,遂共饮焉。午后三时返。晚六时,叔旸兄妹先来,坚吾、啸水、云翼继至,最后圣陶亦至,乃开樽畅饮。谈至九时许始散去。

一日栗六,颇倦矣,故客去即就卧。

12 月 18 日(戊午)**星期一**

晴冷。上午四九,下午五二。58.1—28.0

依时入所,续作参考。下午开函授讲义组编审会,定过三日再开会。散班后赴高长兴,晤聿修,兼遇墨君、石莼,旋纬平、俊生、震平均来,甚欢洽,九时三刻散。聿修明日归苏矣。

连日吃酒,甚可笑,以后当稍敛抑之。

12 月 19 日(己未)**星期二**

晴冷。上午五一,下午五四。54.5—35.1

依时入所,处理杂务,兼校《元人小令集》及文选零篇。

夜在家小饮。饮后方欲伸纸为仲云撰《郑成功》,盖昨日来书催促者,乃倦眼饧涩,竟不能作一字。如此淹留,一事无成,真可笑已。

浙、闽间已开火,惟文电稽阁,报纸秘留,竟莫能详也。

福崇托转信与聿修,即为转寄苏州,并复之,托为丐尊购《彊村遗书》,又作书与鞠侯催教本。

12 月 20 日 (庚申) 星期三

晴冷。上午五一,下午五〇。47.3—31.1

依时入所,校《元人小令集》。

夜在家小饮。饮后少坐,即与珏人往东海看《春潮》。

欲作《郑成功》久矣,乃竟以倦疲而寝,似不能进行矣,灼甚。

曩为商务选注之《三国志》,排样方毕,适遭"一二八"之变,以为纸板被毁,无缘复见矣。今日该馆送样书五份来,谓已出版,意外收获,喜可知已,但商务一切被烧之说于是得一反证。

12 月 21 日 (辛酉) 星期四

晴,大冷。四七。48.2—25.3

依时入所,续校《元人小令集》。

今日为冬至夜,晚上祀先,撤筵后,合家饮福,并邀天然、伯庄、缄三同坐。饮方半,幽若来。饮后,幽若与珏人等打牌,而予则与润、滋两儿先睡。

12 月 22 日 (壬戌　冬至) 星期五

晴冷。上午四九,下午五二。50.4—28.8

依时入所,续校《元人小令集》。

夜在家小饮,饮后补记数日来日记。

漱石来,坐谈至九时半乃去。

购得石印《明通鉴》及申报馆旧尺牍等多种,费两元。售出者为中华图书馆。

12 月 23 日(癸亥)星期六

晴和。上午五〇,下午五一。52.9—27.7

依时入所,校《元人小令集》及文选数篇。

夜与圣陶共赴坚吾所,晤啸水、云翼、叔旸及坚吾之妻耐吾、叔旸之妹惠中,遂同到杏花楼。且饮且谈,至十时半乃散,扶醉归家已十一时矣。连日忙于吃酒,撰述之事永顿不前,甚无谓也。友人相晤,每以宵来,有何述作,直令人愧于回答,不禁面赤难耐耳。今后自当勉抑饮情,强奋撰述之志焉。

12 月 24 日(甲子　上弦)星期日

晴和。上午五一,下午五二。57.2—27.5

晨九时,往访剑秋,晤之。少坐同出,复偕过晴帆,遇乐耆于其寓。至十二时,同往四马路聚昌馆午饭。饭后同过利利公司文艺部,购得《故宫》五期。旋入城,茶于邑庙之里园。四时后出小东门,寻酒肆于里马路十六铺一带,终就饮于小东门街之老贤良。七时许即了,八时归。

南京军派大批飞机往漳州、福州轰炸,日报谓福州已如死城,小民被祸之烈可知。倒行逆施如是,而犹自命救国,直狗彘之不若矣!闽方固亦假借革命,而百姓之无辜遭殃,则万喙难辩者耳。

12 月 25 日（乙丑）星期一

晴暖。上午五二，下午五八。64.4—36.7

依时入所，校文选及处杂事。

玄儿来，交百元与我，嘱转震平取行期。盖震平先有信来示意者。大旨先取四分之一，图测竣再取馀数之半，交稿后复取最后之数。玄已应允，可无问题也。

今日开舆图编审会议第三次常会，稼轩于结束两合公司事仍延宕，予切责之，几拂袖，入晚归来，犹愤愤也。予素同情于稼轩，不图迁延无聊至于此极耳！

夜在家小饮。子玉来，谓已遣眷回兰溪接母矣。谈至十时，乃辞去，约明晚仍过此，夜饮后即将上船返青岛也。

12 月 26 日（丙寅）星期二

晴暖。还润。上午五七，下午六一。62.2—45.7

依时入所，校文选七篇并《周礼》白文数页。

与丏尊、墨林、圣陶、云彬、息予、彬然、调孚、均正、仲华合送雪村父母寿礼及雪山娶儿媳喜礼，共摊三元七角六分。

夜小饮。待子玉不至，甚忆之。文权、濬华来，打牌至十时后乃去。予则独坐补记四日来日记，并作书与震平、坚吾云。

12 月 27 日（丁卯）星期三

晴，大暖。上午五八，下午六七。64.8—49.8

依时入所，续校《周礼》白文。挂号寄捐启捐册还草桥同学会。

夜在家小饮。子玉仍不至。圣陶、墨林见过，乃打牌四圈。九时散。

购得金梁所辑《清宫史略》于中国书店，甚贵，价一元二角。

报载蒋飞闽侦察。闽同乡会电林森请切实制止飞机炸福州、漳州、泉州，以全民命。事实如此，尚有何说，只有静听时日曷丧之口号耳。

12 月 28 日（戊辰）星期四

阴霾，微寒。上午六〇，下午五八。53.6—46.8

依时入所，处理杂务并续作参考。

散馆后偕云彬、彬然、祖璋、仲华、调孚、均正往四马路致美楼贺章氏寿并贺娶孙妇。珏人偕云彬夫人先往。八时许席散，与珏人及调孚夫妇同车归。

滋儿连日以不适请假在家，今日稍好，到校后适逢检查体格，裸而冒风，本已不任，乃失足跌破鼻头，校中亦无人问，下午未去，入夜又发热矣。甚恼也！

12 月 29 日（己巳）星期五

阴雨。上午五六，下午六〇。54.3—43.0

依时入所，续作参考并处理杂务。

午间过丏尊、圣陶所，开明假其地宴教部科长钟灵秀并本店南京分店经理金桂荪也。同席者有丏尊、雪村、子良、圣陶、海生、均正、息予，主客凡十人。即席办一呈文交钟，托其转请部长王雪艇指派专员来沪负责签看《教育年鉴》校样事。

子玉来辞，明日须上船发青岛矣。

夜在家小饮。饮后少坐即就卧。

滋儿寒热已稍减,惟疲惫不能起坐。

12 月 30 日（庚午）星期六

阴,时有细雨。五六。50. 7—43. 2

依时入所,处理杂务并校文选数篇,布告元旦休假一天。

清泉及云六电约饮酒,辞之。

夜在家小饮,饮后与珏人、天然同挈同儿往百老汇看《蛮荒之花》。九时归,坐听小桂生苏滩《拆字》,至十一时乃睡。

12 月 31 日（辛未）星期日

晴。大冷矣。上午五三,下午五二。50. 5—31. 1

上午未出。下午二时与珏人、天然往融光大戏院看《蛮牛渡戆王》。在院中见潘儿与文权,以远隔未能呼应之。及五时散出,已不及遇之矣。予三人即乘十一路公共汽车往大马路,经历先施、永安,然后赴大新街大鸿运楼,饮章氏翁媪之寿酒。同人济济,塞屋填室,予则与云彬、圣陶等同坐。九时许散,乘车径归。

人事匆匆,又历一年,即正式入所以来,亦复一整年矣。百无一就,岁月空度,甚无谓也。

收信表

日期	人名	地址	事由	备考
1 月 10 日	郑心南	福州教育厅	寄就职宣言。	
1 月 12 日	金子敦	本市中华编所	复答虎如稿已函询矣。	
1 月 12 日	邱晴帆	镇江保卫委会	告到省,准备再度视察。	
1 月 13 日	金子敦	本市中华编所	快信告《备要》有人求售。	

日期	人名	地址	事由	备考
1月19日	又	又	告虎如欲抽版税。	
1月20日	又	又	告四集未弄妥,只得先取三集。	
1月20日	王翼之	苏州河沿街29	告教界大更动,托设法。	
1月21日	章子玉	青岛电话局	告已任电话局事。	
1月25日	金子敦	本市中华编所	复告中华照常工作不放假。	
2月11日	王翼之	苏州河沿街29	告其父病老,嘱转告其姊。	
2月12日	章子玉	青岛电话局	询前书到未,告近状甚适。	
2月13日	詹聿修	苏州世界编所	告近状。	
2月18日	王翼之	又　河沿街廿九	告幽若、漱石已归,其父神志尚清。	
2月20日	邱晴帆	本市霞飞路	告视察青浦返,并贺生子。	
2月26日	郑梦九	徐州后仓巷八号	复告在乡办牙税景况尚好。	
2月26日	孙道始	本市同孚路	复告将在大陆商场522设律师事务所。	
3月8日	王翼之	苏州河沿街廿九	飞告其父病殁,明日大殓。	
3月9日	姚达人	本市女子书店	告《女子月刊》已出,借重雪、铎圣名。	
3月13日	邱晴帆	又　霞飞路	约于本日午后五时见访。	
3月24日	刘虎如	金华县学前	催询稿件。	
3月25日	詹聿修	苏州护龙街872	托介编译工作。	
4月4日	薛用裕	又　东桥良利堂	告义坤表兄六十寿。	
4月12日	王翼之	又　河沿街廿九	快函问莹地所在。	

续表

日期	人名	地址	事由	备考
4 月 12 日	詹聿修	又 护龙街八七二	复告靖澜行踪。	
4 月 15 日	谭禅生	本市金神父路二九二	告迁居任中公教,并嘱撰稿。	
4 月 27 日	孙道始	又 长丰里十一	谓所寄《中学生》尚未收到。	
4 月 28 日	张福崇	真如暨大新村十五	谢参考书之赠,还赠《广韵研究》。	
5 月 6 日	郑梦九	本市孟渊旅馆306	告甫到,约今晚往谈。	
5 月 6 日	王翼之	苏州河沿街29	告明日上午挈眷来。	
5 月 12 日	又	又	告明日来接眷。	
5 月 15 日	张福崇	真如暨南新村15	询赠书到未。	
5 月 17 日	陈乃乾	本市白尔部路55	复告代查之人。	
5 月 17 日	王翼之	苏州河沿街29	谢扰,并告平安回苏。	
5 月 22 日	陈乃乾	本市白尔部路55	再告前查人之详历。	
5 月 25 日	邱晴帆	镇江省保卫会	托购《饮虹簃所刻曲》。	
5 月 29 日	又	本市霞飞路宝康里20	告返沪,约明月四日晤。	
5 月 29 日	张建初	苏州大儒小学	告业务进行甚顺。	
5 月 31 日	王翼之	又 斜塘小学	托转信与幽若。	
5 月 31 日	陈乃乾	本市白尔部路55	约四日往饭与沈伯经会。	
6 月 5 日	郑振铎	北平燕京大学	告近况,并托代保管书籍。	
6 月 11 日	陈乃乾	本市白尔部路55	告《新唐书》可收,并告其侣有病。	

续表

日期	人名	地址	事由	备考
6月11日	郑梦九	徐州东门外后仓巷八	复告近状,并答碎券将集寄。	
6月14日	王翼之	苏州斜塘小学校	告张礼已代送,共费十元多。	
6月15日	金子敦	本市静安寺路延年坊22	约后晚六时往饮。	
6月18日	王翼之	苏州河沿街廿九号	告再送建初二元礼券。	
6月17日	张福崇	本市暨南村十五	复告《饮虹曲》已得,将于晤时交来。	
6月19日	邱晴帆	又　宝康里二十	告将出门考课,仍询《饮虹曲》。	
6月22日	张福崇	又　暨南村十五	寄《饮虹簃曲》来。	
6月25日	邱晴帆	镇江保卫委员会	复谢代购书。	
6月25日	詹聿修	苏州护龙街八七二	告近状,并及芝九事。	
6月27日	陈乃乾	本市白尔部路五五	询绍虞行踪并《新唐书》下落。	
7月11日	顾颉刚	苏州悬桥巷	告已归苏,将赴杭。	
7月1日	郑振铎	北平成府燕大	告君箴已北上,暑中不南来。	
7月4日	张建初	苏州大儒巷	为靖澜售稿先容。	
7月6日	仲靖澜	又　蒋庙前34	寄《诗经别裁》求售。	
7月14日	陈乃乾	本市白尔部路55	复告顾出廿元一册价买《新唐书》。	
7月15日	邱晴帆	又　霞飞路宝康里廿	询立达仍开未。	

续表

日期	人名	地址	事由	备考
7 月 17 日	又	又	约十八午后五六时来谈。	
7 月 20 日	孙道始	又　大陆商场	寄宣言稿来托润。	
7 月 22 日	邱晴帆	又　霞飞路	复所以失约之故。	
7 月 22 日	詹聿修	苏州护龙街 872	询江宁县治及"一二八"上海损失统计。	
7 月 24 日	吴勋初	又　钮家巷 16	告致觉歇馆,并询上海学校状况。	
7 月 24 日	王翼之	又　河沿街 29	告其三女以肺炎殇。	
8 月 12 日	又	又	托转信与幽若速其归去。	
8 月 13 日	孙道始	本市大陆商场	复告文杰将来看予商一切。	
8 月 15 日	王翼之	苏州河沿街 29	询问病夏治疗情形。	
8 月 16 日	张福崇	本市真如暨大村 15	约二十日午饭其家。	
8 月 18 日	王翼之	苏州河沿街 29	托索地图手册。	
8 月 19 日	张福崇	真如暨大新村 15	快函促明午必行。	
8 月 23 日	孙道始	本市大陆商场	介绍赵光荣。	
8 月 28 日	王翼之	苏州斜塘小学	索地图,并询药名。	
9 月 8 日	吴勋初	又　钮家巷十六	告致觉丧妻,并告济昌人晏成。	
9 月 17 日	何柏丞	金华文昌巷廿二	介绍其侄德明来见。	
9 月 29 日	樊仲云	本市新生命书局	托查弓矢火药之发明。	
9 月 30 日	金子敦	又　中华书局	复允即送《本国史》下册。	

日期	人名	地址	事由	备考
10 月 3 日	陈乃乾	本市白尔部路 55	告代买铅印《九通》可并取。	
10 月 4 日	詹聿修	苏州世界第二编部	告苏州近状，并及世界市况。	
10 月 19 日	邱晴帆	本市宝康里 20	告近状，并约星期日小叙。	
10 月 26 日	罗惠若	盛泽后街廿号	告近状不顺，不能躬来贺喜。	
10 月 28 日	邱晴帆	本市霞飞路宝康里廿	告省寓在城内山门口六号。	
10 月 30 日	吕济群	南京三十四标军政部军事交通机械修理厂	先申贺意，或来吃喜酒。	
11 月 2 日	詹聿修	苏州世界第二编辑部	送贺礼来。	
11 月 2 日	俞平伯	北平清华大学	送贺礼来。	
11 月 3 日	孙道始	本市大陆商场	告刘、邱十日必到。	
11 月 4 日	李石岑	真如暨南大学	送贺礼来。	
11 月 5 日	章子玉	青岛交通部电话局	送贺礼来，并告已接眷。	
11 月 7 日	吴致觉	苏州十全街 144	送贺礼来。	
11 月 7 日	周允言	又　富郎中巷	告将来沪吃喜酒。	
11 月 13 日	郑梦九	徐州东关外后仓巷八号	与飞卿同送贺仪十元来。	
11 月 13 日	陈乃乾	本市白尔部路 55	告十日相左之故。	
11 月 16 日	王翼之	苏州河沿街 29	告安抵苏州，并告锦甫住址。	
11 月 17 日	朱佩弦	北平清华大学	寄贺仪四元来。	

续表

日 期	人 名	地 址	事 由	备考
11 月 22 日	苏继顾	本市商务书馆	复告《郑成功》正在重印中。	
11 月 22 日	王翼之	苏州斜塘小学	告近状，并复奖券已收到。	
11 月 22 日	陈乃乾	本市白尔部路	索取开明招股简章并史会章程。	
11 月 22 日	沈雁冰	又　四川路	托约震平于廿五日在开明谈绘图事。	
12 月 3 日	王翼之	苏州斜塘小学	复告近状，并言怀夫人将来申。	
12 月 4 日	黄业熊	本市小西门江阴街祥新里十号	托荐事。	
12 月 9 日	王鞠侯	杭州省立图书馆	复告为叔谅所留，一时不能走。	
12 月 23 日	又	又	复谓地理稿五分之二已寄出。	
12 月 23 日	陆震平	本市福煦路福润里五号	托转向雁冰陈取款办法。	
12 月 23 日	草桥同学会	苏州草桥	寄捐启捐册托募捐。	
12 月 23 日	詹聿修	又　世界第二编所	告已安抵家门，门牌十九号。	

发信表

日 期	人 名	地 址	事 由	备考
1 月 9 日	金子敦	本市中华编所	告虎如稿已收，请示条件。	
1 月 9 日	贝仲珩	苏州小王家巷	复告太平史料。	

续表

日期	人名	地址	事由	备考
1月9日	詹聿修	又　世界二编部	复告近状。	
1月14日	金子敦	本市中华编所	复约十六日下午往接洽。	
1月19日	又	又	托点交《备要》三集。	
1月20日	又	又	谢为书尽力，并送虎如契约。	
1月20日	王翼之	苏州河沿街29	复教厅无熟人，无能为力。	
1月22日	金子敦	本市中华编所	谢其力致《备要》四集上半。	
2月5日	王翼之	苏州河沿街廿九	告幽若近况，并告新生孪生子。	
2月12日	又	又	复慰其父病，并附幽若信去。	
2月16日	詹聿修	苏州护龙街	复告近状，并言入开明之故。	
2月16日	王翼之	苏州河沿街廿九	告幽若、漱石已归，并慰问其父病。	
2月16日	章子玉	青岛电话局	复告近状，并贺其得差。	
2月20日	郑梦九	徐州东关外后仓巷八号	陈近状，兼询其曾否出门。	
2月25日	王翼之	苏州河沿街29	函问其父近状并幽若等情形。	
2月25日	孙道始	本市同孚路长丰里十一	谢其太夫人来省并赐物。	
3月1日	又	又　大陆商场	专函奉贺律师开业。	
3月2日	张剑秋	又　打浦坊十号	约于五日上午来舍谈。	
3月8日	王翼之	苏州河沿街廿九	唁其丧父，并托代奠楮帛。	
3月9日	孟君谋	本市步高里五九	辞却星期珏人过访。	

续表

日期	人名	地址	事由	备考
3 月 16 日	曹铁笙	又 霞飞路 232	告徐稿开明拟不收。	
3 月 25 日	刘虎如	金华县学前	复告稿已转介新中国,售百金。	
4 月 6 日	金子敦	本市中华书局	托查巴下神译名数事。	
4 月 6 日	薛用裕	苏州东桥良利堂	复托代送寿仪四元与曹氏。	
4 月 6 日	詹聿修	又 护龙街八七二	复当留心代揽编件。	
4 月 12 日	王翼之	又 河沿街廿九	快函复告茔地在九曲港。	
4 月 18 日	又	又 斜塘小学	函谢濬儿在苏搅扰并赐物。	
4 月 22 日	谭禅生	本市金神父路二九二	复告当觅便撰稿。	
5 月 15 日	张福崇	真如暨南新村 15	复谢惠书,并约廿日六时酒叙。	
5 月 15 日	陈乃乾	本市白尔部路 55	告昨日不能赴丁宅之故,且托询数事。	
5 月 24 日	张建初	苏州大儒小学	转达开明意约定任编审。	
5 月 29 日	又	又	复告关于业务,以后径与雪村通信。	
6 月 1 日	郑梦九	徐州东门外后仓巷八	询别后状况,并索徐地纸币样子。	
6 月 1 日	陈乃乾	本市白尔部路 55	复告四日上午十一时往晤。	
6 月 1 日	邱晴帆	又 霞飞路宝康里 20	复告四日上午十时往晤。	
6 月 1 日	王翼之	苏州斜塘小学	复告信已分转并询县志出版未。	

日期	人名	地址	事由	备考
6月3日	又	又 河沿街廿九	托代办一绸幛,与丐、雪、圣公送建初。	
6月5日	郑振铎	北平燕京大学	复告近状,并允负责代管书籍。	
6月9日	陈乃乾	本市白尔部路55	告《新唐书》见残存卷数。	
6月9日	张福崇	真如暨南新村15	托为晴帆代购《饮虹簃所刻曲》。	
6月12日	陈乃乾	本市白尔部路55	复慰其侣病,并告《新唐》已转达前途。	
6月15日	王翼之	苏州斜塘小学	复谢代礼,并告幽若行程。	
6月15日	张剑秋	本市打浦坊十号	告建初吉期不克同往一贺。	
6月21日	张福崇	又真如暨南村15	复谢代购书,并约星六来小饮。	
6月21日	邱晴帆	镇江仁章路农民银行	复告书已购到,觅便奉上。	
6月28日	陈乃乾	本市白尔部路55	复告绍虞赴闽及《新唐书》待催。	
7月10日	又	又	寄贾君原信,《新唐书》索五十金一本。	
7月13日	又	又	催询前事,并托告绍虞两事。	
7月13日	仲靖澜	苏州蒋庙前卅四	以印刷能力不足退还原稿。	
7月13日	张建初	又 大儒小学	告退还仲稿之故。	
7月13日	郑振铎	北平燕京大学	复告近状,并托代告绍虞两事。	

续表

日期	人名	地址	事由	备考
7 月 16 日	陈乃乾	本市白尔部路 55	复告《新唐书》已向贾君接洽。	
7 月 16 日	邱晴帆	又　霞飞路宝康里廿	复告立达仍开。	
7 月 20 日	又	又	询为何连日不来赴约。	
7 月 20 日	孙道始	又　大陆商场	复寄宣言去。	
7 月 24 日	詹聿修	苏州护龙街 872	复告江宁及"一二八"上海损失。	
7 月 24 日	王翼之	又　河沿街 29	复慰殇女。	
7 月 25 日	吴劻初	又　钮家巷 16	复问致觉近况,并告上海学校情形。	
8 月 4 日	孙道始	本市同孚路	告儿女婚期。	
8 月 4 日	邱晴帆	又　霞飞路	又。	
8 月 16 日	王翼之	苏州河沿街 29	答问兼致意幽若。	
8 月 17 日	张福崇	本市真如暨大村 15	答二十日上午准赴约。	
8 月 18 日	王翼之	苏州斜塘小学	答地图可送,手册已完。	
8 月 23 日	孙道始	本市同孚路长丰里十一	答赵君事一时难洽。	
8 月 28 日	王翼之	苏州斜塘小学	答地图交推广部办矣。	
9 月 8 日	吴劻初	又　钮家巷十六	复慰致觉,并谈近事。	
9 月 18 日	何柏丞	金华文昌巷 22	答谈近状。	
9 月 20 日	陈乃乾	本市白尔部路 55	送还铜床,乞察之。	
9 月 27 日	金子敦	又　中华书局	索《本国史》下册之上下。	

日　期	人名	地　址	事　由	备考
10 月 4 日	陈乃乾	本市白尔部路 55	谢代购《九通》，印令金才往取。	
10 月 26 日	郑振铎	北平燕京大学	托代购《中国通史》讲义。	
10 月 26 日	邱晴帆	本市霞飞路	复告近日无闲奉访。	
10 月 26 日	罗惠若	盛泽后街廿号	复慰一切。	
10 月 24 日	王翼之	苏州河沿街	托代送荫生礼。	
11 月 8 日	计硕民	嘉善县立中学	邀来吃喜酒。	
11 月 6 日	章子玉	青岛电话局	复告近状，并谢来贺。	
11 月 11 日	陈乃乾	本市白尔部路 55	询昨日车接未值久候不来之由。	
11 月 14 日	又	又	复缓日过访倾谈一切。	
11 月 14 日	郑梦九	徐州东关后仓巷	复谢致贺，并及飞卿。	
11 月 14 日	顾颉刚	北平燕京大学	复谢缄送喜幛。	
11 月 14 日	周允言	苏州富郎中巷	复告久候失望，并及注书事。	
11 月 16 日	王翼之	又　河沿街廿九	询安抵否，并挂号寄券。	
11 月 21 日	苏继顾	本市商务书馆	请代查《郑成功》有无印出。	
11 月 23 日	陈乃乾	又　白尔部路	寄招股简章，并复史程已转金。	
11 月 23 日	金子敦	又　中华书局	询有无史会章程，如有，寄陈。	
11 月 23 日	孙道始	又　大陆商场	告索还著作并寄简章等。	
11 月 23 日	沈雁冰	又　四川路	复已转约震平矣。	
11 月 23 日	陆震平	又　福煦路福润里五十号	约廿五下午三时半来谈。	

续表

日 期	人名	地 址	事 由	备考
11 月 23 日	苏继顾	又　商务书馆	谢送来《郑成功》一册。	
11 月 26 日	王翼之	苏州斜塘小学	复告近状,并问宏侄病状。	
12 月 6 日	王鞠侯	杭州省立图书馆	微露延揽意,探其就否。	
12 月 6 日	黄业熊	本市江阴街	复已设法托人,但一时难谐。	
12 月 27 日	唐坚吾	又　交通路	告本星期内不能赴宴。	
12 月 27 日	草桥同学会	苏州草桥	挂号寄还捐启捐册。	
12 月 27 日	陆震平	本市福熙路福润里五号	送支票去,并问行期。	

收支一览表

月	日	收入要目	收入数额	月	日	支出要目	支出数额
1	1	上年转存	11.20	1	1	诸儿看戏	1.40
1	3	赢雀	4.00	1	1	偕同游园	0.40
1	5	开明息	7.23	1	5	香烟	1.00
1	9	开明本月上薪	75.00	1	5	输雀	1.40
1	16	预支开明稿费	300.00	1	5	补还前菜	0.40
1	20	下半薪	75.00	1	6	小皮箧	2.00
1	21	《中学生》稿费	6.00	1	6	同衣料	3.00
				1	8	《故宫》三期	0.24

续表

月	日	收入要目	收入数额	月	日	支出要目	支出数额
				1	9	家用珏用	60.00
				1	11	上月《申报》费	1.00
				1	12	输雀	1.00
				1	13	茶叶	1.00
				1	14	茶杯	0.40
				1	15	酒菜	0.60
				1	15	《文心雕龙札记》	0.90
				1	15	补购《备要》	300.00
				1	20	家用珏用	60.00
				1	20	做书架木梯	25.00
				1	22	还讫酒账	6.00
				1	24	开明役赏	1.60
				1	26	潽月费	2.00
				1	26	诸儿押岁	6.00
				1	31	杂用	2.00
		共收	478.43			共支	477.34
		一月应存	1.09				
2	1	上月转存	1.09	2	1	孔医师	10.00
2	1	开明版税	9.35	2	3	买书四种	1.20
2	4	本月上半薪	75.00	2	5	家用珏用	60.00
2	20	本月下半连膳	78.00	2	5	扣还缺班	2.50

续表

月	日	收入要目	收入数额	月	日	支出要目	支出数额
2	24	《中学生》酬稿	14.00	2	6	同用书包	1.90
2	24	潄、润、滋交存	40.00	2	6	酱鸡	0.40
				2	12	《故宫周刊》	0.56
				2	12	小醉天小饮	0.68
				2	13	还珏人	5.00
				2	14	《国音常用字汇》	0.43
				2	19	送息汽车	1.20
				2	19	补《申报》费	1.00
				2	20	扣缺班	2.55
				2	20	家用珏用	60.00
				2	20	枇杷膏	1.00
				2	20	茶叶、儿饵	0.80
				2	24	存入开明	50.00
				2	26	小世界看戏	0.50
				2	27	《约章成案汇览》	2.00
				2	27	给同儿	0.50
				2	28	点烟车力	6.12
		共收	217.44			共支	208.34
		二月应存	9.10				

月	日	收入要目	收入数额	月	日	支出要目	支出数额
3	1	上月转存	9.10	3	1	《鲒埼亭集》	7.00
3	4	本月上半薪膳	76.50	3	1	《诗品注释》	0.20
3	7	支开明活存	20.00	3	2	酱鸭	0.40
3	10	又	10.00	3	3	王宝和请梦岩	4.00
3	20	本月下半薪膳	76.50	3	3	儿饵	1.00
3	30	借息予	50.00	3	4	家用	50.00
				3	4	马翁捐款	2.00
				3	5	儿饵	1.00
				3	9	《经策通纂》	9.00
				3	9	《古经解汇函》	8.40
				3	9	《小腆纪传》	10.00
				3	9	《小腆纪年》	4.00
				3	9	《金陀粹编》	2.00
				3	9	严大德枇杷香	1.00
				3	9	补5日《故宫》六	0.48
				3	12	聚丰园聚餐	2.00
				3	12	理发	0.40
				3	20	给潜儿	1.00
				3	20	家用	52.00
				3	20	雪花呢半匹	8.53

续表

月	日	收入要目	收入数额	月	日	支出要目	支出数额
				3	20	预约《辞源》等	13.50
				3	20	补前保火险等	10.00
				3	20	《通鉴外纪》	2.00
				3	25	杭州饭庄聚餐	2.00
				3	30	《百岁叙谱》	0.86
				3	30	给家用	45.00
				3	31	轧见杂用、香烟	2.33
		共收	242.10			共支	240.10
			240.10				
		三月应存	2.00				
4	1	上月转存	2.00	4	1	古益轩聚餐	2.00
4	5	本月上半薪膳	76.50	4	5	家用	60.00
4	20	本月下半薪膳	76.50	4	5	吊谭廉逊母	2.00
				4	9	《中华故事》等	2.16
				4	9	皮兔皮象	0.90
				4	9	《故宫周刊》	0.80
				4	9	泰丰饼干	1.00
				4	10	《古史甄微》	0.45
				4	11	《方舆序详注》	0.27
				4	12	两月报费	2.00
				4	17	《文物》第一册	2.00

月	日	收入要目	收入数额	月	日	支出要目	支出数额
				4	20	贺庄百俞取媳	2.00
				4	20	家用珏用	60.00
				4	23	高长兴酒	2.50
				4	23	《故宫周刊》	0.32
				4	25	电灯泡1	0.60
				4	28	书四种	2.75
				4	28	茶叶二两	0.20
				4	29	《邵亭知见书目》	2.59
				4	30	儿饵	0.50
				4	30	杂用、香烟等	6.36
		共收	155.00			共支	151.40
			151.40				
		四月应存	3.60				
5	1	上月转存	3.60	5	5	家用珏用	60.00
5	5	本月上半薪	76.50	5	5	《书目答问补》	1.60
5	14	借珏人	11.00	5	5	小说书目二种	2.30
5	20	本月下半薪	76.50	5	6	《故宫》四期	0.32
5	25	借圣陶	10.00	5	6	高长兴小饮	2.62
				5	11	《申报》一月	1.00
				5	14	《清史讲义》	1.00
				5	14	坟粮	0.50

续表

月	日	收入要目	收入数额	月	日	支出要目	支出数额
				5	14	翼家儿见面	2.00
				5	14	濬儿	2.00
				5	14	茶叶五斤	5.00
				5	14	补五日贷铁笙	10.00
				5	20	家用及还珏	70.00
				5	25	余祥森父开吊	1.15
				5	25	互生开吊	2.00
				5	25	仲盐子弥月	1.92
				5	31	结见烟、另用	8.29
		共收	177.60			共支	171.70
			171.70				
		五月应存	5.90				
6	1	上月转存	5.90	6	1	还圣陶	10.00
6	1	沪纪版税	12.80	6	1	吊赵厚斋父	1.00
6	5	本月上半薪膳	76.50	6	2	输雀	1.80
6	20	本月下半薪膳	76.50	6	2	邮票	0.10
				6	2	补所役赏	0.60
				6	3	《文学论》等	0.86
				6	4	《故宫》八期	0.64
				6	5	家用珏用	60.00
				6	5	《事类统编》	3.00

续表

月	日	收入要目	收入数额	月	日	支出要目	支出数额
				6	6	瀋儿月费	2.00
				6	7	《名人年谱》等	1.95
				6	10	上月《申报》费	1.00
				6	11	《留青新集》	1.20
				6	11	儿饵	1.00
				6	12	金才节赏	2.00
				6	18	香烟	1.20
				6	18	理发	0.40
				6	20	家用珏用	60.00
				6	20	吊叔琴父	2.00
				6	21	邮票	1.00
				6	21	送铮子代楮	1.00
				6	21	托珏备肴	2.00
				6	21	钞费、添菜	1.00
				6	21	捐丁及会	1.00
				6	21	贺建初续娶	2.24
				6	26	在苏杂用	2.00
				6	26	买书	2.00
				6	27	聚会	2.00
				6	30	轧见杂计、请芝九二元	5.21
	共收		171.70			共支	170.20

续表

月	日	收入要目	收入数额	月	日	支出要目	支出数额
			170. 20				
		六月应存	1.50				
7	1	上月转存	1.50	7	2	《故宫》七期	0.56
7	2	借珏人	2.00	7	2	高长兴饮	1.60
7	5	本年一至六升工	91.00	7	2	儿饵、佛手等	1.00
7	7	本月上半薪	77.50	7	5	续定《大美晚报》	0.60
7	20	本月下半薪	77.50	7	5	还讫息予	50.00
				7	5	还珏人	2.00
				7	6	潜儿月费	2.00
				7	7	存学费	30.00
				7	7	家用珏用	60.00
				7	7	高长兴	3.00
				7	7	《草字汇》	1.20
				7	10	预约年表事	4.95
				7	12	皮鞋大小各一	9.40
				7	13	上月报费	1.00
				7	13	冰食	0.80
				7	18	南货	0.80
				7	18	《历史研究法补正》	0.90
				7	18	《中国史学史》	0.50

月	日	收入要目	收入数额	月	日	支出要目	支出数额
				7	20	家用珏用	60.00
				7	20	吊铮子花圈	2.00
				7	22	《楹联丛话》等	2.12
				7	23	《故宫周刊》七期	0.56
				7	26	《年表》等两种	1.15
				7	26	儿饵	0.40
				7	27	请钞书	1.00
				7	31	毛笔六枝	1.38
				7	31	赠禹洲家	1.66
				7	31	车力、杂耗	2.92
		共收	249.50			共支	243.50
			243.50				
		七月应存	6.00				
8	1	上月转存	6.00	8	3	理发	0.40
8	5	本月上半薪水	77.50	8	5	家用珏用	60.00
8	19	本月下半薪水	77.50	8	5	潘儿月费	2.00
8	27	剑还酒代	3.20	8	7	《读书杂志》	1.60
				8	7	看电影及冷食	0.50
				8	7	《大美晚报》	0.60
				8	11	《故宫》五期	0.40

续表

月	日	收入要目	收入数额	月	日	支出要目	支出数额
				8	12	《芥子园》等书	3.96
				8	12	点心饼干等	1.00
				8	13	《诗韵全璧》	1.35
				8	16	中国分省图	2.00
				8	15	饼干一听	1.00
				8	20	家用珏用	60.00
				8	26	《书法正传》	0.45
				8	27	《故宫》五期	0.40
				8	28	古益轩聚餐	3.00
				8	28	《桃花扇》	0.10
				8	29	《申报》及送书车	2.20
				8	29	贺君甸婚	2.00
				8	31	车力、香烟杂	12.59
		共收	164.20			共支	155.55
			155.55				
		八月应存	8.65				
9	1	上月转存	8.65	9	1	《中华通史》上	4.05
9	5	本月上半薪膳	77.50	9	4	翁帖等八种	1.20
9	18	《中学生》稿费	30.00	9	5	家用珏用	60.00

月	日	收入要目	收入数额	月	日	支出要目	支出数额
9	20	本月下半薪膳	77.50	9	8	历代疆战合图	3.50
				9	8	补五日汽车	1.20
				9	14	《房龙地理》	1.95
				9	17	匠人酒资	0.60
				9	17	善元泰小饮	0.40
				9	18	贴负供应	30.00
				9	20	扣缺三班	7.75
				9	20	家用珏用	60.00
				9	22	杏花楼小酌	3.00
				9	27	呢帽一顶	2.85
				9	30	知味观小饮	2.50
				9	30	香烟、车力、杂耗	13.25
		共收	193.65			共支	192.25
			192.25				
		九月应存	1.40				
10	1	上月转存	1.40	10	1	活动铅笔一	0.90
10	3	本月上半薪水	77.50	10	2	金才节赏	2.00
10	14	二十一年度股息	80.94	10	3	家用	50.00

月	日	收入要目	收入数额	月	日	支出要目	支出数额
10	18	二十一年度红利	93.00	10	3	华坤节赏	0.60
10	20	本月下半薪水	77.50	10	4	诸儿看戏	1.00
				10	5	同儿校帽	0.90
				10	5	邮票	1.00
				10	8	添菜、看电影	2.50
				10	9	《花草粹编》	5.00
				10	12	马戏券	1.00
				10	14	交家制衣	80.00
				10	19	糖饼干及茶	3.00
				10	19	海国香菜	10.00
				10	19	给乡兄	5.00
				10	19	母募人力车	2.00
				10	19	印请帖谢帖	12.50
				10	20	家用珏用	60.00
				10	20	扣十二缺一班	2.65
				10	20	邮票	1.00
				10	23	《字辨》	0.40
				10	23	昨先得楼	3.00
				10	28	延年谱子石印	2.45
				10	28	布纹信封	0.80

月	日	收入要目	收入数额	月	日	支出要目	支出数额
				10	31	香烟、点心、杂用	25.14
		共收	347.34			共支	272.84
			272.84				
		十月应存	74.50				
11	1	上月转存	74.50	11	1	存入上海银行	70.00
11	4	本月上半薪	77.50	11	4	家用珏用	60.00
11	10	取上海银行存	60.00	11	6	唱片等	4.00
11	20	本月下半薪	77.50	11	8	《霞客游记》	1.26
11	20	《中学生》酬稿	9.00	11	9	香烟三听	1.00
				11	14	商务、世界书	1.68
				11	14	邮票	2.00
				11	14	贴入十日开销	60.00
				11	14	补十一青萍园	5.40
				11	18	香烟九听	3.00
				11	20	扣缺班	10.33
				11	24	书十三种	3.50
				11	24	《历史大系（三）》	3.95
				11	24	《宋词十大家》十本	2.80

续表

月	日	收入要目	收入数额	月	日	支出要目	支出数额
				11	30	喜事贴用	69.58
		共收	298.50			共支	298.50
			298.50				
		十一月无存	0				
12	2	支开明活存	10.00	12	2	吊致觉夫人	10.00
12	19	红利尾找	30.00	12	2	《历史大系(十九)》	2.86
12	20	本月薪膳	155.00	12	3	《故宫周刊》	0.80
12	25	《中学生》酬稿	10.00	12	3	点心	0.36
12	31	存款利息	120.00	12	8	马上侯小饮	3.40
				12	12	中华书三种	1.13
				12	14	高长兴	6.50
				12	20	家用珏用	120.00
				12	20	添菜请唐、王	5.00
				12	22	《明通鉴》等	2.07
				12	22	四儿定额费	8.00
				12	22	补《申报》	1.00
				12	24	茶资及《故宫》等	0.80
				12	25	呢大氅一件	34.00
				12	26	送雪村、雪山礼	3.76
				12	27	《清宫史略》	1.20

月	日	收入要目	收入数额	月	日	支出要目	支出数额
				12	30	林文忠公写经	0.45
				12	31	加股一股	100.00
				12	31	轧见杂用、明年日记	1.47
		共收	325.00				303.00
			303.00				
		十二月应存	22.00				

1934年(民国二十三年)

1月1日(壬申　望　元旦)星期一

晴寒。上午四九,下午五〇。

晨九时许,道始见过,因与同访晴帆,共饭于其家。洛耆亦至。饭后同过墨林书画店,又至邑庙高、洪两家古董店看扇面。五时许,乃辞归。

是日珏人挈诸儿过潜儿所,夜饭后始返。

一年容易,又值新正,国事私事,同无进步,未何足贵!颇思及时自奋,勉图自益,其如惰根已深,不任自策何!虽然,疲惫者弗忘雄健,瞽聋者弗忘视听,岂长任迁延,坐看月日之逝乎!而今而后,其当有所自处矣。

1月2日(癸酉)星期二

晴寒。上午四七,下午四九。

今日开始办公,处理所务,惟杜、章间纠纷未解,一切不无停顿,殊感不快也。

散馆后赴廉逊善元泰之约,云六因事未到。二人对饮,且谈且笑,不觉过饮矣。比九时许散出,已大醉,如何归来且茫然不忆。睡至三时,酒力作,醒来大吐,嗣是频呕以迄于天明,苦极!久不过醉,今竟复然,甚不解所谓也。

1月3日（甲戌）星期三

晴寒。上午四七，下午四八。

依时入所，续作参考，并处理杂事。

昨宵宿醒未清，晨起且频频作呕，勉强入所，殊觉疲乏也。

夜不敢复饮，晚饭后独往百老汇看《人猿泰山》。泰山能役使百兽，飞猱林樾，如履平地，游泳屠鳄，搏击狮豹，真神技矣！观竟，不觉倦，安然归寝，殊苏适耳。

1月4日（乙亥）星期四

晴寒。上午四七，下午五〇。41.5—25.5

依时入所，续作参考，并发信致各书坊要求予开明图书馆以特别折扣。又校文选两篇。

夜归小饮，复常态，亦不觉有如何不舒也。

开手写新生命书局委编之《郑成功》，约六百言，十一时睡。

报载闽军已入泰顺、庆元，赣中红军亦突袭南昌。道路传言，且谓闽军已到永嘉，红军亦包围南昌甚急云。

1月5日（丙子）星期五

晴寒，有冰。上午四六，下午四八。41.5—23.9

依时入所，续作参考，并校文选。

夜在家小饮。饮后续作《郑成功》，又得六百馀言，十时三刻睡。未饮之前，珏人、天然等打牌，因延至六时半始饮，八时半乃开写云。否则或可多写一些也。

闽宁之争，箭在弦上，胜负之数，未知谁属，转瞬岁终，百业之命悬焉,长此相持,终恐同归于尽耳。

1 月 6 日(丁丑)星期六

晴,较昨稍和。上午四七,下午五〇。45.5—26.1

依时入所,续作参考,并校文选及处理杂务。

下午与圣陶、调孚、雁冰、学庸、索非、均正往杨树浦路天章造纸厂参观,四时回所。该厂规模不大,而出品尚好,观其由破絮碎布以至成纸装包,秩序井井,至有趣味也。

夜归小饮。幽若自苏来,知恩光殆将不起矣。

珏人挈清、汉两儿与天然、伯庄往大世界看新剧《刁刘氏》。幽若即行。至八时后,予乃续作《郑成功》。十二时,贾家来请天然收生,予急盼不归,颇为耽忧。至一时十分乃见归,即令前往,清儿佐之。三时馀,清儿以炭晕归。天平明,天然归。终宵栗六,竟失寐矣。

1 月 7 日(戊寅)星期日

阴霾,有雪意。夜雪。上午五〇,下午五二。45.9—33.3

依时入所,处杂事。下午偕息予、均正、索非、玄珠往曹家渡参观江南造纸厂。——应移下于明日。误记于此。

晨九时,出席本所业务会议,十时半散。与息予、调孚同过雪村所,其母生日,因留饮焉。近午归饭。饭后出,颇思购食薰着甲,乃利利人云须缓日始有,大失望,即走紫阳观购得醉蟹一坛归。夜小饮,饮后小坐即寝,盖昨晚失眠,亟待补偿也。

1 月 8 日(己卯)星期一

阴霾,微雨即止。上午五〇,下午五二。45.5—32.0

依时入所,处理杂务。下午到曹家渡参观江南造纸厂,承其工程师梁彬文导引,备精到。最后由厂长陈彭年接待,诸事满意。五时半离厂,六时过道始。谈开明拉股事,承允张罗。七时辞归,仍小饮,饮后未及写字,即就寝。盖前晚失寐,影响及于数日之后也。

日与纸亲,竟不识纸如何成,用何料作,连看天章、江南而中西纸张之不同与造法居然得其大较矣。天下知识何限,不亲历实不能称知之也。今后益觉空虚矣!

1月9日(庚辰 下弦)星期二

阴雨。上午五二,下午五五。48.2—40.5

依时入所,校文选及处理所务。写信与道始、晴帆。

夜在家小饮。饮后为幽若写信,并补作前三日记事。

报载溥仪称帝将于三月一日实现,日报亦不复讳之矣。宁军有攻下延平说,闽军有过平阳说,消息多歧,殊未易悬断谁败谁胜也。大概仙霞关一路宁方较有利,沿海一路则闽方似占胜着耳。

1月10日(辛巳)星期三

阴,转寒,放晴。夜冻。上午五五,下午五〇。44.6—42.1

依时入所,续作参考,并处理杂务。

夜六时,赴坚吾约,与啸水、梦岩同往爱多亚路都益处旧址陶乐春小酌。十时始散,坐人力车归。沿途甚寒,到家已将十一时矣。

幽若、漱石俱在,知接苏州长途电话,恩光已病殁于福音医院。

从此慧若无依,将成一大问题,翼之肩上又多一重压迫矣。幽若翌晨即返苏。

1 月 11 日(壬午)星期四

晴寒。上午四七,下午四八。39.0—27.9

依时入所,处理杂务及续作参考。

夜在家小饮。饮后圣陶夫妇来,与珏人、天然打牌,予乃与伯庄、缄三同往融光大戏院看《情医》,九时半归,打牌犹未歇也。十时许牌散,客去,予始就寝。前草之《郑成功》又停顿矣。

报载福建大失利,延平已为宁军所得,将进困福州矣。厦门亦为海军占领云。然日报犹为福建声辩,谓因战略而放弃延平也。真相如何,不可知也。

1 月 12 日(癸未)星期五

晴,沍寒。上午四四,下午五〇。37.4—23.7

依时入所,为云彬看《文学史话》稿,并草《编审委员会组织大纲》及《编审会议议事规则》。

夜在家小饮。文权、潛儿归来,十时去。遂又阁笔,不能进行《郑成功》稿也。又着一重心事,精神上颇不宁贴耳。灯下自誓,在下星期中必将该稿完成之,且为《中学生》草文一篇。

1 月 13 日(甲申)星期六

晴寒。上午四二,下午四六。41.0—21.2

依时入所,续作参考,并商应付上海舆地学社两合公司解散事。散班后往访道始、晴帆于大陆商场,兼晤洛者。息予有藏箧三,一倪墨耕山水人物,一金心兰梅花,一吴昌硕早年篆书,托予售与道始,价十金。谈至七时,道始有事先行,予与晴帆、洛耆过饮于王宝和。九时半散,十时到家。

报载宁军迫近福州,而日报则谓宁军在水口大败,倒退七十里。真相究竟不明,双方新闻政策使之然也。

1 月 14 日 (乙酉) 星期日

阴霾,下午雨。上午四六,下午五〇。42.8—26.6

晨起阅报,知十九路军已退出福州,海军陆战队已入城接收各机关云。所谓人民政府者又成泡影,两月以来徒苦真正百姓耳。复何言哉!

午刻,晴帆、洛耆来,具酒食享之。午后二时去。珏人先已挈诸儿往韦家吃午饭,独留同儿侍予。至此,倍感岑寂。适祖璋来,因谈移时乃去。

夜在家小饮,饮罢,珏人等始归。归后闲谈,至九时就寝。

1 月 15 日 (丙戌　十二朔　月建乙丑) 星期一

雪,上午四六,下午五二。39.2—35.1

依时入所,处理杂事,并为明日开编审会议预编议程。

夜归小饮,饮后为《中学生》撰一文,题为"关于研究本国地理的几件工具"。至十二时半始睡。

稼轩有通知书来,约明日下午六时在致美楼开结束会议。

1 月 16 日 (丁亥) 星期二

阴雨,夜止雨收燥。上午四八,下午五〇。40.3—31.5

依时入所,处理杂务。下午三时开第一次编审会议常会,五时散。

六时许,与圣陶共过发行所,会同雪村、雪山同赴致美楼稼轩之约。石卿、震平俱去。八时食已,复同至发行所开会,结束上海舆地学社两合公司事。稼轩种种不合,尽情毕露,予等群起纠之,几决裂,辨论至一时始散,勉强解决,然所投股本恐尽付东流矣。散出后,路无行人,乃与雪村、圣陶共乘汽车以归。提神太烈,直至三时半乃稍入睡,痛苦之至。

《关于研究本国地理的几件工具》一文已交与仲华。

1 月 17 日(戊子)星期三

晴,午后阴。上午四六,下午四九。41.0—30.4

依时入所,处杂事,并详校《中国分省暗射图》稿。

为昨晚少睡及稼轩事萦心,颇不适,夜归小饮后竟无心作事,九时即就卧。

商务所出《四库全书珍本目录》及《四部丛刊续编目录》已索得,珍本无足贵,续编则颇有可采,当为开明图书馆继致之。

《文学》新年试笔稿费四元今日送来。

1 月 18 日(己丑)星期四

竟日大雪,但不见积。上午四七,下午五〇。34.3—31.6

依时入所,续校《中国分省暗射图》。写信复鞠侯,并处理杂务。

散班后,丐尊约过饮其家,因与圣陶三人共饮。饮后谈至八时许乃归。补记四日来日记。连日旁骛,不能坐定作文,甚乏味,然人事使然,欲脱无由,亦只有忍受而已。

福建事尚未了,孙殿英、马鸿逵又在宁夏磴口县作战。方叹南北民众之遭际,而倭军复突攻察东,溥仪筹备称帝甚亟,河北、山西终恐颠危耳。奈何!

1 月 19 日(庚寅)星期五

雪霁,加寒。上午四五,下午四八。40.3—23.7

依时入所,处杂务,校文选,己事竟无能抽空为之矣。

散班时接道始电话,约即刻来家面谈。因即到家候之,与对饮。未几,文权、潏儿亦归,谈至十时始去。复儿从其姊去,恐小住一二日始归也。下星期二,文权、潏儿将赴扬州一行省其母姑。

1 月 20 日(辛卯)星期六

晴,冱寒。上午四三,下午四二。33.6—23.2

依时入所,处理杂务,并为彬然看稿。

稼轩事各方牵掣,其中颇有乘危勒价及金壬播扇之情,精神受刺极矣!予甘心以血资任运,片蚨不返无怨,今后将不问其事,听自然变化可耳。

散班后饮圣陶所,七时半归。坐听无线电播音,至十时寝。

1 月 21 日(壬辰　大寒)星期日

晴,冱寒。上午四一,下午四二。37.9—18.9

晨十时赴道始之约,坐至十一时半,晴帆、洛耆来。共赏藏簏。十二时饭。饭后同往豫园,又过梦月斋闲看。五时往晤坚吾,略谈便行,约星期五再见。旋过冠生园茶叙。六时,到王宝和小饮。八时散,各归。

归后听书为娱,适墨林在,因打牌四圈。

1 月 22 日(癸巳　上弦)星期一

晴寒。上午四二,下午四一。37. 9—20. 7

依时入所,看稿并处理杂务。

夜小饮,饮后方听书,雪村过我,谈稼轩事。良久始去,予亦就睡。日来为此扰之,极无聊,当时多此一口,至今受累无穷,思之不胜自恨!

1 月 23 日(甲午)星期二

阴寒,下午飞雪,入夜止。上午四一,下午四〇。38. 7—22. 6

依时入所,校《元人小令集》及处杂事。

夜小饮。饮后不怡,闷坐至九时即寝。稼轩事一日不决,对开明一日不安,刺心甚矣。

先春、早春今日预作周岁,珏人率诸儿往会,傍晚始归。

文权、潘儿今日返扬,清儿、漱儿、滋儿住其家代照门户。

1 月 24 日(乙未)星期三

晴寒。上午四二,下午四〇。39. 6—22. 5

依时入所,处杂事及校书。

散班后与圣陶、调孚赴东华之约于南京饭店。在七楼十四号开房间,到振铎等十三人,盖铎前日自北平来,今集友欢叙也。谈至八时,至二楼灵谷厅聚餐。九时许席散,复返七楼谈,至十时三刻乃散归。抵家已十一时许矣。

1 月 25 日（丙申）星期四

晴寒。上午四二,下午四〇。41.7—19.0

依时入馆,以稼轩事,即与雪村、丏尊、息予到发行所,商量办法,延法律顾问查人伟律师莅商,粗有办法,已二时矣。乃草草在外食已,即在发行所开会讨论全公司文件处理办法,对于收发、保管各端,俱有议定各事,归息予整理。五时半乃径归小饮,饮后闷坐片晌,九时即睡。

1 月 26 日（丁酉）星期五

晴寒。上午四〇,下午四二。39.9—14.9

依时入所,稼轩事又作,彼将自由召卖公司财产,竟来吊取纸型等件,乃用有限股东全体名义委托查人伟律师登报声明制止,并由查人致函稼轩制止之。予本在小有天赴振铎之宴,以此临时赶赴发行所,未克与筵。予为此事,不仅智尽能索,亦且焦头烂额矣。恨甚! 十时半始归。升火不寐,至一时乃睡。

今日本约坚吾与谈,因稼轩事临时电话辞之。

云六电话来,约廿九下午六时在大三元酒叙。

1 月 27 日（戊戌）星期六

晴寒,下午回暖。上午四〇,下午四四。46.2—16.7

依时入所,处未了事。散班后与珏人挈同儿过乃乾所,问其妇疾。因得展观其新收黄子寿（彭年）家所藏书画卷册多种。七时许辞出,晚饭于西新桥街之青萍园。九时到家。

稼轩见报及律师信,即改变态度,又来施迷。下午二时到编译所召开舆地社股东会,希图议决处分财产。陆震平未到,馀俱到。会以外债未核定之前碍难处分,无结果而散。大约又有变幻起落也。

1 月 28 日(己亥)星期日

晴寒。上午四四,下午四八。53.1—25.7

晨起颇觉形寒,强起。调孚来,旋去。

饭后打叠精神,为坚吾草一公书计画,携以往。谈移时,不觉身心难支,因即归,一品香饯振铎之约且不能践。草草晚饭后即睡,乃云彬夫人来告云彬在友人家吃酒被逮,为之大震,竟发热。服阿司匹灵二片,始出汗,平明即退凉云。

1 月 29 日(庚子)星期一

晴寒。上午五〇,下午五二。55.4—32.4

昨晚寒热,今日虽退,不能起坐,故请假焉。饭后略能起,终以云彬事未得要领,强起往所中一探之,薄暮乃归。知云彬枉受党事牵累,羁公安局,一时恐难释出也。归后即睡,幸未再发热。

写信向梓生辞去《年鉴》撰文事,并作书与云六,告病不能赴席。

1 月 30 日(辛丑　月偏食)星期二

晴寒。上午五一,下午五三。51.1—37.4

依时入所,处理积事并为振甫看稿。

夜仍小饮,饮后小坐便睡。心念云彬,又涉稼轩,百感交攻,竟不能寐。直待月色西沉始渐合眼云。

坚吾使人送陈酒一坛、暹罗橘多篓至,予适不在,不能却,星五赴之,必有以报之也。予与之初无深交,屡叨馈遗,殊感不安,非介然自守,不愿妄受耳。

1 月 31 日 (壬寅 望) 星期三

晴寒,夜雨。上午五一,下午五三。53.6—37.6

依时入所,看稿校文,并处理杂务。

夜归小饮,饮后与伯庄、缄三同往融光看《桃花村》。散出值雨,即坐黄包车以归。缄三则径归电台。日来百无聊赖,但求舒松,舍饮酒看电影外,竟无它事足以扰心已。

2 月 1 日 (癸卯) 星期四

晴寒。上午五一,下午五三。51.1—38.3

依时入所,为振甫看稿,并处理杂务。

夜小饮,终以无憀不欢。一则稼轩事萦怀难释,一则云彬无辜被拘,不胜同情弗解耳。十时就寝。

2 月 2 日 (甲辰) 星期五

晴,突寒。上午四七,下午三八。37.0—32.4

依时入所,处杂务。稼轩又来饶舌,严辞拒之。

散馆后携回礼往访坚吾,即与云翼共饮其店中。仍提延予主编事,却之。十时许乃辞归。自与坚吾晤叙以来,最近始知其心事,予实无以应之,止得歉然于其失望矣。

归时与丏尊遇于电车中,知云彬已出狱,因与偕往访之。适出就浴,未晤,少坐便返。然此心实引慰多多矣。

2 月 3 日(乙巳)星期六

晴寒。上午三四,下午三五。38.5—24.4

依时入所,看振甫稿,并处理杂务。

云彬昨日出狱,今日同人为醵资治酒即其家欢饮,为之压惊。共两席,颇尽兴。予家本在祝缛,拜祭后乃走赴之。八时三刻散归,已多饮,乃为酒兴所鼓,拉潄儿往百老汇看《宾汉》。十一时出,为寒风所袭,不觉打战,比归家即吐。幸吐后就睡便熟,尚无大苦也。

2 月 4 日(丙午　立春)星期日

晴寒。上午四三,下午四四。44.6—21.2

晨强起,九时出席本公司业务会务,主席意气横生,事多专决,颇不快。十一时散归。饭后独往来青阁还账,即返。无意它适,坐待晚膳。五时半即开饮,七时乃毕,听书为娱,九时就寝。

息予言,雪村颇有意以其中子与予清儿联姻,属其先容,予笑听之。

梓生来访,仍申前议,坚属为《年鉴》撰文,经再三说明乃罢。

2 月 5 日(丁未)星期一

晴寒。上午四四,下午四五。44.4—26.2

依时入馆,为同光看《戊戌政变》稿,并校文选一篇及处理杂务。

夜小饮。饮后补记一周来日记,盖连日困于人事,即日常琐记亦坐此荒废也。

国际形势日紧,各国反日论调几成一致,苏联尤为露骨,第二次世界大战其在三数月促成乎,不禁惄焉忧之。战事果起,上海必卷入漩涡,无论日据或英美据,终不免飞机投弹爆击耳。

2月6日(戊申)星期二

晴寒,午后回暖。上午四三,下午四九。47.8—23.0

依时入所,为《教育年鉴》事写信致教部王雪艇部长。并处理杂务及看稿子。

夜归少饮,饮后为丏尊草《辞通序》,至十二时乃竟笔,即睡。

2月7日(己酉　下弦)星期三

晴寒。上午四七,下午五○。54.3—25.7

依时入所,处事甚琐剧。仍为振甫、芷芬看稿。

晨起修正昨稿交丏尊,凡八百言。

下午赴上海舆地学社出席处分财产会议,稼轩异常狡展,变幻莫测,忽愿将所有财产概归无限股东承受,而空口搪塞偿还前欠。依然无结果而散,时已七时许矣,遄返赴天然年夜馆之约,与圣陶、墨林同饮。饮后打牌八圈,十一时许始散。

2月8日(庚戌)星期四

晴寒。上午四七,下午四九。47.8—25.9

依时入所,下午五时往发行所出席临时业务会议,将星期日提出之文书处理规则草案另组审查委员会审查之。散会后与圣陶、调孚、息予、雪村、丏尊共就大鸿运楼小酌,即席商定公司当局须易人,由业务会议会员向董事会建议,董事会即提出决定之。十时散归。

2 月 9 日 (辛亥) 星期五

晴寒。上午四六,下午四九。49.3—23.5

依时入所,处理琐事,并看稿写信。

建初来,散馆后与同出,约剑秋不至,因共饭于聚昌馆。盖时近岁底,各酒馆多停业者,只得就饭肆小酌耳。十时归,即睡。

2 月 10 日 (壬子) 星期六

晴寒。上午四七,下午四九。54.1—23.5

依时入所,料理一切,明日起须放寒假矣。

散班后与圣陶、息予出,就雪村于惠中旅舍二三三号,未几,丙尊、调孚、雪山、愈之俱至,因共往美丽川菜馆小饮。饮后复归旅舍,写信多通,十时乃辞归。明日董事会将决杜之去此矣。杜之为人,愎而昏,视同人如无物,今获此报,宜知所警耳。

2 月 11 日 (癸丑) 星期日

晴寒。上午四九,下午五二。60.3—30.7

晨看《申报》号外,至十一时许,乃偕伯庄往文权所吃饭,珏人已先率诸儿在彼矣。匆匆食已,予即挈同儿先归,以剑秋电约来谈也。乃坐待及暮,迄未见至,徒呼负负而已。掌灯之顷,珏人及诸儿归,遂共饭。

晚饭后过雪村谈,知今日董事会甚顺利,已决议免杜任章矣。谈至九时许始返即寝。

为道始题其外舅聂慎之旧庐额记,稿交文权携去。

2月12日(甲寅)星期一

晴。较昨日为暖。上午五〇,下午五二。57.9—33.8

晨间雪村、丏尊见过,告店务纠纷已解决,属办一呈文致教部,请求将《中学生》列入"中学生良好读物目录"以资提倡。饭后将稿交与雪村,即往访圣陶,秘观其新获之《默庵集锦》及彩色木印《芥子园花鸟谱》。有顷,均正、仲华、索非、浩泉来,因驱车同往福开森路世界社"现代德国印刷展览会"参观。缤纷五色,各擅精妙。所惜门外汉不能了然于其奥奥耳。见有德人所著"关于中国之塔"一巨帙,因翻阅一过,其书于塔之形制、种类、所在地及文献传说一一辨析无遗,因叹外人治事为学之精神为不可及焉。移时返,于东新桥下车,步至抛球场后登车,遂归。夜在家小饮,饮后打牌四圈,九时半即寝。

2月13日(乙卯)星期二

阴,微雨,旋止,终霾。上午五〇,下午五四。

晨雪村见过,属办一文呈教部,请颁发《教育年鉴》样本通令采用,并祈登报公告。甫属草而息予至,旋去。饭时,浩泉来,持稿往发行所缮发。午后独出闲步,无聊甚,傍晚便归。

夜,合家聚吃年夜饭,漱石适至,因加席焉。

文权电话来,告潏儿不适在床,因亟令清儿往省之。归云积劳成倦,无寒热,为之稍舒。

晚饭后与家人打牌,正未了局,道始、晴帆、洛耆来,畅谈至十一时半乃去。予亦稍事屏当,即就卧矣。

2 月 14 日（丙辰　朔　甲戌年正月月建丙寅　日全食）星期三

晴朗。上午五四，下午五六。

清晨起，吃团圆，供祖位，诸儿拜年。文权来，旋去。汉、漱、润三儿仍上学。珏人偕天然往宋、章二宅贺岁，宋、章二宅眷亦来。

饭后，予与珏人往大千世界看仙霓社昆剧，遇圣陶夫妇及息予夫人。剧目为《大赐福》、《打花鼓》、《浣纱记》。六时散，与圣陶等同车东归。到家便小饮。清、汉、漱、滋四儿随天然往东海大戏院看《青春之火》，十时乃返。予坐以待之，随翻申报馆当日排印之尺牍多种。

2 月 15 日（丁巳）星期四

晴寒。上午四九，下午四八。48.9—23.4

十时，道始来，谈客岁之终情形及大东书局《新生活教科》被纠事甚悉。十二时去。

漱石、墨林及丏尊夫人来，因午饭焉。饭后伊等与珏人同往大千世界看戏，而予出访圣陶，至则圣陶已出，乃独往东方饭店访乃乾。谈至五时半始归，甫坐定而珏人、天然等亦自戏场散归矣。緘三适来，因共晚餐。餐后抹牌掷骰，至十一时乃已。遂各返寝。

2 月 16 日（戊午）星期五

晴和。上午四八，下午五三。58.1—29.3

竟日未出。上午圣陶来谈。下午乃乾夫妇来，薄暮始去。

漱石去。饭后珏人挈诸儿往大千世界看昆剧，天然同往。夜八时三刻,珏人率同、复先归,天然则与清、汉、漱于十二时半始归云。

在家无事,看毕李秘园所辑《字学七种》,因题识其上。

与乃乾谈买书事及绍虞到中州大学事,颇审就里。

2 月 17 日(己未)星期六

阴霾,下午雨。上午五〇,下午五五。54.5—33.3

修妹挈静甥来,饭后雪村来邀,谓鸣时在,至则特为稼轩作说客,但曲在彼方,无法凑合,仍不得要领也。鸣时去后,予即归,修妹、静甥亦去。乃与珏人同过东方饭店访乃乾夫妇,谈至薄暮,辞出,同往大千世界候天然及清儿,因留看赵长松之滑稽,厌极。及昆剧闹场终了,《大赐福》将出,电炬忽暗,会场幸尚安定,一刻许,始复明。已大觉扫兴矣。乃正戏开演后止有邵传镛、华传浩之《磨斧》及朱传茗之《思凡》尚好;新排之《三笑》与所谓"文明戏"相伯仲,恶劣之至,未及终演即行。在场遇晴帆,匆匆一语,即别。天雨,即在大千世界对门纽约汽车公司唤车径返。十二时到家,啜粥两碗,至一时许乃就寝。

2 月 18 日(庚申)星期日

晴朗。上午五五,下午五〇。52.9—42.3

午前十一时,息予夫人偕愈昭挈其三儿来,未几,漱石亦至。因共饭焉。饭后,伊等打牌,予则往东吴同学会俱乐部访洛耆。坐有顷,道始至,遂同步于三马路棋盘街各书肆间。折回少坐,薄暮乃归。归则牌局尚未完,待两时,始竣事。客去,予乃独酌。

夜略事翻检,明日所中照常办事,有许多琐事须处理矣,因早睡。

2 月 19 日(辛酉 雨水)星期一

阴晴不时,夜雨。上午五〇,下午五一。45.9—34.3

照常入所,处理积件,以锡恩未至,有若干事为之阁压矣。

夜小饮,正将辍杯时,浒关戚串曹汉臣率眷来,因张罗卧所,颇忙。

云斋来饭,饭后三时去。

2 月 20 日(壬戌)星期二

晴,不甚爽。上午五一,下午五三。48.2—37.2

依时入所,办文书杂事。

夜小饮,饮后闲坐而已。

昆剧保存社将于廿三、廿四两日假坐新光大戏院演剧筹款,天然甚奋兴,欲往观,予从臾珏人亦往,因决购票,托云彬转嘱社中人留坐。

2 月 21 日(癸亥 上弦)星期三

阴霾。上午五二,下午五四。51.8—39.2

依时入所,看毕周稿,并为云彬看稿。

夜在家小饮,饮后与乡亲闲谈,未能作事,十一时寝。

鸣时来访,特为稼轩道地,予以实况告之,彼亦爽然。

2 月 22 日(甲子)星期四

晴朗。上午五三,下午五四。54.7—38.8

依时入所,处杂务并预备编审会议事。

稼轩书来,谓明日上午十一时可分割,请带据前往结束。昨日唐鸣时尚来疏通,今忽出此,不知又放若何烟幕弹矣。届时且往一觇之。

浒关乡亲今晨去。

夜归小饮,与伯庄、缄三共坐。饮后为叶、夏两家写喜帖。

得勖初信,知伯南师已于十九日逝世,二十一日大殓,不胜愕悼。

2月23日(乙丑)星期五

阴,下午雨。上午五二,下午五〇。50.9—33.8

依时入所,处理杂事。十一时与雪村、雪山同赴上海舆地学社办交割。至则全体股东俱在,当将手续理清,即午饭。饭后实行交割,计蚀去一百二十九元一角二分,取回馀款七十元八角八分,批销契约了事,一场口舌总算蚀本了结矣,五时半冒雨乘车归。

夜在家小饮。饮后过雪村谈,丐尊、云彬俱在,知力子有电来,前发航快未到也。因又拍电告之。续谈至十时许乃返寝。

2月24日(丙寅)星期六

阴雨,入夜大雪。上午五〇,下午四八。44.1—38.1

依时入所,为云彬看稿及办文件。

饭后剪发。散馆后与圣陶同赴同兴楼剑华之约,晤沈雷渔及金煦春诸人。八时半散,正值大雪,亟登车遄返。珏人偕天然、云彬往新光看昆剧保存社第二次公演,至二时始归。予独坐看书以待之。比归,询甚满意,盖梅兰芳、俞振飞各演双出,而王莆民、殷震贤俱各出演也。

新中国书局股票今收到。

2 月 25 日（丁卯）星期日

阴雨，寒冷。上午四八，下午四六。45.3—32.0

今日为圣陶子至善与丐尊女满子定婚之期，故开明同人都集其家。其他宾客亦复不少。午后三时，与息予等同出，至五时，径赴坚吾所，偕往马上侯少饮。饮半，叔旸至，盖昨方自南洋归来也。谈至十时三刻乃散归。

中华书局《四部备要》第五集已出上半二百册，有函来嘱取。但尚馀九十种四百四十七册，不知何日始可到手耳。

2 月 26 日（戊辰）星期一

阴霾，春寒。上午四八，下午四六。49.3—32.0

依时入所，办稿事。下午三时开第二次编常会，心如辞职，故缺席。议决多案，明日将编印分发之。

夜与雪村、丐尊、调孚、均正、息予集饮圣陶所，商公司进行事，十一时乃归。

2 月 27 日（己巳）星期二

晴和。上午四九，下午五〇。53.4—29.3

依时入所，办杂事，看稿，且整理本届编常决议案分抄各送。

饭后与诸同人往梧州路北端新勘定厂址参观，其地本为一旧丝厂，厂屋甚合用而住人则欠佳，盖环境颇不合适也。原有联同移住之议，至此无形解体矣。

夜小饮,饮后与伯庄往东海看《泰山鸿毛》。九时半归,少坐便寝。

2 月 28 日（庚午）星期三

晴暖。上午五〇,下午五四。59.2—34.0

依时入所,办结本届编常会尾案。

夜少饮,饮后本拟出外步月,以赏元宵,乃伯庄归言适起大风,因而中止。坐听小桂荪之《和番》及蒋如庭、朱介生之《落金扇》,十时许乃寝,然而辜负月色矣。

明日伪满溥仪僭帝位,此间公安局已下令戒严,防人民有所表示。不图己国之行政机关乃为它人看家,叹不胜叹矣!

3 月 1 日（辛未　望）星期四

晴寒。上午四九,下午四七。43.7—35.4

依时入所处事。

夜少饮,饮后往东海看《人生》,与珏人并汉、漱、滋三儿俱。

溥仪僭位已见电传,伪诏改大同三年为康德元年云。同时倭军强在津浦沿线演兵,占用车站,不听劝阻,十分使人难堪焉。我国之运至于今日凌替尽矣!

3 月 2 日（壬申）星期五

晴寒。上午四六,下午四八。48.7—25.5

依时入所,照例处事。

接乃乾书,知前与洽商索引印行事为圣陶所沮,止得作罢。

道始电话通知,星期日将来看我。

夜小饮,饮后坐听苏滩,至十时许就寝。

3 月 3 日(癸酉)星期六

晴寒。上午四八,下午五二。57.4—28.4

依时入所,办杂事。

散班后往晤坚吾,偕赴陶乐春晚餐,到叔阳、啸水、云翼、慧中、耐吾等十二人,盖坚吾三十生日也;予初未之知,食半乃觉。鼓兴多饮,十时三刻乃归。

《四部备要》五集之一部已取到,今晨奋力腾空一架,重新庋藏。

3 月 4 日(甲戌)星期日

晴寒。上午四九,下午四三。57.0—27.7

九时出席本公司业务会议,通过文书处理规则,十二时赶归,候道始,息予亦来。饭后,圣陶、息予、云彬、调孚四位夫人前来作伐,绍介清儿与雪村次子士敫订婚,约四月八日举行交换红帖,一切照前例办。

道始言,开明股款正进行,俟集有成数再见告。

夜小饮,饮后过雪村谈,知今日下午之董事会林海生大放厥辞,竟随意指摘同人,肆口谩骂云。此老昏聩至此,所谓将死而耄及之欤!

3 月 5 日(乙亥)星期一

晴寒。上午四七,下午四九。48.9—23.0

依时入所,处理杂事。抽暇补作参考书,未及一小时即为它务所掩。与圣陶、息予、调孚、索非、仲华、均正联名致书海生,质问昨日谩骂事。但未得复,想亦无辞可对也。

六时赴廉逊、俊生、震平高长兴之约,谈地图出版事。十时许乃归,又薄醉矣。

送银杯一匣,为坚吾寿礼。

3月6日(丙子　惊蛰)星期二

晴寒。上午四八,下午五〇。58.5—25.9

依时入所,处理杂事,并续作参考书。

散馆后与珏人同往仲弟所,告清儿订婚事,并省淑、济二儿。夜饭后归,抵家已将十时矣。

文债丛集,有拖欠至经年者,不再设法还了,于心不安,拟戒酒以应之。

3月7日(丁丑)星期三

晴寒,有劲风。上午五一,下午五四。63.7—33.6

依时入所,续作参考书,并为稼轩事又写信往理论。

夜小饮,饮后听书,十时乃寝。

写信与鞠侯、道始。

据息予言,子良将被派出巡分店或将挽予承其乏云。予颇畏事,设成实事,必感苦恼也。

3月8日(戊寅)星期四

晴。上午五一,下午五二。60.4—29.8

依时入所,续作参考书,并处理文件。

夜在圣陶所集议公司今后设施大计,雪村、丐尊、调孚、息予、雪山俱到,议职员服务规则,逐条商酌,至十一时始完,属雪村整理之。尚有待遇章程则不及讨论,须明日再商矣。

3 月 9 日(己卯　下弦)星期五

晴。上午五二,下午五三。53.6—37.9

依时入所,办理诸务。下午三时出席于发行所迁移委员会,盖特为此次搬屋而设,予被派为设计、交涉两组委员,故奉召出席也。五时半散,决嗣后每逢星三下午三时开例会,明日即往新址踏勘设计。

六时与雪村、调孚、息予、仲盐过大鸿运晚饭,途遇梓生,因共往焉。饭后归,复过圣陶所,续议待遇章程,惟丐尊已出,缺席。大致完竣,仍推雪村整理属草。十一时归寝。

3 月 10 日(庚辰)星期六

阴雨。上午五三,下午五五。50.9—40.3

依时入所,处理庶事,并复外函数通。饭后与雪村、调孚、息予、仲盐等赴梧州路厂房设计各部用场及经画前后办理诸端。四时返所。五时后赴四马路新中国书局出席董监联席会,亦讨论房屋搬迁事。九时后返。车挤值雨,颇见狼狈。

文债逼迫殊紧,而杂务坌集,无法应付,深用焦灼也。

3 月 11 日(辛巳)星期日

大雨闷湿,颇暖。上午五七,下午五九。61.3—46.0

今日本有周浦之行,以雨而止。饭后,墨林挈至美、至诚来,打牌至夜十时乃去。予满拟抽暇为《中学生》撰文，坐是不能动笔矣。

傍晚出，值雨赶归，已淋漓不堪。夜小饮后，雪村来谈，移时乃去。

3 月 12 日（壬午）星期一

晴，不甚朗。转寒。上午五五，下午五三。46.4—41.9

依时入所，处理稿件及杂务。

散班后与调孚同赴聚丰园圣陶之约，盖王剑三赴欧过此，因邀叙也。到雁冰、东华、河清、宗岱、丐尊、墨林、愈之诸人，谈至九时许散，予偕丐尊、圣陶、墨林、调孚过天坛书场听大鼓书，白云鹏之《太虚幻境》压轴，名正无爽，殊熨贴也。十二时散，即乘车归。

3 月 13 日（癸未）星期二

晴寒。上午五〇，下午五一。50.2—37.6

依时入所，照例办事。夜在圣陶所谈商公司事，至十一时归，无结果。公司改组，甚嚣尘上，卒未能立时实现，徒见口舌，殊无谓也。临别，又约明晚再商之。

是日列席商量者为雪村、雪山、丐尊、息予、调孚及予。丐尊过于持重，息予一味向前，以是一时难洽耳。

3 月 14 日（甲申）星期三

晴寒。上午五〇，下午四九。50.7—36.5

依时入所，办庶事。下午出席发行所迁移委员会。五时许散，息予约圣陶、雪村、雪山、调孚及予过其家小饮。饮后续商公司事，大约局势略定矣。予之被任为经理室秘书殆成事实,所未定者办事究在福州路抑梧州路耳。十二时许散,坐汽车径归。

公司事纠纷不解,予心大不安,空言无补,徒增口舌,至无聊。今幸获一解决之路,此后或将好办一二否?

3 月 15 日(乙酉　二朔　月建丁卯)星期四

晴寒。上午四九,下午五一。51.3—28.6

依时入所办事。

夜小饮,饮后为《中学生》撰文,约八百馀言,十一时许寝。题为《我国西陲最近的三件大事》。一时难完,而仲华催逼甚急,至感痛苦也。明日拟于下午请假在家赶作之。

3 月 16 日(丙戌)星期五

晴寒。上午四八,下午五〇。51.3—30.2

依时入所。下午在家作前文,乃福崇见过,耽阁二小时,又无甚成绩。夜又赓作至十二时半,乃稍稍就理,一时就睡。

呼匠估价,将于天井中铺设地板,上盖天棚,以图稍宽。据谓工料一应须六十元,因属明日即来动工。

3 月 17 日(丁亥)星期六

晴寒。上午五〇,下午四六。67.1—33.3

依时入所,于早间草完前文,带交仲华。处理庶事外,兼校文选。夜小饮,饮后小坐便寝。明日有周浦之行,须七时即出,故早寝,且文债少了,亦甚安心入睡也。

匠人来盖屋,及暮,已将顶板钉好矣。

3月18日（戊子）星期日

晴，突暖。上午五四，下午五八。75.2—40.1

清晨七时许，予偕珏人出，乘车径到董家渡上南渡轮码头。少顷，息予夫妇及立斋来，因共登轮渡至周家渡，换乘小火车赴周浦。九时许即抵梦岩家，晤之。与共出游，为相地度建宅。十二时返其家饮酒焉。饮后又出游，四时后乃别归。仍循原路回来，到家已将七时。匠人玻棚已做好，只待铺地板钉洋铁皮矣，为之大慰。

剑秋来访，未值，留一新搬地址而去，知近移于福履理路四八二号。

3月19日（己丑）星期一

晴，奇热，将变矣。上午五八，下午五六。81.0—44.6

依时入所，处理杂事并发召集第三次编常会通知书。

澘儿归，谓亟欲搬家，因由珏人代为看定右邻顾氏统楼，月租二十元，外加电耗一元。定二十五日搬来。将贴近为比邻，在珏人自是高兴，予则颇以为多累，恐又多所噜苏耳。

前面天井上所盖天棚及下面地板等工程完全落成。予甚喜其速，加酒资二元奖匠人。

夜小饮，饮后听书，至十时乃寝。

廉逊来接洽地图事，大致可行。

3月20日（庚寅）星期二

阴霾，傍晚大风雨。上午五〇，下午五五。64.4—49.1

依时入所,处理杂事外校文选多篇。五时冒风雨归,势甚可怕,有伞不能张,逆行竟难于透气也。今岁来为第一飓风矣。

夜小饮,饮后少坐便寝。盖连日积倦,须补偿所失耳。乃眠不得稳,天然之甥女适来,夜出至十二时后乃还,门户不无戒心,以是颇为不快也。

3 月 21 日(辛卯　春分)星期三

晴,风仍未息。上午五三,下午五六。56.8—35.1

依时入所,处理庶事,写信及办稿。十一时三刻,致觉见过,盖前日来此,与商务接洽撰稿事也。因与圣陶、息予偕之赴功德林午饭,谈至二时乃别,伊径赴车站,圣陶返编所,予与息予则出席发行所迁移委员会,途中内急,先过大陆商场如厕,遂与洛耆晤。少顷即行,依时出席。五时十分散,乘车径归。

夜就新盖之天棚布置一切,未几即小饮。饮后补记八日来日记。

昨夜之风甚大,南京路抛球场市房屋上之垛墙竟吹倒下堕,压伤五人,电车为之阻塞六小时云。

3 月 22 日(壬辰)星期四

晴。仍有风。上午五四,下午六〇。66.9—42.1

依时入所,处理庶事。丏尊出席教部师范课程标准会议,杂事遂益丛集。

夜小饮,饮后与文权谈,十时送之去,始睡。盖今日正在新赁之屋修理,故竟日在此也。

缄三之姊平权来此,住天然所,每夕与其未婚夫方某剧谈,甚苦厌之。

3 月 23 日（癸巳　上弦）星期五

阴,夜雨达旦,闻雷。上午六○,下午六五。69.8—48.2

依时入所,处各事。息予假返苏,须下星一始来。

夜小饮,饮后读《花间集》。十时就睡。

方某仍来絮谈,声彻楼下,使予不寐,二时许乃冲雨去,恨甚!明日当与天然言之,宜加抑禁也。

3 月 24 日（甲午）星期六

晴,但不甚燥。上午六三,下午六五。68.5—50.7

依时入所,办例事。

夜小饮,饮后挈清、汉两儿往东海看《罗宫春色》,天然偕焉。九时许归,少坐即寝。良以连宵为方某所扰,颇欠睡,今日平权归苏,耳根顿清,故乐得安睡也。

明日濬儿、文权将移住左邻顾宅矣。

3 月 25 日（乙未）星期日

晴不甚烈。夜雨彻旦。上午六一,下午六○。62.1—49.5

晨九时许,往福履理路四八二号访剑秋,晤之。因与散步于徐家汇,近午乃返饮其家。饭后二时许,剑秋送予至杜美路口,乘电车东归。车抵东新桥,走下,复至老大房购儿饵,因换乘七路电车以返。及抵家,雨已作,幸濬儿家已搬到图叠舒齐矣。

夜小饮,饮后听书,十时就寝。

3 月 26 日（丙申）星期一

晴阴时作,夜雨达旦。上午六一,下午五八。54.7—49.3

依时入所,照常办事。

夜归小饮,饮后听书自娱。并就天棚下张挂镜架。本拟购画屏补壁,以价昂不甚值得,遂以旧镜架充数。

3 月 27 日（丁酉）星期二

阴雨,夜雨尤大。上午五六,下午五四。50.9—44.1

依时入所,办理各事如常。息予自苏归,知建初事已作一段落,致送股票四百元,以后不再给薪矣。上海方面之陆并谦当亦以同样方法解决之。

夜归小饮,饮后读《大云山房集》。又检《广弘明集》,未得阮孝绪《七录》,达人《目录学》所云殆臆度耳。

谭廉逊代表中华舆地学社与本公司订定《开明本国地图》版税契约,今日交换。

3 月 28 日（戊戌）星期三

阴雨。早雪,陡寒。上午五四,下午五二。42.8—37.4

依时入所,照常办事。廉逊来访,谈税率,俊生不甚满意,拟再加重,但不得要领。交涉难办如此,吾知惧矣。

夜小饮,饮后听书为娱,十时就睡。

3 月 29 日（己亥）星期四

晴寒,早见浓霜。上午四八,下午五〇。51.3—31.8

依时入所,照常办事。丏尊由宁归,知予同并未到部参加会议也。随办携回各件。

正午祀先,饮福后二时始到所,接晴帆电话,约于五时同会于大陆商场道始所。至时与息予往会之。遂偕道始、晴帆、息予、洛耆同饮于王宝和。八时许散,复过东吴俱乐部闲谈。十时二十分乃归。

3 月 30 日 (庚子) 星期五

晴,寒。上午五〇,下午五四。54.1—33.4

依时入所,照常办事。

夜闲坐听书,十时后寝。

公司正在改组,事冗不一悉数,馀事竟忘之矣,前允为仲云编撰《太平天国史》及《郑成功》两稿亦于昨日作书辞却矣。实缘事多不了,心亦不安也。

3 月 31 日 (辛丑 望) 星期六

晴寒。上午五四,下午五六。61.2—41.4

依时入所,照常办事。下午三时开第三次编常会。

夜闲坐听书,九时许即寝。

幽若自苏来,知将启手工作。翼之或能来赴清儿之订婚筵也。惟知境况亦殊不佳耳。

4 月 1 日 (壬寅) 星期日

晴寒,夜雨。上午五六,下午五五。58.6—43.7

上午九时,出席业务会议于发行所。十二时半散归。饭后独往大千世界看《奈何天》前集,传淞饰屈不全,妙极! 看客甚挤,场内须加票云。六时半归。

夜与家人闲谈。知潜华、文权曾邀清华、士敦及诸儿等往游龙华。驱车往还,亦费时半天也。

4 月 2 日(癸卯)星期一

阴晴兼作。上午五三,下午五六。56.3—36.1

依时入所,照常办事。

夜被邀作陪,与丏尊、雪村、圣陶、调孚、息予、彬然、祖璋、煦先同宴淦卿于聚丰园。八时许散,以日间曾谈及影印《图书集成》事,乃与雪村、圣陶、息予、调孚复折往本公司发行所商议。决于明日由丏尊及予赴杭晤叔谅,用浙馆委托影印名义,订约借印。十一时始归。

4 月 3 日(甲辰)星期二

晴。上午五三,下午五四。66.0—41.4

依时入所,照常办事。下午三时,偕丏尊同赴北站,乘京沪通车往杭州。晚七时半到城站,即驱车往皮市巷访叔谅,晤之。谈甚洽,欣然赞同合印《集成》事。约明日十一时到浙馆细洽之。九时许辞出,下榻于平海路瀛洲旅馆,少坐复出,徜徉于市,小饮于朱恒升,十一时始返寓。急写快信与雪村、调孚、圣陶、云彬、息予,报告接洽经过情形。十二时半乃就卧。

4 月 4 日(乙巳)星期三

上午阴,微雨即止,入夜大雨。上午五五,下午五六。56.1—

47.1

清晨起,与丏尊徜徉湖滨,观陈英士铜像。旋登西园三楼啜茗进点。楼本面湖,素为揽胜要地,乃浓雾笼罩,竟不辨山湖,为之叹息啬遇也。本日为儿童节,当局在湖滨公共体育场检阅童子军,外县来参加观摩及乘此春假旅行者亦不少,以故甚热闹。但予等素不喜挤,因避道行,径过开明书店特约发行所少息,晤张叔容。既而与丏尊闲步清和坊,陪其访友于恒裕布庄,晤经理刘子行。坐至十一时,径赴叔谅图书馆之约。至则晤鞠侯,亦深赞景印事,谈甚洽。未几,同往湖滨朱恒升午饮,叔谅、鞠侯且介友陈豪楚同席,商此事。饭后暂别,丏尊归卧于旅舍,予则独往南山路,至苏堤,坐人力车循堤穿孤山、白堤,复归寓。五时许,叔谅、鞠侯再来,丏尊之学生多人亦来。予与鞠侯谈,丏尊则与叔谅往教厅见布雷,直商影印《集成》事,移时归,谓布雷虽赞成其事,但不愿由浙馆出面。且以前途纠纷为言,似成泡影矣。予不禁大失所望。旋仍到朱恒升夜饮,仍由叔谅、鞠侯作东,然胸次梗甚,远不逮日间之有味矣。十时许散归,咨嗟而已,大概作罢不提乎?

4月5日(丙午　清明)星期四

阴雨。五七。49.8—44.4

清晨起,匆匆早食已,辞丏尊先行,雨中到城站,乘八时十五分开出之京杭通车东归。十二时三十五分到上海北站,仍于雨中乘电车返家。午饭后略憩,二时三刻到所。当将在杭经过告之同人,或感失望,但为前途障碍及种种纠纷计,决定不再进行此事矣。旋办积稿,大部略清。

夜与幽若、文权及伯庄诸人闲谈。及诸人散去,已十时许,乃濯足就卧。积日疲劳,为之少苏。

4 月 6 日(丁未)星期五

晴暖。上午五三,下午六四。62.2—34.7

依时入所,办连日所积诸事,甚见忙迫。下午写信谢叔谅、鞠侯,决将景印《图书集成》事放弃不谈矣。但计议未果,事当终阁,因反复申明此意,请缄密之。

二时许,到梧州路公司新址察勘工程,楼上各部分已大致分隔停妥,不日可以备用。楼下及美成则正在规画中。五时许,复还编所,少坐乃归。

夜写喜帖四分,将分致云彬、息予、圣陶、调孚,请其执柯为清儿与士敩订婚也。其它柬帖已由雪村请丐尊书之,从越俗也。九时,梓生见过,托代看《水利与灾害》稿。坐谈移时而去。予即补记数日来日记,至十一时乃寝。

4 月 7 日(戊申　下弦)星期六

晴,较和。上午五七,下午六〇。66.2—43.7

依时到所,照常办事。

今晨丐尊次子举一雄,予与雪村、心如、煦先因过其家午饮。

夜,百俞嫁女后设筵请客,珏人率文权、濬华赴之。

雪村过谈,移时乃去。予因补记日来账目。

4 月 8 日(己酉)星期日

晴暖,有风。上午五九,下午七〇。76.1—49.6

今日为清儿与士敩订婚之期,亲友到者甚众,两宅合计凡十席。道始眷属、剑秋眷属、息予眷属俱至,修妹、仲弟亦率子女来,颇热闹也。乃乾夫妇午后至,傍晚去。幽若、慧若则下榻于此。夜十一时始定。

予招待酬酢甚倦,就卧又晏,竟不能安睡矣。

4月9日(庚戌)星期一

阴霾,风雨。上午六七,下午五九。74.5—57.9

依时入所,照常办事。

为梓生看毕《水利与灾害》稿,即送去。

夜在家小饮,饮后与家人聚谈,九时许就睡。

4月10日(辛亥)星期二

阴,风,时见雨。上午五九,下午六一。57.6—47.3

依时入所,照常办事。

夜与息予赴坚吾之招,共会叔旸、良才于马上侯酒楼,十时许始散归。并约于再下一星期日到我家午饭。

4月11日(壬子)星期三

阴雨。上午六一,下午五六。56.3—52.2

依时入所,照常办事。下午三时到发行所,出席迁移委员会,商决新厂各部分之新布置,并决于明日即动员准备。先将兆丰路及东百老汇之部分迁入梧州路,然后再将福州路之总务处迁来并设。

傍晚散会,与雪村、雪山、调孚、息予过老半斋吃刀鱼面,并小酌焉。谈公司进行事,属予起草组织大纲、经理室办事规程、编译所办事规程及处分文书所用各项图章印记暨文件单据等设计,九时散归。

4 月 12 日(癸丑)星期四

晴。上午五六,下午五二。48.6—43.0

依时入所,照常办事。下午动员整理,预备于明日迁徙。

圣陶将归,明日或可至。部托编书事当得解决耳。

《教育年鉴》上册已赶装出书,今日备函派王贤佐专送南京交教育部总务司长雷儆寰。下册虽在赶促,但不识月内可否出版也。此事粘手已极,能早日脱清,亦一快事矣。

夜小饮,饮后少坐即睡。

4 月 13 日(甲寅)星期五

晴。上午五〇,下午五三。52.0—36.7

兆丰路安多里及东百老汇路仁兴里之各部分如编所、图书馆、出版部、书栈房、纸栈房等,今日起搬,分批陆续车运至梧州路三九〇号新厂。予往来三次,垂暮始归。

夜小饮,饮后少坐即就睡。

明日起,即须在新厂办公矣。

4 月 14 日(乙卯 三朔 月建戊辰)星期六

晴。上午五四,下午五五。55.6—43.2

清晨起,早餐已,径赴梧州路新厂。工役搬动甚忙。予督视经理室及图书馆,编译所则圣陶已归,暂可息肩矣。至午在就近小饭馆吃饭。下午六时乃归。

夜小饮,饮后草拟本公司组织大纲。并与雪村、雪山、调孚、圣陶、息予商定新组织人选之支配,十一时始散。

4月15日(丙辰)星期日

晴。下午阴翳。上午五三,下午五四。57.2—35.2

晨十时到梧州路新厂,将所拟组织大纲草案交雪村。十一时出,径赴福崇梁园之招,晤柏丞、子敦、丏尊、常培、榆生、煦先、六逸、叙功等。午后二时散。予即赴本公司发行所重晤雪村、雪山,候开董事会,盖新受委托兼任会中书记也。至四时,始开成。此次为第五届第四次董事常会。所拟草案已通过矣。

傍晚归,在家少饮。饮后听书,九时许即寝。

4月16日(丁巳)星期一

晴。上午五四,下午五八。66.9—35.1

依时到公司,整理布置经理室,至下午始确定。但今后事务纷繁,正不知忙迫至何状也。

今夜在家小饮。雪村见过,正谈时,浒关戚筱岑表侄婿至,因下榻焉。其后圣陶、调孚踵至,与雪村等四人商印行经史事宜,十一时始散。

午刻与息予饭于北四川路一小广东店。

4月17日(戊午)星期二

晴。下午转阴。上午五七,下午五八。62.4—41.4

依时到公司,草拟经理室办事规程二十六条,并印发各董事监察人董事会议事录及本公司组织大纲附件。

以经济亏空,向编译所预支《洁本列国志》稿费壹佰肆拾元。到家分配,随手而罄,真可怕也。

夜与筱岑饮,饮后过访雪村,未晤,遂与云彬长谈,并晤东方图书馆旧同人徐鼎臣,知近在申报馆任图版事务。九时归,十时寝。

4 月 18 日(己未)星期三

晴暖。上午五八,下午六二。69.1—45.1

依时到公司办事,仍在附近小饭馆午餐。

拟就本公司各部分之印章式样,并拟编译所办事规程之半。

夜在家小饮,招圣陶、云彬共之。十时散。

珏人定于明晨特别快车返苏扫墓,濬、清、滋三儿从。

4 月 19 日(庚申)星期四

阴,上午细雨,下午晴。上午六○,下午六五。61.7—48.6

珏人于六时三刻挈三儿赴北站,文权送之登车。

将到公司,士敫来招,谓昨宵雪村酒后与丐尊大争,请即去。予往晤雪村,圣陶先在,云彬亦主立过丐尊调和之。乃同往见丐尊,丐尊坚持辞职,势不能立回,即径到公司。午刻与调孚、均正、挺生、振黄、浩泉等八人饮于狄思威路鸿运楼,较申鸿楼清洁而质美,明日或将仍往一饭也。饭前公司检查身体,予体尚好。

午后草毕编所办事规程,与圣陶、调孚同至发行所,晤雪山、息予并及雪村,约至味雅谈挽留丐尊事。七时归,仍小饮。十时,息予来告,谓丐意已动,或可打销辞职云。为之一慰。谈移时去。

4 月 20 日（辛酉）星期五

阴晴间作。上午六〇，下午六四。69.8—50.5

依时到公司，办各事。晨过丏尊，再挽之，意已动矣，甚慰。
夜归小饮，饮后倦甚，少坐即寝。

午间仍饭于鸿运楼，与云彬、仲华、挺生、调孚、均正、士敫、浩泉、志恒、振黄、息予俱。

经理室办事规程及编译所办事规程均经息予修改，将整理一过，定日公布。

文权得组青电话，谓珏人等已安抵苏州，当日扫墓，星期日必归矣，可勿念。

4 月 21 日（壬戌　谷雨）星期六

晴，热，夜半雨。上午六一，下午六七。72.9—48.0

依时到公司，办各事。新组织人选发表。

午仍与云彬等饭鸿运楼。散班后与圣陶、调孚、息予往大马路宝发摄影。旋折回祥光里赴仲盐之宴。丏尊照常到馆，并与宴，同人皆慰。计与宴者除主人及丏尊、雪村外，有守宪、云彬、幼雄、息予、调孚、圣陶、愈之、雪山及予，凡十二人。十时散，遄返，同儿已睡矣，汉、漱两儿尚留待也。

4 月 22 日（癸亥　上弦）星期日

阴雨，有风。上午六五，下午六八。68.5—55.8

竟日未出，为公司整理各项章程。午后三时，文权到北站接珏人及潘、清、滋三儿归。知在苏甚忙于酬酢，竟未能抽游览之暇也。

夜小饮。饮后雪村见过,谈公司事。会计、稽核、出纳各部分又将移入楼上,盖六间楼屋不适办公之用也。九时许去,予亦就寝。

4 月 23 日(甲子)星期一

阴雨。上午六八,下午六四。63.9—59.0

依时到公司,办理各事。午饭仍去鸿运楼。夜归小饮。饮后听书闲谈,九时许即寝。

公司新组织已发表,薪金亦整理有绪,惟聘书及契约未曾订定耳。本月中是否办得了,尚无确画也。

4 月 24 日(乙丑)星期二

阴霾,午后放晴。上午六四,下午六二。60.6—55.0

依时到公司办事,仍饭鸿运楼。

文书处理规则应用之附件已大致拟好。惟印章尚未全备耳。日来事务纷繁,不识能否即日就理也。

夜归小饮,饮后闲坐听书,至十时后就卧。

4 月 25 日(丙寅)星期三

晴。上午五九,下午六二。67.1—46.4

依时到公司,办杂事。文书处理用之各项簿册亦已预备就绪,大约可如期应用也。

下午三时开迁移委员会,结束前事,并议决投保火险办法。七时许始散归。归后小饮,饮后听书为娱,十时寝。

4月26日(丁卯)星期四

雨。上午六二,下午六三。60.8—51.8

依时到公司,仍饭于鸿运楼。办理各事。发见大连湾路大同制本所装订翻版《文法与作文》,因扭交汇山捕房。但重重黑暗,经良久麻烦始将该翻版人拘执,预备明日解送法院刑庭诉讼。

夜六时在聚丰园宴职教社杨、潘诸公及郑通和,予与雪村、丐尊、息予往陪之。十时乃归。雨中往返,颇不舒也。

4月27日(戊辰)星期五

阴霾,时见细雨。上午六三,下午六六。69.8—56.1

依时到公司,办理各事,调陈趾华坐经理室。

圣陶忽以书请不签到,止以习惯为言,而别无其它理由。此次改革,凡一切组织用人各项章制,圣陶靡役不从,历时既长,又屡表赞同,乃突欲以一人隳大局,殊不可解。平日言行皆生问题,实不能因老友而曲假之矣。

夜归小饮。饮后幽若来谈,十时乃去,予亦就寝。

4月28日(己巳)星期六

阴霾,入夜大雨。上午六〇,下午五八。58.1—54.7

依时到公司,接收前存各书之审定执照及内政部著作权注册执照。其馀续有交来者甚众,无如根本干部人员发生问题,一切进行均感棘手,前途亦殊黯淡,止有谋所以自处之道耳。

夜过圣陶所,贺其母七十寿,因与仲华、调孚、红蕉、雪村、伯庄、文权、守宪、仲盐、雪村、息予及圣陶共饮。九时许乃散,雨中归来,已扶醉矣。

写信复颉刚,得信已将匝月,实以事冗,竟不能复,直至今日始复出之,甚自觉无谓也。

4月29日(庚午　望)星期日

晴暖。上午五八,下午六〇。63.1—48.9

为公司事闷损已甚,诸无聊赖。饭后匆匆过息予商出处,拟草函致干部陈情,乞假暂离上海。旋访乃乾,珏人率濬、清、滋三儿及文权踵至,谈至七时始辞出,过青萍园晚餐。餐后归,已九时许矣。

4月30日(辛未)星期一

晴暖。上午六〇,下午六四。74.1—49.1

依时到公司,将昨意陈之雪村,雪村踌躇良久,因约丏尊同签到,不问何人均照章办理,遂于午后将布告贴出。既如此,百无例外,予等亦无间言。午后开编审会,并办送审呈文及布告五号。

夜归小饮,饮后少坐即寝。

5月1日(壬申)星期二

晴暖。上午六一,下午六七。

今日公司循大市放假,予仍到公司办事,将实施新组织之各项聘书及雇佣通知书分别办妥。晚六时半乃归。

午饭于浙兴里口之大鸿楼。夜小饮于家。

幽若、慧若来,夜十时去。

5月2日（癸酉）星期三

晴暖。夜半雨。上午六二,下午六五。73.0—47.1

依时到公司,照常办事。建初来,因与雪村、圣陶、息予同伴午饭。

夜归小饮。饮后与文权、濬华、缄三同往东海看《逝水流年》,倦眼难支,先归。稍坐便寝。

今日始,本公司人员始全体签到,无例外。

5月3日（甲戌）星期四

阴雨。上午六五,下午六七。62.1—54.9

依时到公司,照常办事。是日始在公司吃面包,未出。

夜归小饮,饮后小坐便寝,盖连日事务殷繁,至觉疲劳也。

公司施行各项新组织之单据、簿册、印章等均未全备,致实施上顿感困难。拟赶出后召集一会,议所以推行尽利之道,不识有无阻力耳。

5月4日（乙亥）星期五

阴霾,午后重雾。上午六五,下午六七。64.8—57.2

依时到公司,办各事。呈内政部,请为黄洁如《文法与作文》之著作权注册。布告明日放假。

五时,与雪村往访道始,拟请其为开明常年法律顾问。七时归饮,饮后即寝。道始允任顾问,开明拟年酬二百金。

5 月 5 日(丙子)星期六

阴霾,气不爽。上午六八,下午六七。68.2—59.0

今日放假,上午未出。下午三时与雪村、洗人、息予、子如、调孚托拜言之介,往华德路威妥玛路口康元制罐厂参观。该厂以科学管理著,故往省察之。章程表格特多,大为息予所喜,其实亦事在人为耳。由厂出,过明光印刷所,一睹彩印,少坐即归。

夜小饮。饮后与珏人挈漱儿往大千世界观后集《奈何天》,晤东华、柏丞、调孚、圣陶及陈万里、盛叙功。十二时十分散,偕天然及清、汉两儿同归,盖伊等先于日间在彼观前集也。到家已十二时二十分,即就睡。

5 月 6 日(丁丑 立夏 下弦)星期日

晴,感热矣。上午六六,下午七一。77.8—57.9

上午九时,出席本公司业务会议,十二时归。

下午未出,入夜小饮。饮后于九时许就睡。

公司事务日剧,而人手无多,肆应为难。丁此时会,奋然任之,虽未必捉襟露肘,而戴白演戏,诚有竭力弗讨好之概耳。既来之则安之,亦惟有尽力做去,以求不枉所事矣。

5 月 7 日(戊寅)星期一

晴热,夜半雨。上午六九,下午七六。89.1—61.8

依时到公司办事,办出商标注册呈文一件,通启一件。新稿四件。夜归小饮,饮后倦眼不支,九时即寝。

开明图书馆亟待整理,而人手太少,分派无从,则亦徒唤奈何耳。但购书事不能停顿,拟草一购书委员会章程请当局派员组织,以期循序进行。

5月8日(己卯)星期二

晨阴霾,热。午后转凉,雨。入夜雷雨。上午七五,下午七二。70.7—68.7

依时入公司,将各处所委员会所属各部课科等新印章备函分发,吊销旧用图章。并将签字印鉴分发调集,但尚未全来。送商标局请求注册之呈文退回,谓须二百数十元始可立案,迹近竹杠,可恶也。爰托孚白亲往一询明白,再办出之。

夜归小饮,饮后甚倦,竟听书且不能,九时即寝。

5月9日(庚辰)星期三

阴雨,午后放晴,又雨。上午六八,下午六七。71.8—57.7

依时到公司,办《春蚕》等送党部覆审文及送内政部注册文。

龙榆生来,接洽《词学季刊》移来开明出版事,并谓可将朱彊村遗著手迹付印。

迁移委员会今日开结束会议,所有未了事宜,移交安全委员会办理。

夜归小饮。饮后过雪村、云彬谈。盖道始来告,翻版案无甚发展,不值得提起私诉也。九时许归,十时就寝。

5月10日(辛巳)星期四

晴和。上午六三,下午六六。76.1—47.3

依时到公司办事,补记一日以来事务日记,送出公文三件。并为中学生社向邮务管理局补领认为新闻纸类执照。五时半与调孚同出,过营业处,晤洗人、息予、雪山等。六时后,与息予同过坚吾,遇良才,因偕赴二马路东兴楼豫菜馆晚酌,并约叔旸同餐。九时许散,十时乃到家。

5 月 11 日(壬午)星期五

晴和。上午六六,下午六八。76.6—50.0

依时到公司办事,发出通启一件,布告二件,公布《司阍须知》七条。

夜归小饮,饮后少坐即睡。

福崇来访,接洽印稿事。移时乃去。

5 月 12 日(癸未)星期六

晴和。上午六七,下午六八。74.3—54.0

依时到公司办事。下午三时召集各秘书及关于处理文书之人员开谈话会,说明种种手续,至五时半始了。

榆生来,送到彊村手稿及寐叟、蒿庵书件共三件,约定影印,并允代印《词学季刊》。

夜七时与息予同返,具酒对酌。谈至十时乃去。

今日与云彬、祖璋、彬然、志恒、士敫同饭于鸿运楼,约以后每日同餐,轮流会钞。

为文权送酬金十五元与周医生。

5 月 13 日(甲申 四朔 月建己巳)星期日

晴和。上午六七,下午七二。83.2—51.8

上午未出,闲翻架书。饭后二时,俊生见过,交到地图画色底样及其弟所撰《生活素与健康》一稿,托代投开明。长谈至四时四十分去。予亦遂出,往访乃乾。留饮焉。七时,辞赴息予之宴,晤凤岐、君谋、立斋等,谈至十时,散归。

在乃乾所假得明人小品文两种,约明日走为往取之。

5 月 14 日 (乙酉) 星期一

晴暖。上午七〇,下午七五。85.1—56.7

依时到公司办事,知雪村昨日夜车赴南京内政部出席发行人谈话会。旋支配收发工作,实施文书处理规则。接见赵廷玉,约其于下星期一来梧州路办保管课事。

午饭仍与云彬等在鸿运楼共餐。

夜归小饮,饮后闲坐听书,不觉倦来,九时即寝。

5 月 15 日 (丙戌) 星期二

晴暖。上午七二,下午七五。82.5—57.7

依时入公司办事,分配文件。下午三时召集各关系部分开会研究《款项收支规则》及与《文书处理规则》相连之各条。略有修改,将俟下届业务会议提出之。

夜归小饮,饮后略坐即寝。但睡至一时即醒,竟静以待旦。

天然托圣陶来说,月内须搬走。予久困挤轧,闻之如获赦矣。

5 月 16 日 (丁亥) 星期三

晴暖。上午七〇,下午七四。80.6—59.4

依时到公司,处理文件分配及办出通告、布告各一件,开出支款凭单九纸。

雪村偕季野自京来,知在宁尚好。内政部注册事亦妥洽矣。

夜归小饮,饮后少坐即睡,藉弥昨失。

5 月 17 日(戊子)星期四

阴雨,午前尤甚。上午七四,下午七五。68.9—65.7

依时到公司,处理文件及开单事,忙迫几无暇晷,苦甚! 长此以往,殆不能胜矣。

夜六时归,小饮。饮后略坐便寝。

日来事务加剧而人手不增,实无它事再能顾及,奈何!

5 月 18 日(己丑)星期五

晴暖。七十四。82.6—64.8

依时到公司,处理文件分配并办函件等四起。

保管事拟调徐乃敏来佐,息予不肯放,仍搁置不能行。

夜归小饮,饮后少坐即寝。

5 月 19 日(庚寅)星期六

晴。午后阴,入夜大雷雨。上午七〇,下午七六。76.1—60.6

依时到公司,处理文书分配并办出呈文一件。

夜六时半,与丐尊、圣陶同赴陶乐春薰宇之约。同坐有王兆荣(川大校长)、颂久、煦先、愈之、雪村、六逸等,饭毕雨作,雷电以风,听雨剧谈,以俟雨过。至九时三刻乃唤汽车以归。丐、圣同乘,抵汾安坊口乃下。

幽若来，予归时，正与家人打牌。以雨故，下榻清儿室中。

5 月 20 日（辛卯）星期日

上午阴，下午晴热。上午七二，下午七六。80.2—64.6

午前十时许，偕珏人挈滋儿并与濬儿、文权同乘以趋赫德路振明里孟君谋所，盖赴饭约，且乘浴佛节一眺静安寺场之庙会也。饭时与息予晤。饭后四时，独往乃乾所，乃乾方出，坐待之，至七时乃来，遂共赴南京路冠生园晤雪村及韩佑之，商谈仿宋字模事。十时归，珏人等亦方自孟宅返来未久也。

5 月 21 日（壬辰　上弦）星期一

晴暖。上午七二，下午七六。83.3—61.3

依时到公司，处理各项文卷，各处所缴存之件不下数百，分别庋存，亦颇费周章也。

晚七时，与息予共赴坚吾、良才之约，同饮于马上侯。至十一时乃乘车归。疲甚。日间百物丛脞，晚来又复轰饮，如之何其可行乎？以后当力戒晏饮。

5 月 22 日（癸巳　小满）星期二

晴暖。上午七五，下午七七。80.1—63.5

依时到公司，处理各事，办妥延聘道始为常年法律顾问函，交雪村备款送出。五时半归，同圣陶、调孚、仲华、彬然、祖璋共载。六时到家，少坐即晚餐。拟自即夕起，除宴会外，戒去每晚例酒。饭后本拟作事，以连日欠睡，竟不果，九时已就卧矣。

5 月 23 日(甲午)星期三

阴,下午雨,转凉。上午七四,下午六八。72.9—63.5

依时到公司,处办各事。写信与柳翼谋,纠正《图书总目》著录予作误署常熟事。下午五时,以衣单难耐,先归添衣。七时,过仲盐居,与洗人、雪村、调孚、息予、守宪、圣陶、雪山会饮,且谈公司与美成事。十时三刻乃返寝。

道始复到,允任本公司常年法律顾问。

作书与南京国学图书馆长柳翼谋,属更正该馆所出书目于予所撰《太平天国革命史》等误署常熟字样,致与王益厓其人牵混事;并乞取前借钞本草印之《贼情汇纂》。

5 月 24 日(乙未)星期四

晴暖。上午六八,下午七四。81.3—53.6

依时到公司,处理各事,办公函致营业处,刊发分店部新设之文书、账务、交通三课印章。

夜归饭,饭后闲谈,至九时许即睡。居然不饮,亦甚适也。惟日间太忙,入夜竟未能再有所作,则殊难自帖耳。

5 月 25 日(丙申)星期五

晴暖。上午七〇,下午七四。81.3—59.0

依时入公司,照常处理各事,与赵季林接洽文书处理各事,并办通启知照各部分使用印章必由主任签字或盖印,如有事不及亲签,亦须委托妥员代签,仍注代字以明责任云。

夜归饭,饭后看吴曾祺所辑《旧小说》,至十时就卧。

5 月 26 日（丁酉）星期六

晴暖。上午七三,下午七五。81. 7—57. 2

依时到公司处理各事。

予同寄赠方氏重刻《通雅》十巨册,国学图书馆寄赠《贼情汇纂》六册,至感! 惟俱无信,不识明后接得书问否?

夜归饭,饭后看吴辑《旧小说》,九时许即寝。

5 月 27 日（戊戌）星期日

晴暖。上午七四,下午七六。79. 5—61. 0

上午未出,安甫妹情及修妹挈静甥来。饭后,偕家人同往高郎桥天主教公墓看庶母墓。二时许返。四时许,予出访乃乾,谈至七时,与之同赴东方饭店六楼雪村之约。晤韩佑之、章守宪、吴仲盐、魏炳甫,原约洗人、息予、雪山俱未到。九时晚饭,饭后商百宋制字模事,仍无要领,然迟至十二时乃得归,苦矣。

5 月 28 日（己亥）星期一

晴暖。上午七四,下午七六。84. 6—59. 2

依时到公司,处分文书,下午为召集营业会议事,大忙,办出公函五件,分发十二处。几无片晷之暇矣。

接昨到之柳翼谋复函,本当即复,以他事冗杂,遂搁置之。予同处因亦不能发信。

夜归饭。知珏人曾因仲弟来书,济、淑两儿俱病,往省之。现已稍痊,想无大碍耳。

为怀之填一登记表,拟介绍入开明任收发分课事。

梓生夜过,出申报馆新出《中华民国新地图》相示,幅不加广而价昂至廿五金,失望甚矣!

5 月 29 日(庚子　望)星期二

晴暖。上午七四,下午七八。81.9—61.9

依时到公司,处理文书分配。下午写信与乃乾、翼谋、予同并及前问地图之沈君,信债一清,为之大快。

挺生来言,可嘱怀之来谈,因于夜饭后作书令来,不识能否成就也。此君谦谨有馀而才猷实短,恐不胜重任耳。

连日废止夜饮,甚不感异,能及时戒去之,幸莫大焉。

廉逊电话来约,明日六时往谈。

5 月 30 日(辛丑)星期三

晴暖。有风。上午七五,下午七八。

依时到公司,处理文书分配。下午三时举行第五次编审会议常会,仲华未出席。六时散,息予同车至嵩山路,伊径归,予则赴马浪路新民村卅八号廉逊寓小饮。与震平、俊生晤叙,不觉多饮,至十时许乃辞归,抵家已十一时矣。一枕就睡,醒来已四时,幸未吐。

5 月 31 日(壬寅)星期四

晴暖。上午七七,下午七八。86—68

依时到公司,处理文书分配,预备下月看业务会议提案及报告。子良、索非今日返沪,盖公出两月矣。

夜归饭,饭后补记前昨两日日记及本日日记。记毕,与家人打牌。仅四圈,已倦,遂罢。九时三刻就卧。

6月1日(癸卯)星期五

晴,闷热,夜大雨。上午七八,下午八一。85.6—66.7

依时到公司,处理文书分配,制两案提交下届业务会议,并具两报告。

夜归,怀之已应召来,面洽后,约明日午后往访挺生决定之。天然定明日搬走,墨林来送礼,因留谈至九时许乃去。

十时就寝。

作书与子敦,问《集成》可否八折出售。

6月2日(甲辰)星期六

晴暖,较昨为快。上午七七,下午八二。85.6—69.1

依时到公司,处理文书分配,并办注册呈文寄内政部。

夜归晤怀之,知已与挺生接洽,并见过雪山,约下星一到福州路收发分课任事。晚饭后长谈至十时,乃偕其妹慧若归寓。

天然今日搬走,楼上已空,拟即日粉饰一过,移床于此。楼下专为起居之用,或可稍稍宁静,夜间当能随写一二乎!

6月3日(乙巳)星期日

晴暖。上午七七,下午八四。87.1—66.0

上午九时,赴梧厂出席业务会议。十二时许归。岳斋夫人及云斋夫妇并岳斋之子褓褓以至。盖今日彼等特来拜门,以岳子附行于予夫妇为寄子也。予为题名永年以宠之。及晚,彼等去,予竟未出。

怀之来,因与共移床箱,登楼布置,盖房中已粉饰一新矣。

6 月 4 日(丙午　下弦)星期一

晴闷,夜雨。上午七七,下午八一。89.4—66.9

依时到公司,办理文书及保管各事。

下午五时与调孚、云彬同出,购书于来青阁。旋过饮豫丰泰。辛壬难后,初登此楼,觉风味盎然也。谈至九时,乃扶醉行,以雨故乘汽车而归。

6 月 5 日(丁未)星期二

晴燥,有风。上午七七,下午七八。86.5—67.1

依时到公司,处理文书支配,办信数件。

夜归,挂窗帘,布置卧室,七时始晚饭。饭后又略动,然后补记前昨日记,看报一过,乃寝。

6 月 6 日(戊申　芒种)星期三

晴暖。上午七四,下午八〇。84.6—57.2

依时到公司,处理文书分配。

夜归饭,饭后少坐便寝。

倦劳相乘,终难坐定为自己作笔札,烦闷甚!

6 月 7 日(己酉)星期四

晴暖。上午七四,下午七九。86.0—65.7

依时入公司,处理文书分配。

夜归饭,饭后略坐即卧。日间积倦已甚,入夜竟莫能支也。如此忙迫，乃不为人谅，一若藉此自逸者，真有苦莫诉矣。

6月8日（庚戌）星期五

晴暖。上午七五，下午七九。82.4—65.3

依时到公司，处理文书分配。

下午五时到道始事务所，商公司事。事毕，归福州路营业处，晤息予、子良、雪山，因同饮于大鸿运，十时散归，约明日下午六时在子良所公宴各分店经理。

6月9日（辛亥）星期六

晴暖。上午七二，下午七六。78.3—67.1

依时到公司，处理文书分配。

下午六时在子良所公宴分店经理，除陪客外，到广州分店徐少楼、汉口分店钟养初、长沙分店李诵邺、南京分店金桂荪、北平分店吴心厂。十时许乃散。

6月10日（壬子）星期日

晴暖。上午七五，下午八〇。86.0—61.5

八时半到营业处，整理营业会议提案，编印。午间饭于息予家，与梦岩晤。午后复到营业处，二时许即在楼上开第五届第五次董事会，入暮始散，乃归。

劳扰六天，盼得星期，乃又以人事埋送之，无谓极矣。

怀之染疟，忽来辞职，慰留之，乃不可强，奇甚！即晚召幽若喻之，据云明日必力挽之，可代请病假以资治理也。予止得从之。

6 月 11 日 (癸丑) 星期一

晴昙兼施,闷。上午七六,下午八〇。83.3—65.7

依时到公司。上午举行营业会议开会式,并摄影。下午在福州路营业处楼上讨论各项报告。

夜归饭。饭后即睡。

6 月 12 日 (甲寅　五朔　月建庚午) 星期二

晴暖。上午七五,下午七九。84.0—62.1

依时到公司,处理文书分配,兼理昨日积件。

营业会议仍在福州路分组审查提案。予未往列席。故入夜即归,饭后少坐即寝。

6 月 13 日 (乙卯) 星期三

阴,闷热。上午七六,下午八〇。84.9—67.8

今日营业会议正式讨论提案,上午下午俱在福州路列席。午间即在味雅午饭,与调孚、子良、子如俱。

夜归饭,饭后不支,少坐便寝。

6 月 14 日 (丙辰) 星期四

晴闷,夜微雨。上午七六,下午八〇。88.5—65.8

依时入所办公,整理营业会议议事录。

写寄鞠侯、叔谅信。

接子玉来信,告去冬迎母到青,近其妇又生一女。

下午五时到福州路营业处,旋过道始所,晤雪村,共商接收百宋铜模契约草底事。七时同往大鸿运贺叔琴之弟甫琴结婚。

6 月 15 日（丁巳）星期五

晴，尚爽。上午七八，下午七七。78.6—68.0

依时到公司，处理文书分配，办出营业会议议事录，分送各会员及各处所。

写振铎、伯樵及黄子方信。

夜归饭，饭后闲谈，九时许即寝。

接翼之询怀之近状信，闻夫人报告永年安好信。

6 月 16 日（戊午　端阳节）星期六

晴热。上午七五，下午八〇。83.8—64.4

依时到公司，处理文书分配，办出公函三件。

写复子玉信。

夜归小饮，与幽若、天然、漱石共酌，怀之亦来，以初痊不能饮，略饭而已。晚饭前后，珏、幽若、天然、瀋俱打牌。十时许客散，漱石留，予等亦归寝。

十日以来，公司事忙迫极矣，并星期亦无休息，甚苦之。一切账目及日记俱寝阁，至今日始稍稍理之，断缺依然甚多也。

6 月 17 日（己未）星期日

晴暖。上午七九，下午八二。86.7—64.4

晨起，追记十日来日记，补完之。

十时许，道始挈二子来。未几，雪村偕冀野来，携《饮虹簃续刻曲》，俾转交晴帆，计价二元，即托道始带去。有顷，子良、心厂来。

十一时许,子良、心厂去,十二时许予与道始等共啖馄饨。一时,诸客齐去。

下午四时,往东方饭店访乃乾,茶役云已归去,因踵其寓晤之。谈至傍六时许乃归。正在小饮,道始复偕丕成见访,谈购书事甚久,八时乃去。

6 月 18 日（庚申）星期一

晴,夜雨。上午七七,下午八〇。80.6—65.3

依时入公司办事,处理文件。办好呈内政部文三件,先寄出一件。

夜归小饮。饮后怀之至,知已到营业处销假,仍任收发分课事,为之稍慰。谈至九时,天雨乃去。

是日在天然家午饭,盖请予夫妇及潚华并及圣陶夫妇也。

6 月 19 日（辛酉）星期二

阴雨,转凉,晚晴。上午七七,下午七六。75.8—67.1

依时到公司,处理文书分配。寄出呈内政部文二件。

子良将经办各项文卷今日点交,当于午前接收,别贮铁箱、皮箱、藤箱三处。保管设备不充,殊感无以应付也。

四时许,洗人、息予来,为百宋事与雪村磋商办法,至六时半乃散,未得要领,予亦遂归。

6 月 20 日（壬戌　上弦）星期三

晴爽。上午七四,下午七八。84.7—62.6

依时到公司,处理文书分配,函何、陈二董事征取签字及印鉴,俾制版印入股票。

　　雪村突发流火,未到公司,予晚归访之,知热度甚高,然旧病无妨,不久当自愈也。

　　丐、圣辈忽视事务太甚,每以予任秘书为不经济,面子为惜才,实则嫌予典枢要耳,领袖犹然,其他悠悠之口夫何足责! 然予又受若辈一钉,中宵为之不寐者移时。

6月21日(癸亥)星期四

　　晴暖。上午七六,下午八〇。87. 1—64. 4

　　依时到公司,处理文书分配,编通信录。

　　晚饭访雪村,知已渐愈。因与略谈公司事,入暮乃别。

　　夜仍小饮遣闷,不图知旧之凶终卒不能免也! 予须臾忍之,恐难长此默而耳。

　　怀之见过,知已取得薪水,为月薪二十六元。

6月22日(甲子　夏至)星期五

　　晴雨不时,梅天矣。上午七六,下午七八。80. 4—68. 4

　　依时到公司,处理文书分配,续编通信录,办呈文二件。

　　下午息予来,五时与同出,偕至嵩山路下车,彼归,予则赴廉逊之约,谈世界地图进行事,且与廉逊、绍良、震平共饮焉。十时半散,十一时半始抵家。

　　写信复晴帆。

6月23日(乙丑)星期六

　　晴热。上午七八,下午八四。91. 4—70. 7

依时到公司,处理文书分配。

散班时得调孚报告,谓愈之转述,营业处方面反对韦息予,将联名上书以去就挤之云云。晚乘雪村招饮之便,遂告之,请密查且准备。

夜十时归寝。

6 月 24 日(丙寅)星期日

晴热。上午八二,下午八六。91.4—75.0

晨十时出,访晴帆不遇,因过息予以昨所闻告之。旋与共出,复过晴帆,则晤之。少坐后,息予先行访雪村,予则与晴帆同访道始,因共饭焉。饭后谈至三时,三人同出,赴东吴俱乐部,打牌八圈,七时归。

晚饭后往询雪村,谓息予已来谈过,播弄人亦已查得,其实只是杜派乘机报复,利用无知之徒妄诽之会以图一逞耳。一经揭破,其萌已杀矣。然息予行事过当,前途亦正未能乐观也。况地域观念甚烈,封建意念极强,难保不再嘘灰扬波乎!

6 月 25 日(丁卯)星期一

炎热如蒸,突来难耐。上午八一,下午九三。101.5—73.8

依时到公司,处理文书分配。

下午出席编审会议,决定廿五史刊行委员会再加圣陶、均正二人,连前丐尊、雪村、调孚、云彬及予凡七人。即日入手计划。并决定分任编纂中学各科教本。

夜归饭,饭后畏热,浴罢略坐即睡。

6 月 26 日（戊辰）星期二

炎热加前。上午八五,下午九三。102.7—75.4

依时到公司,处理文书分配。

晚归饭,饭后坐热,浴身招凉。然屋窄人稠,又兼不甚透风,竟无法摆布矣。苦甚!

今年夏至甫过,突然炎热如三伏,殆可入五行志称灾异已。

6 月 27 日（己巳　望）星期三

炎热如昨。暵甚。上午八五,下午九二。102.0—76.1

依时入公司,处理文书分配。

上午下午俱出席刊行委员会出版会议联席会议。

夜归饭,饭后浴身小坐,便寝。如此热氛交围,虽欲稍翻架书而不得也。

6 月 28 日（庚午）星期四

炎热,暵苦。上午八七,下午九四。101.5—78.8

依时入公司,处理文书分配。

下午廿五史刊行委员会召集谈话会,至五人,议决进行诸事。

夜归饭,饭后坐热,苦甚!

农民望雨甚殷而迄不见滴沥,转瞬出霉,兴云更难,今岁其旱魃致灾乎!

6 月 29 日（辛未）星期五

炎热不减往日。上午八七,下午九四。99.0—80.1

依时到公司,处理文书分配。

上午下午俱参与人事委员会,通过薪给章程及订约、增薪诸事,明日须办妥。对散布流言及播弄是非之人亦议有惩戒办法,由经理执行。分店方面即责令被惩戒人去函解释之。

夜归饭,饭后闷坐热氛中,无聊甚,九时即忍苦就睡。

6 月 30 日(壬申)星期六

晴热如故。上午八五,下午九三。100.0—78.4

依时到公司,处理文书分配。办讫聘用人员调整薪水诸事,公函送达各本人。予月支一百七十五元,明日起算。

今日雪村之父七十岁生日,晚间往贺,饮酒,与珏人俱。九时散归。梓生适见访,因长谈,至十时许乃去。

热不能睡,苦甚! 中宵数起,浴汗不止也。

7 月 1 日(癸酉)星期日

晴热如蒸,夜起风,似欲雨,但片刻即止。上午八八,下午九四。102.7—79.5

今日上午九时本当出席业务会议,以天热,请假。

饭后,文杰偕其友李君来,因打牌八圈,五时去。

夜饮冰啤酒一瓶,藉祛烦闷。怀之、幽若、慧若先后来,知昆弟间颇龃龉也。予止有譬劝,难加可否。九时三刻始去。而天热床温,予亦不能贴枕矣。

商务印书馆今日公布提改办公时间,自上午八时至十二时,下午停。以一月为期,八月一日仍复故。予预料本公司必有因而生心者,难保无起而作此要求之人也。

7月2日(甲戌)星期一

晴热如故。上午八七,下午九三。101.8—77.9

依时入公司,处理文书分配。

热甚,头脑胀痛欲裂,竟不能支矣。

夜归,仍饮冰啤酒一瓶,稍涤烦襟。八时即睡,强忍温席,亦无可奈何矣。日间倦疲已极,夜间设再不能安睡,其可久乎? 幸积劳之后易为息,居然九时即入梦也。

7月3日(乙亥)星期二

晴热如故,夜半后稍好。上午八五,下午九三。100.8—78.8

依时到公司,处理文书分配。办呈文及公函各一,未缮发。

予同自杭来,盖由皖过此,先赴彼处折回也。谈未久,即去。约晚七时在功德林晤叙。及时,予偕丐尊、圣陶、云彬、调孚径赴之。雪村已先在。略坐,予同遂与允臧、愈之、煦先、叔含同来。饭后,九时许散,予与圣陶、调孚乘七路电车归。

7月4日(丙子　下弦)星期三

晴热。上午八四,下午九三。101.1—77.0

依时到公司,处理文书分配。分别缮发文件。

今晚公司宴请予同等,在聚丰园设两席。除同人丐尊、雪村、仲华、调孚、雪山、圣陶、息予、洗人外,到予同、允臧、仲云、愈之、东华、觉敷、煦先、心如、伯韩、许杰、雁冰等十人。八时开饮,十一时乃散归。

上午开编审会议临时会,决定英文字典当买收,不抽版税。

7 月 5 日(丁丑)星期四

晴热。上午八五,下午九二。97. 7—76. 3

依时到公司,处理文书分配,办呈文二件送教育部请审定《高中代数学》及《初中动物学》。

夜归,饮冰啤酒自遣,八时即寝。

7 月 6 日(戊寅)星期五

晴热。上午八四,下午九〇。95. 5—77. 0

依时到公司,处理文书分配。上午下午俱出席人事委员会,通过练习生章程、病假津贴及婚丧给假等章程,议定人员进退调动顺序,分配花红奖励金原则。

夜归,仍饮冰啤酒自劳。浴后移榻露台纳凉,十时就寝。

7 月 7 日(己卯)星期六

晴热。上午八二,下午九〇。95. 5—77. 9

依时到公司,处理文书分配。办布告、公函各一件,通知九日循例放假,并致南京分店钱晓渔委为主计股主任。上午九时半赴营业处,会同子良到兴业银行保管库存放火险保单,并检点原存各件。十一时三刻回营业处,因与洗人、雪山、息予、子良同饭于杏花楼小食部。午后二时,回梧州路总厂。六时归,仍饮冰啤酒自遣。

雪村又发流火,大概连日劳乏,兼之多饮,遂有旧疾复动之机耳。

夜九时睡,尚好。

7 月 8 日（庚辰　小暑）星期日

晴热。上午八五，下午九二。96.1—78.6

科头跣足，准备不出，饭后与文权、瀞华、珏人打牌自遣。接道始电话，坚约往东吴俱乐部乘凉，且云派车来迎。牌终车至，乃乘之去。谈近事甚悉，至七时，遂辞归。

晚饭后坐露台纳凉，至九时就寝。

今日甫交小暑，而炎热已逾旬日，霉中无雨，暵热不时，其为灾异，谁曰不宜。

7 月 9 日（辛巳）星期一

晴热，似有云，然即散。上午八四，下午九四。98.6—77.7

晨十时，怀之来。十一时，清、漱、润三儿偕士敫、士文及其姑同游兆丰公园。十二时，荫生来，其姊漱石托带东西交到也。午后五时许，偕珏人、怀之并挈瀞、滋两儿过静安寺路青年会晤文权，以滋内急即赶归。

夜饮冰啤酒自遣。九时半就寝。

道始见过，适出未晤。留稿托代印之。

7 月 10 日（壬午）星期二

晴热，带闷。上午八八，下午九四。101.8—79.2

依时到公司，处理文书分配事。下午为《廿五史》作样本之书目。

写信复子敦、俊生、廉逊。

雪村病愈来公司。

坚吾已自汉归,馈予暖锅、烟盒各一事,湘莲叔许,甚感!

夜仍饮冰啤自遣,九时许睡。床席复炙如前,竟莫能寐。

7 月 11 日(癸未)星期三

炎热,傍晚略有其翳,然无风。上午八八,下午九六。102.4—79.7

依时到公司,处理文书分配。

下午布告停止工作。因即归饭。饭后略睡片晌,浴汗而醒。

夜啜冷粥一碗,稍坐,忍热就卧。百无聊赖,且兼连夜欠寐也。

7 月 12 日(甲申　六朔　月建辛未)星期四

晴热加甚。上午八五,下午九五。104.4—79.9

依时到公司,处理文书分配并续作参考书目。

下午仍停止工作,因归饭。

饭后无以遣热,手《花草粹编》闲翻之。

夜八时许,忍热就卧,充体浴汗,苦甚!设再加高温度,去死一间矣。

7 月 13 日(乙酉)星期五

晴热如熇。上午八八,下午九四。103.3—79.9

上午到公司,处理文书分配,办信一件。

下午仍停。归饭后在家作完《三国志》参考书目。

据报载昨日最高温度达一〇四.四,实为六十三年以来仅有之纪录。(天文台创设以来垂六十三年,此次所报温度实打破纪录矣。)宜乎卧不能贴席,食不能安坐也。

夜,幽若、怀之先后来。接翼之信,知伊子病危,故幽若将于明晨五时早车赶返也。

九时许就卧,汗沈困人,难入梦耳。

7 月 14 日(丙戌)星期六

晴热,夜略润,或有雨意。上午八五,下午九二。101.3—77.9

依时到公司,处理文书分配。下午仍停。

下午畏热不出。傍晚,墨林来。晚饭后与文权、潆华打牌八圈,十一时去。

幽若今晨归苏省视,不识翼子痊否? 甚念之。

清、漱两儿往省淑、济,知仲弟全家尚好也。

7 月 15 日(丁亥)星期日

晴热如故。上午八五,下午九三。98.1—78.3

竟日未出,读白、元《长庆集》以自遣。夜七时,与珏人、潆华、文权往海宁路融光大戏院观"邓脱灵魔团"演技。手术甚捷,看众都满意。九时散,以待车良久,十时始归。

抵家热甚,取汤澡濯然后睡。

7 月 16 日(戊子)星期一

昙,气尚稍和。上午八四,下午八九。94.6—79.0

今日以室内温度未达华氏表九十二度,下午照常办事。

依时到公司,处理文书分配。办呈文二件。

午后仍归家会餐。

夜归未饮,饭后略坐便睡。

7 月 17 日 (己丑) 星期二

晴,午间阵雨,旋止。上午八五,下午八八。95.0—77.9

依时入公司,竟日办事。午饭仍在鸿运楼。

上午出席编审会议。

夜归小饮,饮后乘凉就卧。连日困热,今得稍凉,快然大足已。

7 月 18 日 (庚寅　初伏) 星期三

晴昙间作。上午八五,下午九〇。94.5—79.0

依时到公司,竟日办事。送出呈请审定《开明社会课本》文。

夜归小饮,饮后少坐便卧。

汉儿投考务本女中,今日往看榜,已列入正取。归道过修妹所,携静甥同来。

7 月 19 日 (辛卯) 星期四

晴昙雨间作,反成霉天。上午八七,下午八九。93.3—78.4

依时到公司,处理文书分配。

夜归小饮,饮后即睡。文权忽患腹疾,起持药与之,旋痊。

廿五史刊行委员会开会,推予为常委,签付本刊应付各款。

午刻在鸿运楼饭,见闸北无赖数百十辈迎赛祈雨,穷形极相,令人心恶。尤足骇人者,裹胁十馀龄之幼童,亦加入臂香队,钩臂悬炉,穿海军装,招摇过市。岗警熟视无睹,外人目笑送之,愤甚! 或曰,是即当局所倡新生活之实质表现耳。呜呼! 我欲何言!

7 月 20 日（壬辰　上弦）星期五

昙雨间作。上午八七,下午八八。91.4—79.2

依时到公司,处理文书分配。午饭于鸿运楼。

下午四时出,往来青阁借五洲同文本《廿四史》,寿祺允可,约明日派人往取之。

六时归,小饮而后饭。九时就寝。

7 月 21 日（癸巳）星期六

阴雨。上午八四,下午八五。84.0—77.4

依时到公司,处理文书分配。办呈文及公函各一件。

午饭仍到鸿运楼。

晚归小饮。饮后慰祖来,因与文权等打牌四圈。九时半寝。

天气不时,感冒鼻塞,难受极矣!

7 月 22 日（甲午）星期日

阴雨,甚闷,晚晴。上午八三,下午八四。80.4—75.9

竟日未出,上午偃卧,下午打牌而已。入夜就浴,浴后少坐即睡,盖感冒甚烈,有类病袭也。

诸儿扰之,无片刻宁,苦甚!家累云云,此其表征已。

近日天气之劣,生平所仅见,入霉象伏暑之炎,交伏转入霉之湿,方交大暑反若秋分矣。如此颠倒,奈何不病!将来秋热再蒸,疟痢丛生,可预决也。

7 月 23 日（乙未　大暑）星期一

晴,有风,夜雨。上午八二,下午八六。89.6—73.8

晨兴,颇感不爽,以未了事多,仍强起到公司。风中形寒,至九时许,竟不支矣。乃将诸事略加处分,唤车径归。登楼偃息。甫就床,息予夫人挈诸雏来省珏人,珏人遂下楼伴之。饭后陪同打牌,竟未登临。薄暮,息予至,接眷去。予始进粥。夜卧尚好,明日当可霍然矣。

7 月 24 日(丙申) 星期二

晴。微雨时飘。上午八五,下午八六。91.6—77.4

今日身体已好,惟精神欠佳,仍在家休息。

看《词律》。

傍晚雪村见过,告经济会议情形,谓上年度索账不佳,重以分店亏耗,竟折阅,勉强作到股息八厘,馀不复论云。此事予于子如所已略有所闻,丏尊更大叫不了,其实胜败常事,初不能随便乱动也。干部步调不一致,前途殊堪虑耳!

组青来,晚饭后属其带清、汉、漱、润、滋诸儿往融光看邓脱魔术,十时归,留渠下榻于此。

7 月 25 日(丁酉) 星期三

晴。上午八五,下午八九。96.3—77.9

照常到公司办事,积件待清,颇感忙碌也。

午饭仍在鸿运楼。

夜归已倦,饭后小坐便寝。

收发处职员袁重恩在医院病危,派人前往照料,不识能否脱险耳?

7 月 26 日（戊戌　月偏食）星期四

晴热。上午八八，下午九〇。95.9—78.4

晨间怀之来，因与同出，到营业处，晤洗人、子良、息予。至九时，到兴业银行信托部，存放火险保单等各件于保管箱。复返营业处小坐，然后乘车到梧州路总厂。处理文书分配，仍到鸿运楼午饭。傍晚归，进餐后坐露台观月食，远近爆竹之声绵如也，陡解日前所见求雨活剧，益叹中国民族之堕落竟愈趋愈坠底矣。

袁重恩昨夜病殁医院，孤身客死，悲夫！

7 月 27 日（己亥　望）星期五

晴热。上午八七，下午九二。98.6—78.3

依时到公司，处理文书分配。仍在鸿运楼午饭。

夜归饭，饭后少坐便就卧。

怀之早晚俱来，谅有事，询之，不语所以。

7 月 28 日（庚子　中伏）星期六

晴热，午后雷雨，即止。上午八七，下午九二。101.1—78.4

上午到公司办事，下午以热停。

夜漱石挈宏官来，适怀之亦来，谈悉苏州近事。知翼之或将调长城校也。至十时，怀之去，漱、宏母子留，将以明晨往居于齐齐哈尔路寓所云。

福崇见过，知子敦有威海卫养疴之行。

7 月 29 日(辛丑)星期日

午前晴,午后雷雨,旋止。上午八六,下午九一。100.2—77.4

竟日未出,亦无客至,甚适。

午后打牌八圈,夜小饮。

十时就寝。

7 月 30 日(壬寅)星期一

晴昙间作,热。上午八五,下午九〇。99.5—75.9

依时到公司,处理文书分配。下午作《史记》参考书目。

廉逊来,接洽图说样本各事。

晚归,天然在焉,盖前日甫自苏返,今日特来访问珏人也。夜饭后去。闻仲华有迁移说,天然又将转徙,甚为之担心,不知能否仍住下去耳。

7 月 31 日(癸卯)星期二

晴热。上午八六,下午九〇。97.3—77.0

依时到公司,处理文书分配。

午间仍到鸿运楼饭。

夜归饭,漱石母子来,下榻予家。

8 月 1 日(甲辰)星期三

晴热。上午八五,下午九一。97.7—77.4

依时到公司,处理文书分配,办公函声请书及说明书各一件。

息予来,谓即日复用"丁晓先"姓名。

夜归饭。午仍在鸿运楼进餐。

漱石母子去。慧若来,晚饭后去。

8月2日(乙巳　下弦)星期四

晴热。上午八六,下午九一。97.9—77.7

依时到公司,处理文书支配。下午到兴业银行保管箱取文件。蒸热不复返梧厂,乘车径归。夜饭后略坐便寝。

午饭仍在鸿运楼。

8月3日(丙午)星期五

晴热。上午八六,下午九二。99.0—77.9

依时入公司,处理文书分配。

午饭仍在鸿运楼。

夜归饭,饭后就浴。浴罢登露台招凉,九时许就卧。

8月4日(丁未)星期六

晴热。午昙,闷,不雨。上午八六,下午九〇。100.4—75.4

依时到公司,处理文书分配,办出呈文一件。

车夫袁阿新,盐城人,以包车来兜揽,与之讲定每月十二元,除星期外,每日往还四次。今日起,故即返家午饭。

晚归,少憩即饭。饭后与文权、濬华等打牌四圈。十一时睡。

所欠月薪今日起分期扣还,第一次扣十五元云。

8月5日(戊申)星期日

晴热。上午八八,下午九二。101.3—76.3

　　晨九时出席业务会议,在福州路营业处楼上举行。十二时半散归。下午未出。傍晚,慧若来,告怀之又病疟矣,亟令清、汉两儿往齐齐哈尔路通知漱石母子,遂与俱来。晚饭后去。

　　夜十时就寝。

8 月 6 日(己酉)星期一

　　晴热。上午八六,下午九一。99.5—75.0
　　依时入公司,处理文书分配。
　　午前出席人事委员会。午后续作《史记》参考书目。
　　坚吾电话来约,明日将往会之。
　　晚饭后偕云彬、雪村、士畝、剑英、国蕃同往徐园看海宁灯彩。平平而已,颇失望。坐茗归来已十一时许矣。即睡。

8 月 7 日(庚戌　末伏起)星期二

　　晴,风作,夜加甚。上午八六,下午八九。94.5—75.0
　　依时到公司,处理文书分配。下午续作《史记》参考书目。
　　坚吾来电,展约于明日。
　　夜归少饮,饮后听书自娱。九时半就卧。
　　漱石送宏官来,宏官须小住于此也。

8 月 8 日(辛亥　立秋)星期三

　　飑作,午前后大雨。上午八五,下午八三。81.5—76.3
　　依时到公司,处理文书分配。并作参考书目。
　　下午五时出,径到业务处,晤雪山、洗人、晓先,商与中国银行订约事。旋与晓先过访坚吾,晤良才,因同饮于马上侯。十时半乃散归。

8月9日（壬子）星期四

晴，回热。上午八三，下午八七。94.8—75.9

依时入公司，处理文书分配。

夜归饭，饭后略坐即睡。一时许，剥啄声急，启视则浒关童氏表侄女也。询悉其婿殴人致伤，被人讹诈，要予出援云云。予拒之。移时，唤汽车送其至仲弟所。终夜为之不寐矣。恨恨！

8月10日（癸丑 七朔 月建壬申）星期五

晴热。上午八八，下午九一。98.6—78.4

依时到公司，处理文书分配。撰毕《史记》参考书目。

傍晚归，知仲弟竟为乡亲强邀以去，念甚！明日当往一省之。乡亲恃蛮不可理喻，强人所难，诚所谓"近之则不逊，远之则怨"矣！睦姻之道亦难讲哉！

夜饭后，漱石来视宏，移时去。

8月11日（甲寅）星期六

晴热，下午阴，闷甚。上午八七，下午九二。97.7—79.7

依时到公司，处理文书分配。作《汉书》参考书目。

傍晚偕珏人往访仲弟，尚未返沪，想在乡被留耳。怅然久之。七时许，辞弟妇出，过青萍园晚饭而后归。抵家已九时矣。是夕闷热甚，汗沈不止，易衾数回不能睡，苦甚！天气困人，甚于刀兵，竟无地避免也。

8 月 12 日（乙卯）星期日

晴热。上午八八，下午九二。98.6—79.7

午间，中元祀先。饭后往访圣陶，同过北四川路新亚酒店晤雪村，至则调孚已在。未几，晓先、洗人至。惟待丐尊、雪山久不到，饬役往请，始于四时后来。谈公司进行事，至六时，调孚、圣陶赴觉林宴，予谢之，就近与丐、村、山、晓、洗在广州酒家晚饭。饭后回旅店，待至九时许，调、圣复来，因续谈，于董监人选及修改章程诸项俱商洽就绪云。十二时散归。热不得寐，倦极！

8 月 13 日（丙辰）星期一

晴热，傍晚阵雨。上午八七，下午九二。97.2—80.6

依时到公司，处理文书分配。下午三时出，过营业处，偕晓先往兴业银行保管库存放文件。旋返处，良才、坚吾先后来访。至五时三刻，与俱出共饮马上侯。未几，晓先来饭，饭后先去。予三人谈至九时许乃散。乘车归来，已十时许矣。

清、汉两儿今日起，随予到公司，翦理《廿五史》底样。

8 月 14 日（丁巳）星期二

晴热。上午八六，下午八九。96.1—77.4

依时到公司，处理文书分配。

晚归小饮，饮后少坐便寝。

女佣阿宝去，陈妈来。陈妈，君谋荐。

8 月 15 日（戊午）星期三

阴，午后雨，晚晴。上午八七，下午八九。97.7—75.9

依时到公司,处理文书分配。办出呈文三件。

晚归小饮,饮后略坐即寝。

为暑积苦,稍凉便觉舒适多多矣。

8月16日(己未)星期四

阴雨晴间作。上午八六,下午八八。95.0—76.6

依时到公司,处理文书分配。校《开明本国地图》。

傍晚归,呼酒小饮。饮后少坐便睡。

清儿昨归发热,今日假停在家,俾资休息。

道始电告,晴帆妻又大闹,友朋对之,止有不问而已。

8月17日(庚申　末伏)星期五

晴热,间有云翳。上午八五,下午九〇。95.5—76.5

依时到公司,处理文书分配。校《开明本国地图》。

清儿今日仍到公司剪书。

夜归小饮。饮后百无聊赖,因即就卧,然又返热,难贴枕也。
终宵浴汗,困甚!

8月18日(辛酉　上弦)星期六

晴热,上午八六,下午九〇。97.5—77.0

依时到公司,处理文书分配。校毕《开明本国地图》。

《廿五史》样本已出,尚满意,不日可以分送,想或有效也。

晓先已搬定,仍回至祥茂里,惟门牌则易六八为二〇耳。

夜归小饮,饮后与家人打牌四圈,九时半即睡。

接浒关来信,知姨母已于昨日寿终,享年八十有三。至是吾母

兄弟姊妹行尽矣。思之潸然。姨母早寡,鞠育撑持,以大其家,戚
鄈交口称赞,乃表兄懦嫩,不事生产,而孙行久虚,群倩环伺,身后
殆将多事也。

8 月 19 日(壬戌)星期日

晴热。上午八六,下午九〇。97.5—75.6

午前未出,午后走访仲弟。无意中遇二十年前旧友王寿芝,谈
别绪越二小时,垂暮乃归。姨母耗已告仲弟,伊甫自乡来,幸获面
诀,予则永无觌语之期矣,伤哉!

连日又酷热,夜间不能贴枕,浴汗竟夕,苦极!

8 月 20 日(癸亥)星期一

晴热。上午八六,下午九〇。99.5—77.4

依时到公司,处理文书分配。办公函与中国银行换文。

写信分寄颉刚、觉明、昌群、斐云、叔谅、鞠侯、福崇、乃乾,送
《廿五史》样本托宣传。

夜归小饮,饮后少坐便睡。

8 月 21 日(甲子)星期二

晴热。上午八六,下午九〇。98.8—75.2

依时到公司,处分各事。

下午叔旸电约,晚饮,因于散班后趋营业处拉晓先、洗人同赴
之。先过坚吾,聚齐后同往二马路同华楼。到啸水、云翼、文彬、叔
旸、良才等,十一时乃散归。

8 月 22 日（乙丑）星期三

晴热。上午八六，下午九〇。99.5—76.3

依时到公司，处理各事。

夜归小饮，饮后乘凉，未几即睡。

8 月 23 日（丙寅　处暑）星期四

晴热。上午八六，下午九〇。99.0—76.6

依时到公司，处理各事。

夜赴良才、坚吾约，与圣陶同往马上侯。晤晓先、洗人，且饮且谈，至十一时乃归。比邻有进山菜社者，学徒伙计多甬人，三时后仍在里中笑嚣叫嚣，为之不寐竟夕。愤甚！

8 月 24 日（丁卯）星期五

晴热。上午八七，下午九一。100.0—76.1

依时到公司，处理文书分配，并处分各事。下午三时半电询道始，知在家患病，乃乘车往候之。盖痢疾也。少坐便行，及返抵家，已六时矣。

夜小饮，饮后略坐即寝，盖昨宵欠睡，不能不取偿也。

8 月 25 日（戊辰　望）星期六

晴热。上午八六，下午九一。104.0—75.2

依时到公司，处分各事。国府新定八月二十七日孔子诞辰应放假，因于今日布告照章放假。明日下午开董监联席会议，预备甚忙，且明日下午仍须到会记录也。

夜归小饮,饮后苦热,纳凉无由,只索就卧。然浴汗淋漓,殊以为苦。今岁酷暑亢旱,为生平所未尝,连续两月,有加无已,体中将不支矣!

8 月 26 日(己巳)星期日

晴热。上午八八,下午九三。99.5—77.4

上午未出,饭后仍往公司,出席董监联席会议场,记录一切。五时半散,即归。二十二年度结算不佳,勉强足派股息八厘而已。本年股东会定于十月七日在梧州路总厂齐辉堂举行,日内即须着手筹备一切矣。

夜小饮,饮后少坐便睡。

濬儿、文权决从南邻顾氏移走矣,坚欲与予家同居,予许明晨偕文权往祥茂里一为试看房屋。

8 月 27 日(庚午)星期一

晴热。上午八七,下午九一。98.6—75.9

本日以国定孔诞放假,晨起偕文权往访晓先,并过调孚,顺便看屋。但双幢者不够分布,各占一单幢则文权又嫌过费,苦不能合。归后决定,予仍移室楼下,腾楼上让之。但楼下实狭仄难容,因拟将板壁拆进两架,庶可勉度。

下午未出。幽若自苏来。

夜小饮,饮后计议搬置各事,九时三刻就卧。

8 月 28 日(辛未)星期二

晴热。夜微雨。上午八三,下午九〇。95.4—76.2

依时入公司,处理文书分配。

夜归小饮,饮后看里中举行盂兰会,十时就寝。

幽若、慧若、漱石俱来,深夜各归。

搬家计画既定,明日即实施矣。

8 月 29 日(壬申)星期三

晴热,午后阴。上午八一,下午八八。88.2—74.3

依时到公司,处理文书分配。良才来访。

匠工今日来拆装板壁及粉刷墙壁,约一日完毕。夜归视之,尚未了也,苦无插足处,乃出访坚吾,共饮于马上侯。有顷,良才亦至,仍谈至十时许乃散归。

予同来,知仍往安大也。

8 月 30 日(癸酉)星期四

晴不甚烈,夜雨。上午八二,下午八五。85.1—73.2

依时到公司,处理文书分配。

振铎来,谈别绪甚久,约明午再叙而去。

今日两家俱搬定,且待整理矣。然家人俱倦,幸幽若来帮忙,即下榻焉。

夜归闲谈,十时半始睡。

8 月 31 日(甲戌)星期五

早阴,午雨,夜雨甚。上午八二,下午八〇。78.8—70.7

依时到公司,处理文书分配。

夜归,整理房间,挂画,小饮,盖已移放妥贴矣。惟两家合一,家具难减,终不免挤塞耳。

幽若去。

午间与丏尊、雪村、圣陶、调孚往南京路冠生园宴请振铎、予同、愈之及东华。

9 月 1 日(乙亥　下弦)星期六

晴,秋凉矣。上午八〇,下午八二。87.6—69.3

依时到公司,处理文书分配。

夜六时赴廉逊约,自公司径往河南路善元泰,晤云六、文之、旭侯及廉逊,闲谈至八时半,散归。廉逊对《开明本国地图》希望甚奢,而默察今年销路迥不如前,恐不免觖望也。

道始电约明午往饭,谓丕成所邀,准十二时在东吴俱乐部相候。

组青来,下榻予家。

9 月 2 日(丙子)星期日

晴,仍热。午八四,早晚八二。88.2—68.5

今日上午开第十一次业务会议,予请假未往。午间往东吴俱乐部,晤丕成、道始、晴帆,因共饭。饭后与丕成、道始同往内山书店购书,未几,径归。

珏人体中不安,予亦无心他出,不识能即痊否也?

9 月 3 日(丁丑)星期一

晴热。上午八二,下午八六。89.2—71.17

依时到公司,处理文书分配。

夜归小饮,饮后略坐即濯身就寝。

9 月 4 日(戊寅)星期二

晴,奇热。上午八三,下午八六。95.7—73.0

依时到公司,处理文书分配。

晚过坚吾,共饮于马上侯,十时散归。

9 月 5 日(己卯)星期三

晴热。上午八二,下午八三。85.1—71.6

依时到公司,处理文书分配。

夜归小饮。

9 月 6 日(庚辰)星期四

晴热。上午八三,下午八五。89.6—73.6

依时到公司,处理文书分配。

夜归小饮,饮后略坐便寝。

9 月 7 日(辛巳)星期五

晴热。上午八四,下午八五。86.4—75.2

依时到公司,处理文书分配。

夜与坚吾、良才同饮。十时乃散归。

《四部备要》末一批已出,因令金才持券往取,嘱径送到家。
酒后归来,尚未送到,想明日必可取齐矣。

9 月 8 日(壬午　白露)星期六

晴热。上午八一,下午八〇。87.1—71.6

依时到公司,处理文书分配。

《四部备要》已到,八九年来日夕想望,今始完成,中华书局亦未迟延矣。

夜赴洗人之约,过饮于高长兴,到子良、雪山、晓先、叔旸、坚吾、乐山等,十时许乃散。

9 月 9 日 (癸未　八朔　月建癸酉) 星期日

晴转阴,懊闷。上午八二,下午八〇。86.0—64.8

晨起,携梯整理架书,将昨日送来之《四部备要》一一打开,连同前存之帙,彻底搬动,然后分别部居,从新排列,自朝迄于午后三时,上下数十次,勉强就理,背酸腰痛极矣!

四时许,道始奉其父来访,谈移时去。

六时赴柏丞之招,就饮其家,其家即伟达坊前东方社旧地也。晤愈之、丏尊、雪村、圣陶、调孚、东华、振铎,盖振铎明日即须北归,柏丞招友为之祖饯也。十一时乃归。

9 月 10 日 (甲申) 星期一

晴热。上午八〇,下午八二。87.8—65.7

依时到公司,处理文书分配。为《廿五史》事致柯家函。

夜归小饮,饮后闲翻架书,十时就寝,《四部备要》颇有缺短页数,安得如曩在闸北时之一一点勘之。前尘如烟,思之惘然。依愤情言,今后誓不再蓄片帙,乃结习难忘,故态复萌,两三年来又盈架矣。奈何!

9 月 11 日 (乙酉) 星期二

晴热。上午八一,下午八三。86.0—69.1

依时到公司,处理文书分配。

雪村今晨偕子良、仁寿乘意邮船前往香港,转粤,解决分店事。不识两三星期之内能否办妥耳。

夜归小饮,饮后少坐即睡。

9 月 12 日（丙戌）星期三

晴热。上午八〇,下午八一。80.6—70.7

依时到公司,处理庶事,甚感烦剧。

珏人不适,淹缠已久,日常勉强支持,心力交瘁,近恙遂复肆猖耳。劝之就医,坚不欲,延及今日,竟不支,为之大虑。

夜归小饮,饮后闷坐片晌,九时许就寝。

9 月 13 日（丁亥）星期四

晴,燥热。上午七九,下午八〇。79.7—69.1

依时到公司,处理文书分配。

夜归小饮,饮后少坐即就卧。

珏人体中不安,息息念之,一切事均莫能为也。

9 月 14 日（戊子）星期五

晴不甚爽。七七。77.4—65.1

依时到公司,处理文书分配。

夜归小饮,饮后少坐便卧。

缄三来,因嘱为珏人开一方,配药煎服之。不审即愈否也? 心甚念望之。

9 月 15 日(己丑)星期六

阴晴兼施,闷。上午七八,下午八〇。79.3—68.9

依时到公司,处理文书分配,及琐屑诸事。

珏人仍服缄三汤药,似见好而未能净也。甚忧之。

夜归闷坐,无聊甚矣!

9 月 16 日(庚寅　上弦)星期日

晴朗。上午八二,下午八五。89.1—71.2

竟日未出。珏人服缄三汤药后仍未见痊,今日延周医及天然共诊之,据谓检查子宫尚无异状,想打针后或可即止也。然劳扰已甚,尽室不安矣。

9 月 17 日(辛卯)星期一

乍晴乍雨。上午八〇,下午八一。80.4—72.1

依时到公司,处理文书分配。

夜早归,视珏人,仍不止崩,周医及天然俱来,商酌后仍用昨日之针药施打之。睡后稍好,不识能否即止也。

9 月 18 日(壬辰)星期二

湿闷。上午七九,下午八〇。82.0—70.7

依时到公司,处理文书分配,并答复关于《廿五史》信件。

夜归,周医已来,仍为珏人打针,据云无变化,实可无虑也。稍稍引慰,但愿日有起色,免于不幸耳。日来闷损已甚,一切失意,诚无能握管写记也。

9 月 19 日 (癸巳) 星期三

阴雨。上午七七,下午七九。79.3—67.1

依时到公司,处理文书分配,并应付各杂事。

夜归小饮,遣闷而已。

仍延周医来,为珏人打针,稍见起色。

9 月 20 日 (甲午) 星期四

阴霾,时见微雨。上午七七,下午七八。79.8—67.8

依时到公司,处理文书分配,并答复关于《廿五史》之信函。

散馆后与云彬共出,过坚吾同到味雅酒叙。晤啸水及马胪初、马君松。十时散,仍偕云彬同行归。

周医仍来打针,珏人似有转好之象,然不能干净也。

9 月 21 日 (乙未) 星期五

晴凉。上午七四,下午七六。78.8—58.5

依时到公司,处理文书分配,并答复关于《二十五史》之信件。

夜归小饮,闷甚!珏人仍未见痊,惟减少些些耳。

周医仍来诊治,打针二 cc。

9 月 22 日 (丙申) 星期六

晴,月色好。上午七二,下午七三。78.6—56.7

依时到公司,处理文书分配,并答复关于《二十五史》之信件。

夜返小饮,饮后少坐即睡。

珏人连日延周医打针,血崩已止,幸甚。心头掇去一块巨石矣。此后仍当续行调治也。

缄三来,晚饭后去。

9 月 23 日(丁酉　望　中秋)星期日

晴朗,月色姣好。上午七五,下午七八。81.9—57.9

上午未出,午后独往大千世界看昆剧,为《赏中秋》、《磨斧》、《姑阻》、《失约》及《武十回》,以久不聆曲,仍感兴趣,其实戏甚平常也。散戏时遇晴帆,坚约吃酒,予以家有戚串待饮,改期明日而别。抵家后,业熊、怀之、士敫、文权、幽若、慧若俱集,周医亦在,热闹甚。未几,周医去,予等晚饭。饭后,予偕怀之、幽若、慧若、漱、润、滋三儿及文权步月于杨树浦路,有顷始归寝。

9 月 24 日(戊戌　秋分)星期一

晴朗。上午七六,下午七八。84.0—61.9

依时到公司,处理文书分配,并作《汉书》参考书目。

散馆后径赴东吴俱乐部,晤道始、洛耆、晴帆,过饮于王宝和酒楼。八时半散,即乘车归。

雪村去粤已久,只昨日得其郎交到一书,略窥大概。不识粤分店究竟如何也。

周医仍来施诊,依然打针。

9 月 25 日(己亥)星期二

阴雨,风。燠闷。上午七八,下午八一。85.3—68.0

依时到公司,处理文书分配,并续作《汉书》参考书目。

夜归小饮,饮后补记二星期来日记及账目。

文权之母夫人今日由扬州来,为潏儿守产。

周医仍来打补血针。

9 月 26 日（庚子）星期三

阴晴靡定,闷。上午七八,下午七九。83.1—65.8

依时入公司,处理文书分配。续作《汉书》参考书目。

周医仍来为珏人打补血针。

夜归小饮,饮后略坐即寝。

9 月 27 日（辛丑）星期四

晴阴兼施。上午七八,下午七九。75.2—70.5

依时入公司,处理文书分配。续作《汉书》参考书目毕。

夜归小饮。饮后周医仍来诊,因陪之谈。六时许去。

道始母夫人今日生日,予与文权母子往贺之,夜饮焉。十时乃辞归。是夕有程笑亭、管无灵之滑稽,朱国梁、张凤云之化装苏滩,颇热闹,而予未之前知,未及备礼,因介洛耆参加之。

9 月 28 日（壬寅）星期五

晴热。上午八〇,下午八四。88.5—75.2

依时入公司,处理公文分配,作《后汉书》参考书目。

夜归小饮。周医仍来诊,因与谈至十时乃去。

9 月 29 日（癸卯）星期六

晴,不爽,闷热。上午八二,下午八五。89.1—72.1

依时入公司,处理文书分配,续作《后汉书》参考书目。

夜归小饮,饮后少坐翻书,至九时许就卧。周医仍来,告我彼
近遭不幸事,约予明日同访道始谋救济。

良才托叔澄送百元来,属先送伯恳。

9 月 30 日(甲辰　下弦)星期日

晴,闷热。上午八二,下午八五。89.6—72.1

午前与周医访道始,旋归饭。午后挈同儿出,往大千世界看昆
剧。晤调孚及晴帆。六时散,予父子与晴帆复过道始。入暮同车
赴王宝和小饮。饮后九时,再过东吴俱乐部游散,弈棋一局,打牌
三付,即携同儿返,抵家已十二时,不复能支持矣。

潘华举一女,午后二时下地,由天然来接生,母子平安。

10 月 1 日(乙巳)星期一

阴,风,傍晚雨。上午八三,下午七九。无记录

依时入馆,依时归。归后小饮。

报见书报合作社有《二十六史》之印行,显与本公司为难,正
苦不得立名,而谭禅生之请柬至,谓上午十时行开幕礼,邀予往参
加。即晚且约宴于泰和园。以禅生朗爽,去恐多生枝节,遂未往。

下午与调孚、均正、雪山参观大同、大陆、华新、金星等四制版
所,盖《二十五史》制版须广为招揽承铸也。

周医来诊,明日可打毕针药矣。

10 月 2 日(丙午)星期二

阴雨,萧然有秋意。七六。70.7—63.9

依时入公司,处理文书分配。

夜归小饮,饮后补前数天日记,倦甚,即睡。

为外孙女题名昌顗,盖其家兄弟以"昌"字行,而文杰之子取名昌颐,故从页字拈得耳。

周医来诊,针药已打毕,珏人体气亦大复矣,甚感之!

10 月 3 日(丁未)星期三

晴爽。上午七四,下午七五。70.7—64.4

依时入公司,处理文书分配。

得坚吾电话,知已由宁返,约明晚过谈。散班后径赴之,与良才、君松及坚吾共饮于马上侯,初唼蟹。言定酬伯恳稿费。至九时三刻散归。

盼雪村不至,甚念。

10 月 4 日(戊申)星期四

晴爽。早晚凉。上午七三,下午七四。73.0—62.4

依时入公司,处理文书分配。

南京分店经理金桂荪,狂人也,无端腾书指斥,报书纠之,犹哓哓不已,因陈其事于丏尊,丏尊去字训责。予谓若打官话下去,将大为决裂,故息事容忍之。

夜归小饮,饮后少坐即睡。

10 月 5 日(己酉)星期五

晴爽。早晚凉。上午七二,下午七一。68.5—62.1

依时入公司,处理文书分配,时以其隙,续作《后汉书》参考书目,无整时间对付之,恐终难失照耳。

夜归小饮,饮后略翻架书,九时即睡。

雪村船今日本可到沪,以沿途有风,恐愆期矣。予为之悬悬不已。

10 月 6 日(庚戌)星期六

晴爽。早晚凉。上午六九,下午七一。71.8—65.7

依时入公司,处理文书分配,并预备股东会各事。

雪村所坐新疆船犹未入口,屡电太古公司询问,据云说不定须下星期一二到埠也。明日开会,雪村恐赶不及,更觉事忙而责重矣,为之不宁。

散班后,在丐尊新居商谈明日应付事,即与晓先过饮圣陶所,谈至十时乃归。

10 月 7 日(辛亥)星期日

晴明。上午七〇,下午七四。74.8—52.5

雪村仍未归,下午开股东会时,由雪山代表一切。开会时甚顺利,选举揭晓,章锡琛、邵仲辉、夏丐尊、范洗人、章锡珊、曾仲鸣、夏质均、叶圣陶、胡愈之当选为董事,朱达君、何五良、陈济城当选为监察人。五时许散。六时归,小饮。饮后听书,至九时许即睡。

10 月 8 日(壬子 九朔 月建甲戌)星期一

晴温。上午七二,下午七四。79.0—51.8

依时入公司,处理文书分配。忙甚。

夜应坚吾之招,出饮于马上侯,九时归,知雪村已归,曾来看我,须明晨见之矣。

10 月 9 日（癸丑　寒露）星期二

晴温。上午七二，下午七五。79.3—58.1

依时入公司，处理文书分配及种种杂事，甚忙。

午间与雪村、丐尊、圣陶、雪山、洗人、调孚、晓先共饭于大新街之大鸿运楼。商公司进行事。二时许散。仍到梧厂办事。

夜与圣陶、云彬、雪村、雪山、调孚、洗人、晓先、同光、均正共饮于北四川路新雅酒楼。盖吃《廿五史》"自由谈"上之稿费也。大欢。予向与新雅大有缘，业馀茶叙、友朋聚餐，恒过之；中间遭倭乱，竟绝迹未往。今登楼入座，一切如旧，而心绪乃大感异样也。岂仍眷怀往事，不能自已邪！十时许散归。

10 月 10 日（甲寅）星期三

晴温。上午七四，下午七六。无记录

是日休假。上午未出。饭后独往豫园一行，匆匆涉历，四时许即归。入夜小饮自劳。九时许即睡。

人事粟六，国势日颓，庆云乎哉！真能称庆者，独有无心肝无气骨之衮衮群公，滥使造孽钱，蹂躏老百姓耳。虽欲不灰心、不消极，其可得乎！

10 月 11 日（乙卯）星期四

晴温。上午七三，下午七四。77.9—55.6

依时入公司，处理文书分配及诸冗碎事。

夜归小饮如故。

浒关乡亲童筱岑之妻来，告将赘婿，因送礼洋肆元，并托带奠曹氏姨母之礼洋五元。翌日傍晚去。

10 月 12 日（丙辰）星期五

晴温。上午七三，下午七四。78.8—56.7

依时入公司治事，夜归小饮如故。连倦积疲，无可记也。

10 月 13 日（丁巳）星期六

晴温。上午七三，下午七五。81.5—59.9

依时到公司治事。夜赴福州路开第六届第一次董监联席会，到九人。互选邵仲辉为董事长，选任章锡琛为经理，范洗人为协理，夏丏尊为编译所主任，章锡珊为营业处主任并兼总务处主任。各处所均设副主任，由经理分别聘任之。即席商定以圣陶为编译所副主任，洗人兼营业处副主任，调孚为总务处副主任。会后聚餐，餐散各归，已九时许矣。

10 月 14 日（戊午）星期日

晴，午后阴，夜雨。上午七六，下午七九。84.2—65.4

上午八时，偕珏人访天然。珏人留其处，予则出席第十二次业务会议。十二时散，予偕晓先过饭其家，知珏人曾偕墨林去过，复返叶家午饭矣。

饭后，予与晓先同过调孚，拉芷芬、振甫同向其美路散步，原拟往市政府一行，以天色欠佳，各别归去。予从间道田野间趋，以为可以较捷，讵大兜圈子，直至傍晚始到韬朋路，乃乘公共汽车以归。待久之，珏人始归，盖偕同墨林、天然往大千世界看昆剧也。同进晚餐后，少坐便就寝。

归后知剑秋来访,未晤为怅。

10 月 15 日(己未)星期一

阴,微燠。上午七二,下午六八。61.3—55.8

依时入公司,处理文书分配,兼办董事会事务,忙极。

夜归小饮。饮后少坐即寝。

10 月 16 日(庚申　上弦)星期二

晴阴兼施。上午六六,下午六四。60.4—52.3

依时入公司治事。夜归小饮如故。

10 月 17 日(辛酉)星期三

晴温。上午六二,下午六四。64.9—48.4

依时入公司治事。夜赴坚吾家吃蟹,与晓先、洗人同行,并晤辰伯、啸水及良才。归家已十一时矣。

10 月 18 日(壬戌)星期四

晴温。上午六二,下午六五。68.2—42.8

依时入公司治事。夜归小饮如故。

积日文件已将办竣,明后日当可告一小结束也。

10 月 19 日(癸亥)星期五

晴,较昨暖。上午六五,下午六七。70.9—46.9

依时入公司,处理文书分配,承董事会、股东会之后,积件待办者甚多,连日赶办,忙不可言。

夜归小饮,饮后少坐便睡,精神甚倦,夜间实无法再有所写作矣。

10 月 20 日(甲子)星期六

晴,复暖。上午六七,下午六九。74.3—51.6

依时入公司,处理文书分配。仍极忙。但积件一扫而空,快甚!

振铎书来,柯家但求略抽版税,一切好办,当复允之,并送草约托转。一俟签印送回,大事定矣。通信录亦已编竣。

《廿五史特刊》亦办好,明日可以登出《申报》。将来尚拟北登《大公报》,南登广州著名日报也。此刊于"廿六史"之妄,不免加遗一矢,想有识者当不致再为所惑。但今日又见该家广告,加印《新元史》及《清史列传》,不知何以不量如此也?(《清史列传》为中华书局之版权,未必容许随便翻印,而《新元史》既有版权赁与开明之契约,恐亦未能予取予求耳。)

夜赴丕成、道始之招,过饮于古益轩,席间只有霆锐及予四人耳。九时即散归。是夕一时后失眠。

10 月 21 日(乙丑)星期日

晴。上午七〇,下午七三。77.9—56.6

晨起,补记半月来日记。日常忙于治事,晚归甚倦,惮于捉笔,因积压焉。不再奋力追记,殆将湮没矣。

午后独往邑庙一游。夜归小饮。

10 月 22 日(丙寅　望)星期一

晴。上午七一,下午七五。78.4—55.0

照常到厂办事。

夜在家小饮。

10 月 23 日(丁卯)星期二

晴。上午七五,下午七七。81.7—63.6

依时到公司,照常办事。

夜归家小饮。

10 月 24 日(戊辰　霜降)星期三

阴,大潮。上午七三,下午七〇。66.0—无录

照常到公司办事。

夜归小饮。

10 月 25 日(己巳)星期四

晴。上午六三,下午六五。61.3—45.0

依时出入,在总厂照常办事。

夜在家小饮。

10 月 26 日(庚午)星期五

晴。上午六一,下午六二。65.3—37.6

照常到公司办事。

夜归小饮。

10 月 27 日(辛未)星期六

晴。上午六一,下午六三。69.8—39.6

照常入厂办事。

夜归小饮。

10 月 28 日 (壬申) 星期日

晴。上午六三,下午六八。70.9—41.9

是日上午十时,在齐辉堂为练习生举行谒师礼,午间公司中备肴欢宴业师。午后开临时人事委员会,商定职务新配置事宜,及毕,已黑。与雪村、晓先遄返,约之晚饮,盖昌顯是日弥月,日间本有宴会也。十时各散。

10 月 29 日 (癸酉) 星期一

晴。上午六三,下午六八。75.0—46.4

日间照常入厂办事。晚间在家小饮。九时许就寝。奄忽之顷,日月迈矣,不自知当如何对之也。

10 月 30 日 (甲戌　下弦) 星期二

晴。上午六九,下午七〇。74.3—55.4

照常入厂办事。

夜归小饮。

10 月 31 日 (乙亥) 星期三

晴,微湿。上午六九,下午七二。72.9—57.9

依时入厂,照常办事。

夜归小饮。

11 月 1 日 (丙子) 星期四

晴。上午六九,下午六五。60.4—50.1

照常到公司办事。

夜归小饮。

11 月 2 日 (丁丑) 星期五

晴。上午六〇,下午五九。60.4—38.7

照常到公司办事。

夜归小饮。

11 月 3 日 (戊寅) 星期六

晴。上午六〇,下午六四。63.5—39.2

照常入厂办事。

夜归小饮,饮后略坐即睡。

11 月 4 日 (乙卯) 星期日

晴。上午六二,下午六五。71.2—39.2

上午九时出席梧厂职员谈话会。十一时出业务会议,十二时
许散归。饭后与珏人、清儿、汉儿往大千世界看《一捧雪》。六时
许散,即归。小饮少饭,略坐便寝。

11 月 5 日 (庚辰) 星期一

雨。上午六五,下午六七。61.7—51.8

照常入厂办事。

夜归小饮,饮后少坐即就卧。

11 月 6 日(辛巳)星期二

晴。六十七。59.9—52.0

依时到公司办事。

夜归小饮,饮后闲坐听书,少间即寝。

11 月 7 日(壬午　十朔　月建乙亥)星期三

晴。夜冷。上午六四,下午五八。57.9—43.0

依时到公司,照常办事。

午后与洗人、晓先、索非、季林往北车站参观路局车务处文书处理部分。旋又往河滨大厦管理局文书课参观收发卷档各室,承课长吴姓详为解说,并赠表册,每份俾资借镜云。五时许退出,遂与洗人等同过福州路总店,遇雪村、雪山,因同过马上侯小饮焉。九时许各归。

11 月 8 日(癸未　立冬)星期四

晴阴无定。风。五十八。无记录

照常入厂办事。

季林来,当将保管、收发两课事交与之。并责成规画编档、庋卷各事。

夜归小饮,饮后略坐便睡。

11 月 9 日(甲申)星期五

晴。上午五九,下午六〇。60.8—39.2

照常入厂办事,抽暇作参考书目。

夜小饮,饮后少坐便睡。

自任经理室事以来,庶事蝟集,函牍纷披,朝暮不得少闲,而《廿五史》方面各事之待理者不免寝阁矣。季林调来后当可分出一部分事交付之。

11 月 10 日(乙酉)星期六

晴。上午六一,下午六二。65. 8—40. 6

依时入总厂办事。午后为《廿六史》事与雪村同过道始商之。

夜与云彬赴胪初约,过饮于亚细亚书局,晤坚吾、良才等。肴为海宁马桥名厨手作,其鱼丸一味,平生所未尝也。鲜嫩洁白,无与伦比。称赏久之。十时散,仍与云彬同返。少坐即就卧。

11 月 11 日(丙戌)星期日

阴霾竟日。上午六二,下午六四。64. 4—47. 1

清晨尚未起身,金才持王阳生条子来,谓顷接谢君电话,剑秋逝世矣。予骤睹此字,若坠冰渊,若沉雾海,即起,匆匆食已,驱车往赴之。至则陈尸在床,妻子环哭,几使予失声而号。幸其弟建初先已得电赶来,然亦未及一诀矣。询悉剑秋猝患中风,昨日下午尚外出,夜间犹饮酒两杯也。不意骤发无治,竟于今日上午四时许逝去云。予亟与建初为之奔走,接洽上海殡仪馆料理殡殓。下午三时,舁送馆中。殡殓入舍,已垂暮。约十六日受吊运柩归苏时予再往拜,即辞归。抵家后如有所失,终宵不怡。

下午董事会本须出席记录,以吊剑秋故,未往。

11 月 12 日 (丁亥) 星期一

晴,不甚热。六十六。61—54

本日放假。

昨日剑秋之丧,予我以莫大之激刺,不论开眼合眼,终觉如梦如烟,不自知其身处何境,如何是好也。

11 月 13 日 (戊子) 星期二

晴。上午六五,下午六三。58.6—53.8

照常到总厂办事。

夜仍小饮,思克我莫名之愁也。乃不果所愿,反觉乏味难堪耳。

11 月 14 日 (己丑 上弦) 星期三

晴。上午六二,下午六三。63.3—41.9

照常到总厂办事。

夜小饮遣闷,酒不落肠,甚不适也。

11 月 15 日 (庚寅) 星期四

晴。上午六〇,下午六一。67.5—38.3

照常到总厂办事,办出送部注册书一批。

夜小饮遣闷,终不能释怀于日前在床之剑秋,不禁大恸。不自知何以此番受刺戟如是其深也。

11 月 16 日 (辛卯) 星期五

晴。上午六二,下午六三。69.3—44.1

今日剑秋受吊,午刻即盘枢回苏矣。特于清晨起,偕珏人乘车往上海殡仪馆吊奠之,并唁其夫人。与建初谈移时,于剑秋善后事多所商及云。十一时半,辞灵而出,与珏人乘车过福州路,饭于聚昌馆。饭后送珏人上电车归家,而予亦乘二路公共汽车到梧州路厂中照常办事也。

夜昏闷甚,仍借酒自遣。

11 月 17 日(壬辰)星期六

晴雨间至。上午五八,下午六五。69.8—54.5

依时到公司办事。

今日珏人生辰,夜合饮焉。将于明日起,屏除每晚例酒。借此自戕,亦计之得也。十时后就卧。

11 月 18 日(癸巳)星期日

晴,间阴,午前雨。上午六六,下午六五。61.5—50.5

连日以剑秋之丧,过于刺戟,精神身体交受其敝矣。饭后无聊愈甚,而头疼增剧。珏人劝予同往大千世界看昆剧,勉强挈漱、滋两儿而行。剧目为全本《连环记》。戏尚好而兴致终不起,垂暮归来,倦苦甚矣!

云彬今日搬去人安里,迁入狄思威路麦加里。

11 月 19 日(甲午)星期一

晴。上午六二,下午六三。57.2—44.6

依时入公司,照常办事。

夜饭后闲坐听书,九时许即睡。

往贺希贤嫁女,在明湖春晚酌。

11 月 20 日(乙未)星期二

晴阴靡常。上午五九,下午六〇。58.1—40.5

依时入公司,照常办事。

本月通信录编完。

夜饭后闲谈移时,九时许就卧。

11 月 21 日(丙申　望)星期三

晴。上午五九,下午六〇。54—45

依时入公司,照常办事。

夜闲谈,九时许就睡。

雪山今晚夜车出巡,午间予与洗人、晓先饯之于梁苑,饱啖填鸭,甚快!

11 月 22 日(丁酉)星期四

晴,早晚雾。上午五九,下午六〇。55.8—44.4

依时入公司办事,并作参考书目。

夜以无适当之灯,仍闲坐随谈,惟酒则未饮耳。

11 月 23 日(戊戌　小雪)星期五

晴,早晚大雾。上午五八,下午六〇。58.1—36.5

依时入公司办事,并作参考书目。

晚饭后少坐即睡。

晚间例酒戒除,颇不感苦,若从此守住,或可免于酒麴之累乎。

11 月 24 日 (己亥) 星期六

晴，早晚大雾。上午六一，下午六五。64.6—45.1

依时入公司办事，作参考书目。

夜过饮凤岐所，与宴者晓先夫妇、文权、瀋儿、立斋及余夫妇与复儿，并主人夫妇在内共十人。十时许散归。以明晨须赶火车，少坐便就卧也。

11 月 25 日 (庚子) 星期日

晨雾，午后晴，夜雨。上午六五，下午六七。68.9—51.6

清晨起，乘电车径赴北车站。晤圣陶、晓先、坚吾、君松、云彬、洗人，同登特别快车往昆山。九时半转六通轮船开六直。十一时一刻到东大桥，良才及逖先已迎于轮埠。遂相将登岸，同步由红木桥下塘穿眠牛泾滨直往保圣寺。柏寒、君宜、咏沂、佩恒、康柏俱在，快慰之至。相与看唐塑，谒鲁望祠，参观学校，即饮宴于光明阁下。十馀年之旧游地，一旦重至，觉一草一木都饶意趣，不禁起留连之思。食顷，冰黎至，再谈久之。老友坚留过宿，卒以人事索返，于四时离六，由柏寒特属电灯公司派汽油船送至昆山。及抵车站，已暝，幸得乘六时半东下慢车以归，八时三刻即抵沪。走出车站，雨作，乘电车遄返，已九时半矣。

11 月 26 日 (辛丑) 星期一

阴雨，彻宵未止。上午六六，下午六八。59.9—55.0

依时入公司办事，作参考书目。

振铎昨日到沪，今电话约于午后四时许在福州路总店晤谈。

良才亦有电话约谈,因于午后三时半自总厂往总店,先后晤良才及振铎。伯恩事于良才一谈中解决之,此人究不能信托也。柯氏情形亦于振铎谈语中详悉之,注册事恐将全仗开明耳。六时半,辞铎等出,赴廉逊善元泰之约,谈两时许,九时于雨中乘车返。

11 月 27 日 (壬寅) 星期二

转寒,放晴。上午六一,下午五六。55.0—43.3

依时入公司,仍作参考书目。

午后振铎来,谈半日始别。本约共饮,以其祖母明日庆寿,今晚须归侍家宴而罢。

夜饭后坐定,补记一月来日记。不能自镇如此,弥可笑也!

11 月 28 日 (癸卯) 星期三

晴,陡寒。上午五三,下午五五。51.4—32.2

依时到公司,处理杂事。仍抽暇作参考书目。

下午五时,坚吾来,因共往虹口大旅社贺振铎之大母寿。除诸熟人外,复晤冀野、良才、乃乾。谈至十时许,归。当赴宴时,珏人亦偕雪村夫人、丐尊夫人、圣陶夫人、仲华夫人等俱去,先予等行。

振铎大母陈太夫人寿八十,而望之如六十许人,康强可羡。每见七十称庆而异之受贺者,真不啻天壤矣。

11 月 29 日 (甲辰 下弦) 星期四

晴寒如昨,午后好。上午五五,下午五六。54.9—37.8

依时入公司办事,编完参考书目至《北史》,因检付编所发排,可告一小小段落矣。

写信与建初,询其太夫人近况及剑嫂生活情状。

夜饭后看傅沅叔《衡庐日录》(载《国闻周报》十一、四十六)及郑西谛《北平印象记》(载《中学生》五十)。久为麹蘖所湛,每夕昏昏,非但简编罕亲,亦且灯火无缘,今幸却饮,居然可以坐定看书,来者或可追,深用自庆矣乎!

11 月 30 日 (乙巳) 星期五

晴寒。上午五六,下午五八。53.8—41.9

依时到公司,办理庶事,校参考书目。

午间振铎来,因邀圣陶、晓先、调孚共赴北四川路新雅酒楼午饭。二时散,铎乘车去,下午四时即登程返平矣。予归公司,电约坚吾今晚往访。散班后,归与珏人驱车往成都路唐宅,候其夫人产后安好。遂晤良才、君松,同饮焉。十时许,仍唤车与珏人同乘而返。

12 月 1 日 (丙午) 星期六

晴寒。五十三。50.7—38.3

依时入公司办事,续校参考书目并发出通信录。

夜归,组青来,因共饭。饭后闲谈良久,九时许去。予亦遂就寝矣。

明晨十时本当出席于总厂齐辉堂之业务会议,以拟与珏人往徐家汇探省岳斋,出条请假。

12 月 2 日 (丁未) 星期日

晴,较昨少暖。上午五一,下午五三。51.8—32.0

晨七时始起,从容早餐已,与珏人赴徐家汇。至唐家西海星光里廿五号,已十一时三十分矣。岳斋有事在船,晤其妻舅唐若梦,谈话移时。具馔留饭,饭后二时半行,仍循原路归,到家已四时。知鉴屏尝见过,未晤为怅。

夜饭后补记三日来日记,意倦甚,未及作他事也。

12 月 3 日(戊申)星期一

晴,气与昨埒。上午五一,下午五三。49.5—29.8

依时入公司办事,通函三处所重新征取各部课主任之签署印鉴。

车夫王连成赴工部局登记(住培开尔路大连湾路三乐里四号内),未及于午间赶回,因过圣陶所午饭。饭后返公司,良才见访,催索《基本知识丛书》之序文及《中国学术思想演进史》之内容提要。予允于五日内交稿。

夜归饭,饭后坐灯下看时代书局所出《晚明十六家小品文》卷一,三袁文,至十时,灭灯就卧。

12 月 4 日(己酉)星期二

晴寒。上午五一,下午五三。50.2—33.8

依时到公司办事,将刘薰宇等三人合编之初中《算术》、《代数》呈部审定。九日将开第六届第三次董事会,因预备种种。午后仍集材供作参考书目。

剑秋枢回将一月,建初迄无信来,前三日曾有一书致之,探询一切,亦不见回音,甚怅念也。

夜饭后预备为亚细亚书局撰《中国学术思想演进史》提要及

《基本知识丛书》序。构思良久，仅成间架，拟于明后晚足成之。

12 月 5 日 (庚戌) 星期三

晴寒。上午五二，下午五五。49.1—30.4

依时入公司办事，仍作参考书目。

夜饭后为良才作提要，成之。

十时许就寝。

假车夫王连成五金，俾购车毯。

12 月 6 日 (辛亥) 星期四

晨雾，旋晴。上午五三，下午五五。50.7—35.8

上午八时径往福州路总店，出席人事委员会。十二时归饭。饭后仍到梧州路总厂办事。接道始电话，约于夜间往东吴俱乐部少饮。本有黎锦明纠葛事须与商，因于散班后径诣之。至则晤晴帆、洛耆，遂共饮焉。饮后与共打牌二圈，即归。抵家已十时许矣。

12 月 7 日 (壬子　十一朔　月建丙子) 星期五

晴寒。上午五三，下午五一。54.1—30.2

依时到公司办事，馀时作参考书目。

接良才、君松电话，约往谈。傍晚散班后赴之。仍同到成都路唐寓，且饮且谈。十一时乃乘车归。

12 月 8 日 (癸丑　大雪) 星期六

晨大雾，旋晴。上午五三，下午五四。53.8—29.3

依时入公司办事，馀时仍作参考书目，并预备明日董事会各事。

夜饭后打牌四圈,牌毕,写信寄翼之。补三日来日记。十时许乃寝。

《故宫周刊》已出至四百〇七期,三〇一至四〇〇又可合装为第四册矣。

12 月 9 日（甲寅）星期日

晴暖,早有雾。上午五五,下午五八。60.3—34.7

上午未出。饭时怀之来,饭后因与同出,往福州路总店,预备董事会。二时许,洗人来。三时,达君、雪村、丐尊、圣陶至。遂开会。及半,济城至。四时许即毕。与丐尊、圣陶、洗人共赴大陆商场中国国货公司闲逛,购物数事。旋在马敦和买得黑羔皮土耳其帽一顶,顺道过马上侯小饮,圣陶则径归矣。

予饮三壶,谈至十时乃乘车归。抵家,剑秋嫂挈芙英在,盖方自苏来领恤金也,因下榻于予家。

12 月 10 日（乙卯）星期一

晨大雾,不辨咫尺。旋晴。上午五六,下午五九。59.2—32.0

依时入公司办事,整理董事会记录。午后与季林往兴业银行保管库理存件,盖行中新筑库房须移入,来函属往整治也。

夜归饭。剑秋嫂、芙英、步丹亦从外至,竟日奔走犹未妥帖,大约尚须明日始可领到耳。晚饭后步丹去,剑嫂及芙英仍下榻于此。

12 月 11 日（丙辰）星期二

晴暖,雾。上午五七,下午五九。59.0—37.8

依时入公司办事,午后良才来访,谈移时去。

夜归饭,饭后为颉刚作《地理沿革小史》内容提要一则,应坚吾、良才之请也。至十时半乃寝。先已允作之序文则犹未动手,不识日内能不为它事所牵以赶成之否?

剑嫂及芙英今午归苏,珏人送之登车。

12 月 12 日(丁巳)星期三

雾湿,午前后微雨。上午五八,下午六〇。58.1—41.7

依时入厂办事。午后良才电约往谈,因于散馆后径赴交通路坚吾所。旋同饮于马上侯,谈至十时,乃散归。驱车急驰,抵家已十一时矣。戒酒不能净绝,终非了局,此后应如何运力挥断则殊无把握,其遂长此终古乎!

天然今日仍搬来人安里,与雪村同宅。

12 月 13 日(戊午 上弦)星期四

晴,湿蒸。上午六〇,下午六二。65.5—47.3

日来气候不时,疾病丛生,予家感冒甚多,而外孙女昌颢又复喉咯牙胀,不能吮乳,因请天然诊治。晚饭后适周医来访,又属加察,据云无碍,为施刀圭。十时许辞去。

依时入公司办事,接振铎信,午后即答寄之。

12 月 14 日(己未)星期五

晴暖。还润。上午六〇,下午六一。68.2—39.4

依时入公司办事。子良昨自粤归,今日晤之,当晚即饮于雪村所。同坐为洗人、晓先、季林、仁钦、孚白、子如诸人并雪村之尊人。

九时散席,与雪村、子良、洗人打牌,勉完四圈,幸胜四元,十一时许归寝。

道始函取《法家著述考》百册,即令金才送去。

廉逊函假《世界地理风俗大系》并托代购地图,以时晏不及办,须明日为之代办矣。

12 月 15 日(庚申)星期六

晴,时有雨意。上午六〇,下午六二。61.0—47.1

依时到公司办事。复廉逊,代办事俱妥矣。

接由崖电话约谈,答明日下午六时在高长兴相见。

夜归饭,与幽若晤,饭后去。

珏人挈漱、滋两儿午后往访晓夫人,至晚九时许,文权往迓,偕返。

12 月 16 日(辛酉)星期日

晴暖,润。午前小雨。上午六二,下午六三。64.6—47.7

晨餐后理发。理发归来,晓夫人挈士秋至。午饭后,幽若亦来。珏人因与之同往小世界看昆剧,清、汉两儿从。予则独往文庙参观动物园,内容尚好,惟观众甚挤,不能从容细赏为佳耳。旋出,复过邑庙一游。为时尚早,因走东吴俱乐部晤洛耆闲谈,知道始、晴帆今日往游青阳港,观童子军赛船矣。至五时一刻许,赴由崖高长兴之约。至则由崖、廉逊已在,谓有人托搜集民国以来监察制度之史料云。未几,越然亦至,因畅饮。不觉过多,竟大醉。由崖等送予归,门户且不辨矣。入门未久,即大呕吐,淋漓满臆,卒不自知,中夜醒来,难过益甚,复大吐,如是终宵。

12 月 17 日（壬戌）星期一

阴霾，夜小雨。上午六二，下午六三。63.9—51.1

昨夜泥醉不省人事，今晨宿醒未解，惫莫能兴。午后三时犹恶心不止也。因思困酒半生，终不能绝，亦太不值得矣。自今日起，誓不再饮。凡友朋宴集并不回避，惟不破例复与红友相亲耳。予意，只要自己把握得住，知好必能相谅也。

薄暮始进稀粥一盂。餐后，雪村见访，少谈即返去。

夜九时许入睡。

12 月 18 日（癸亥）星期二

阴霾，微雨霏霏。上午六〇，下午六一。52.7—47.5

一觉醒来，霍然若失，故仍依时到公司办事。

午饭归，坚吾在家相候，因与共饭。饭后略谈，至一时，坚吾去，予亦到公司矣。散班后，洗人来商分店调度诸事。至六时许，乃各归。

夜饭后与珏人、潀、清打牌四圈。九时许停局，补记三日来日记。并记账目。

12 月 19 日（甲子）星期三

阴霾，转冷矣。上午五九，下午仍之。52.7—46.9

依时到公司办事，续作参考书目。

接彦龙来柬，知其妹臧五已于本月十五日与陆铁荪订婚。

夜食馄饨，组青、幽若俱在。食后，道始、晴帆、乐耆来访，畅谈至十时乃去，予亦少坐便寝。

12 月 20 日（乙丑）星期四

阴寒。上午六〇,下午六一。55.8—48.2

依时入公司办事,为修改分店章程及发表广分店经理与分店部主任诸事,大见纷忙,竟无暇作参考书目,并不能抽间编通信录。下午三时后开会讨论保管事宜。

散班后偕晓先归,即饭其家。晤立斋,因共打牌四圈,至十时许乃散,乘人力车以归。

12 月 21 日（丙寅　望）星期五

晨雨,旋晴,又暖矣。上午六一,下午六二。61.2—47.7

依时入公司办事,午后四时许仍续议保管事宜。

本公司董事长邵力子今日来厂,各董事开会欢迎,并具酒宴之。予殊不惯看此等阔人,惟求彼等速去,始克安坐办事矣。

今晚为冬至夜,予家循例祀先。祭拜后饮福,为予戒酒故,举家俱不持杯。珏人且为特制约指贻予,乘此永矢勿饮焉。

夜饭后与文权等打牌四圈。

伯庄夫妇及缄三来访,移时始去。

12 月 22 日（丁卯　冬至）星期六

阴霾,微冷。上午五九,下午六〇。52.5—46.0

依时到公司办事,编通信录及出席编审会议。

聿修来访,约夜饭于予家。散班归来,少俟便至。予不饮,具酒独飨之。且饮且谈,至九时许乃辞去,予亦听书自娱,十一时后始寝。

坚吾属为《基本知识丛书》撰序文,屡作屡辍,今晚本当抽暇一挥,乃以隶修来谈不果。

12 月 23 日 (戊辰)星期日

阴雨霏微。上午五九,下午六〇。50.9—46.0

竟日未出,下午在家与文权、潜华、珏人打牌八圈。

叔澄来访,为坚吾催稿。

夜饭后作《基本丛书》序,至十一时始竣,写定,备明日送坚吾。一桩心事,暂得抛却,未始非佳事也。

12 月 24 日 (己巳)星期一

阴霾。上午五六,下午五八。51.6—41.8

依时到公司办事,编竣通信录第三期。写公函多通,积案一空,惟鞠侯处未及复出耳。

夜归,以馄饨代饭。诸儿游先施特别世界,得有糖果多事,快甚,不意耶诞势力澎湃至此,遂令儿童忘本有之新年乐事矣!

听书自遣,至十一时许乃寝。

12 月 25 日 (庚午)星期二

阴霾。上午五七,下午五八。51.8—45.0

依时入公司办事,复出诸信,并与圣陶、云彬、芷芬商定《二十五史人名索引》编次体例。

丕成托购之《广雅丛书》装成五百三十四册,今午后令金才车送前往,当挈有回片。明日可将各项账据开送,则此事了矣。惟年关已近,各部俱忙,未识能即办出否耳。

夜饭后随便翻检,看《渔隐丛话》,九时许就卧。

12 月 26 日(辛未)星期三

阴雨,晨晦。五六。51.1—46.0

依时到公司办事,订图书馆借书章程九条,拟借书证及参考证之件。旋又续作参考书目。

夜饭后与珏人、文权、清华打牌四圈。

与圣陶合送冰黎嗣母一联,交邮挂号寄出。

代不成办就之《广雅丛书》今日午后交金才送去。

《故宫周刊》第四合装册今日亦由新艺装好送来,乘夜看之。

12 月 27 日(壬申)星期四

阴雨,晨放晴。上午五八,下午五九。55.4—46.8

依时入公司办事,续作参考书目。散班时径往交通路亚细亚书局,盖应良才电话约谈也。至则饭焉。坚吾、良才、君松俱劝饮,予坚持不破戒,竟许以茶相代,仍从容谈二小时而罢。九时归,步至抛球场乘七路电车以行,到家不及十时也。少坐,便就卧。

代不成购买之书帐今日送道始,想日内或即可归垫也。

12 月 28 日(癸酉)星期五

阴雨。上午六二,下午六一。53.8—49.1

依时入公司办事,作完《新唐书》参考书目。定明年一月八日晚六时开第六届第四次董事会,因办就各董监通知书,以天暮无及,须明晨分送矣。

雪村母太夫人今日七十生日,接其柬,三十日午间宴客云。

夜饭后闲翻《故宫周刊》,欣赏董诰之画甚久。

十时就寝。

12 月 29 日（甲戌　下弦）星期六

上午阴，下午晴，夜又雨。上午六〇，下午六二。54.3—46.2

依时到公司办事，送出董事会通知书。看《五代史》，摘录《四夷附录》之人名，备取为索引之材料。布告元旦同乐会及放假，函人事科分赠同人《中学生》。

蕴庄来，晚饭后去。

禹贡学会前托代收之会费，截至本年底止共收二十元，扣去代颉刚书帐三元六角六分外，应解送十六元三角四分，今日托北平分店划送前去。

12 月 30 日（乙亥）星期日

阴雨，湿暖。上午六一，下午六三。57.0—48.7

晨起拂拭书架，预挂明年日历。十时怀之来。十一时晓先夫妇来。少顷，珏人、濬华偕晓先夫人同往雪村家贺寿。去不旋踵，幽若至。十二时许，予复偕晓先往，安顿怀之、幽若在家午饭。

予在章宅午宴，与洗人、子良、圣陶、晓先、调孚、仲华、均正、云彬、祖璋同席，处浓烈酒城中，竟承友好谅解，听予毋饮，感甚。予亦得临觳不发，藉资磨炼，抑又甚慰之事矣。饭后与晓先归，小坐谈心，旋去。怀之由北站接得慧若来，晤之。薄暮，幽、慧去，怀之亦去。珏人则仍留章宅晚饭。

12 月 31 日（丙子）星期一

阴，下午风作，转寒。上午五九，下午五六。45.5—41.9

依时入公司办事,摘录《五代史·四夷附录》之人名讫。

散班归,坚吾饬人送礼四色来。予雅不愿受,而格于情面,殊难决绝,姑纳而遣之。

夜饭后与珏人、幽若、文权打牌八圈。十一时,幽、慧偕去。诸佣妇亦治粉搓团毕矣。

同儿在校蟹戏,左额跌破表皮,青肿如累鹅卵,血殷然欲溢。予气极,亟购玉树油敷之。幸渐复。校中游戏无人过问,运动亦嫌过剧,执教者方以活动自诩,其实流弊乃不堪胜言也。可叹!可恨!

书籍目录

书名	著作人	出版处	册数	价目
西洋古代史(第一编)	杉勇等	日本平凡社	一	二元八角
词学季刊(第三期)	龙沐勋	民智书局	一	三角二分
字学七种	李秘园	医学书局	一	六角三分
六书正义	丁福保	同上	一	四角五分
说文钥(连续集)	同上	同上	二	一元八角
草字便览摘要	梁民宪	同上	一	五角四分
杜少陵集详注	仇兆鳌	商务书馆	二	一元二角
旧小说(汉魏六朝唐五代至清)	吴曾祺辑	同上	四	四元
秦妇吟笺注	周云青	同上	一	一角二分
西洋近世史(第三篇)	长寿吉	日本平凡社	一	二元七角一分
四部备要(四下五上集)	预约书已付清	中华书局	三九五	九十元

续表

书名	著作人	出版处	册数	价目
东皋子集 （四丛原影）	王绩	商务书馆	一	三角二分
国语四千年来变化潮流图	黎锦熙	北平文化社	一幅	四角
东洋中世史（第一篇）	志田不动麿	日本平凡社	一	二元七角一分
东洋考古学	驹井知爱等	又	一	二元八角六分
词学季刊（第四期）	龙沐勋	民智书局	一	三角二分
日用百科全书	黄绍绪等	商务书馆	三	四元〇五分
东洋中古史（第二篇）	三岛一、铃木俊	日本平凡社	一	二元八角三分
西洋近世史（第二篇）	阿武实等	又	一	二元七角七分
东洋近世史（第二篇）	松井等	又	一	二元七角七分
中国文学批评史（上）	郭绍虞	商务书馆	一	三元　馆赠
文中子考信录	汪吟龙	又	一	三角二分
史前史	大岛正满等	日本平凡社	一	二元六角四分
西洋近世史（第一篇）	大类伸等	同上	一	二元五角三分
西洋古代史（第二篇）	原随园等	同	一	二元六角五分

收信表

日期	人名	地址	事由	备考
1月6日	王翼之	苏州斜塘小学	告恩光病状。	
1月8日	邱晴帆	本市霞飞路	寄出让《廿四史》据，属加印。	

续表

日期	人名	地址	事由	备考
1 月 15 日	张福崇	真如暨大新村 15	告《彊村遗书》已由榆生嘱寄。	
1 月 18 日	王鞠侯	杭州省立图书馆	寄回版税契约。	
1 月 19 日	王翼之	苏州河沿街廿九号	托代向世界书局印名片二百。	
2 月 2 日	王鞠侯	杭州省立图书馆	寄馆中善本书题识来。	
2 月 10 日	陈调甫	塘沽永利制碱厂	复告去秋悼亡，无心撰文。	
2 月 11 日	陈乃乾	本市东方饭店 549	告阙室度成，并告绍虞已就中州大学。	
2 月 22 日	詹聿修	苏州护龙街	告近状，仍无机缘。	
2 月 22 日	吴勖初	又　晏成中学	告近状，并询《中学生》销况。	
3 月 2 日	陈乃乾	本市白尔部路 55	言《室名索引》将重印，托代售。	
3 月 21 日	周予同	安庆安徽大学	托代订《辞通》、《教育年鉴》预约。	
3 月 28 日	樊仲云	本市新生命书局	催《太平天国》等稿。	
3 月 29 日	张福崇	又　暨大新村 15	托请丏、圣演讲。	
4 月 2 日	周予同	安庆安徽大学	告预约已接到，并谈近事。	
4 月 3 日	顾颉刚	北平成府蒋家胡同	寄《禹贡月刊》，请加入禹贡学会。	
4 月 6 日	陈乃乾	本市白尔部路 55	告《室名索引》已再版，托代售。	
4 月 7 日	王翼之	苏州斜塘小学	复告督学将到，不能来沪吃酒。	

日期	人名	地址	事由	备考
4月7日	王鞠侯	杭州省立图书馆	寄校样等来，结稿须缓十天。	
4月8日	詹聿修	苏州护龙街	托谋事向愈之进言。	
4月8日	张福崇	真如暨大新村	复告不能应召赴席。	
4月25日	贺昌群	北平图书馆	复告《读书月刊》可代设法。	
4月25日	王鞠侯	杭州浙江图书馆	寄续稿来。	
4月28日	又	又	谓又有续寄稿件将来。	
4月30日	又	又	寄续稿一批来。	
5月24日	金子敦	本市中华书局	复告《集成》样本尚未出版。	
5月27日	柳翼谋	南京龙蟠里	复允更正，并赠《贼情汇纂》。	
5月29日	邱晴帆	本市霞飞路	托代购冀野新刊曲三种。	
6月3日	金子敦	又　中华书局	复告《集成》预约可以八一折。	
6月5日	邱晴帆	又　霞飞路	复告伯樵念予。	
6月5日	郑振铎	北平燕京大学	询近状，并托问调孚汇款事。	
6月7日	陈叔谅	杭州图书馆	托代校《丛书子目索引》。	
6月10日	又	又	仍申前请。	
6月12日	黄伯樵	本市铁路管理局	复代介黄子方认股千元。	
6月14日	章子玉	青岛市电话局	告近状，并报新生一女。	
6月15日	王翼之	苏州河沿街廿九号	询怀之近况。	

日 期	人名	地 址	事 由	备考
6 月 15 日	闻夫人	本市徐家汇	复告永年安好。	
6 月 16 日	黄子方	又　两路管局	复认十股,先缴二百元(由股务课发出)。	
6 月 18 日	王鞠侯	杭州省图书馆	复告借书已收讫。	
6 月 21 日	邱晴帆	本市霞飞路	询《饮虹曲》到未,并询伯樵事。	
7 月 7 日	陈俊生	又　商务书馆	托于版税折上添列其名。	
7 月 8 日	金子敦	又　中华书局	托询开明要《清史略稿》否。	
7 月 9 日	王翼之	苏州河沿街廿九号	复告近状。	
7 月 10 日	谭廉逊	本市中华舆地社	送版税折及其他地图附件。	
7 月 13 日	金子敦	又　中华书局	复告《备要》下月可出齐。	
7 月 13 日	王翼之	苏州河沿街廿九号	告其子病危。	
7 月 23 日	詹聿修	又　护龙街	告近状。	
7 月 23 日	王鞠侯	杭州浙省立图	寄地教本编辑大意来。	
7 月 26 日	又	又	托代订《科学画报》。	
7 月 30 日	又	又	寄《气象学讲话》稿来。	
8 月 3 日	又	又	复告连接信仍商稿费。	
8 月 20 日	王翼之	苏州河沿街廿九号	告调任横溪小学校长。	
12 月 7 日	又	又	告移眷住横溪。	

发信表

日期	人名	地址	事由	备考
1月9日	孙道始	本市大陆商场	寄认股书托招股。	
1月9日	邱晴帆	又　霞飞路	寄还出让《廿四史》据。	
1月9日	王翼之	苏州河沿街廿九号	复慰恩光病,并告幽若近状。	
1月16日	詹聿修	又　祥符寺巷口	复告已托福崇、鞠侯设法。	
1月18日	张福崇	真如暨大新村15	复谢寄书,并托为聿修设法。	
1月18日	王鞠侯	杭州省立图书馆	复告契约已到,并托为聿修设法。	
1月28日	王翼之	苏州河沿街廿九号	告名片已印好存此,将觅便寄上。	
1月29日	张梓生	本市申报馆	辞去《年鉴》撰文事。	
1月29日	范云六	又　世界书局	告病,不能赴约。	
2月6日	王鞠侯	杭州省立图	复谢善本书目题识。	
2月4日	陈调甫	塘沽永利制碱厂	托撰永利状况文登《中学生》。	
2月10日	又	又	复慰悼亡,并仍求文。	
2月23日	吴勖初	苏州晏成中学	复谈一切,望春假回晤。	
2月28日	詹聿修	又　护龙街	复告近状,并询教席有望否。	
3月5日	陈乃乾	本市白尔部路55	复谈《室名索引》事。	
3月7日	孙道始	本市大陆商场	寄代钞文件,并催招股。	
3月7日	王鞠侯	杭州省立图	催地理续稿。	
3月23日	周予同	安庆安徽大学	托代定《辞通》等预约已办妥。	

续表

日　期	人名	地　址	事　由	备考
3 月 29 日	樊仲云	本市新生命书局	辞却编稿,希莞谅。	
3 月 31 日	张福崇	又　暨大新村 15	辞谢演讲,并请八日来午饭。	
4 月 1 日	王翼之	苏州河沿街廿九号	告八日清儿订婚,约来吃酒。	
4 月 6 日	王鞠侯	杭州省立图书馆	告在杭所治事作罢矣。	
4 月 7 日	又	又	复告校样及书等已到。	
4 月 7 日	周予同	安庆安徽大学	复谈近状,并告清儿许婚事。	
4 月 7 日	张福崇	真如暨大新村 15	来访未晤,道歉忱。	
4 月 18 日	詹聿修	苏州护龙街	复告近无机缘,并告移厂。	
4 月 26 日	王鞠侯	杭州浙江图书馆	复请寄书,俾便制图。	
4 月 28 日	顾颉刚	北平成府药家胡同 3	复告各事俱办妥,并告清儿许字。	
5 月 19 日	金子敦	本市中华书局	托询《集成》样本究已出版否。	
5 月 23 日	柳翼谋	南京龙蟠里	请更正总目错误,并乞新印《贼情汇纂》。	
5 月 29 日	柳翼谋	南京龙蟠里	谢许更正并送《贼情汇纂》。	
5 月 29 日	周予同	安庆安徽大学	谢赠方氏《通雅》。	
5 月 29 日	陈乃乾	本市白尔部路 55	询究否加入百宋制字模。	
5 月 31 日	邱晴帆	又　霞飞路	复允代函冀野购曲,并托向伯樵拉股。	
6 月 1 日	金子敦	又　静安寺路	复询《集成》可否八折出售。	

续表

日期	人名	地址	事由	备考
6 月 5 日	又	又	介绍朱君面购《集成》。	
6 月 8 日	黄伯樵	又　两路管理局	托招开明股款。	
6 月 8 日	闻夫人	又　徐家汇	询永年归后安好否。	
6 月 14 日	陈叔谅	杭州图书馆	允代校《丛索》。	
6 月 14 日	王鞠侯	又	寄还前借诸书。	
6 月 15 日	郑振铎	北平燕京大学	复告近况,并告调孚已办出。	
6 月 15 日	黄伯樵	本市两路管理局	复谢代介拉股。	
6 月 15 日	黄子方	又	函知由伯樵介绍,请认股。	
6 月 15 日	章子玉	青岛电话局	复贺生女,并告近状。	
6 月 20 日	王翼之	苏州斜塘小学	复告怀之近状。	
6 月 22 日	邱晴帆	本市霞飞路	复告《饮虹刻曲》已到,并告伯樵事。	
7 月 10 日	金子敦	又　中华书局	复请将《清史略稿》送读。	
7 月 10 日	陈俊生	又　商务印书馆	复已将版税折更正送谭处。	
7 月 10 日	谭廉逊	又　中华舆地社	送版税折去。	
7 月 27 日	詹聿修	苏州护龙街	复告近状。	
7 月 27 日	王鞠侯	杭州省立图	复告接洽妥帖,并寄定据。	
8 月 25 日	王翼之	苏州河沿街廿九号	复告近状,并告慧若病况。	
11 月 29 日	张建初	苏州大儒小学	询其家庭近状。	
12 月 8 日	王翼之	又　横溪小学	复告此间一切。	

收支一览表

月	日	摘要	收入额数	支出额数	结存额数
1	1	上年度移存	22.00		22.00
1	5	本月上半薪膳	77.50		99.50
1	9	《世界历史大系》		2.80	96.70
1	10	《词学季刊》第三期		0.32	96.38
1	11	上月《申报》一个月		1.00	95.38
1	13	毡呢鞋一双		3.00	92.38
1	13	家用(补五日)		60.00	32.38
1	13	王宝和小酌		3.40	28.98
1	17	《文学》新年试笔酬稿	4.00		32.98
1	17	吊骆绍先表舅		1.50	31.48
1	17	装订书四册及索书目		0.53	30.95
1	20	本月下半薪膳	77.50		108.45
1	20	家用		60.00	48.45
1	21	冠生园茶点		1.00	47.45
1	22	送仁丈安葬礼		4.00	43.45
1	23	《中学生》酬稿	6.00		49.45
1	26	预支薪水一个月	155.00		204.45
1	27	还讫乃乾《九通》账		54.00	150.45
1	27	青萍园小酌		1.80	148.65
1	31	诸儿学费		25.00	123.65
1	31	失记及杂耗		34.58	89.07

续表

月	日	摘要	收入额数	支出额数	结存额数
2	1	上月转存	89.07		89.07
2	1	《说文钥》等五种		3.42	85.65
2	2	《杜集详注》		1.20	84.45
2	2	送唐礼物		6.00	78.45
2	2	收回前账(上月多付)	6.00		84.45
2	2	还讫陈贤良经账		18.45	66.00
2	2	结见冲前账		6.00	60.00
2	3	洗、周书两种		0.87	59.13
2	4	还讫来青阁书账		21.90	37.23
2	5	本月上半薪	77.50		114.73
2	5	扣病假两班		1.55	113.18
2	5	家用		60.00	53.18
2	5	另碎代家买物		1.08	52.10
2	5	为云彬压惊公局		1.00	51.10
2	6	馆役节赏		1.00	50.10
2	7	《故宫周刊》十一期		0.88	49.22
2	8	旧小说		4.00	45.22
2	8	给金才		2.00	43.22
2	9	《沪战纪实》版税	1.80		45.02
2	9	司太非香烟三听		1.00	44.02
2	13	诸儿压岁钱		10.00	34.02
2	16	十三日转存	34.02		34.02

续表

月	日	摘要	收入额数	支出额数	结存额数
2	16	车力、杂耗及《申报》		2.02	32.00
2	20	本月下半薪膳	77.50		109.50
2	20	家用珏用		60.00	49.50
2	20	数日来杂用、礼物等		5.00	44.50
2	20	昆剧保存社戏券		5.00	39.50
2	23	上海社退回剩股	70.88		110.38
2	25	金字塔香烟四听		1.00	109.38
2	28	《四部备要》最后缴		90.00	19.38
2	28	硕嫂五十寿		2.00	17.38
3	2	《世界历史大系》		2.71	14.67
3	3	上月杂用		3.00	11.67
3	5	本月上半薪	77.50		89.17
3	5	家用		40.00	49.17
3	5	存入开明活期折		30.00	19.17
3	11	日来车力、点心、杂耗		1.37	17.80
3	12	天蟾书场听书		2.50	15.30
3	12	《申报》月费		1.00	14.30
3	12	点心、车力等		1.40	12.90
3	19	借清儿	35.00		47.90
3	20	本月下半薪	77.50		125.40
3	20	前页转存	125.40		125.40
3	20	贴修屋及到周浦用		55.00	70.40

续表

月	日	摘要	收入额数	支出额数	结存额数
3	20	家用珏用		60.00	10.40
3	20	扣去一班		2.58	7.82
3	20	给清儿		1.00	6.82
3	21	十天来另用车力		3.00	3.82
3	22	《中学生》酬稿	15.00		18.82
3	23	送贝起中嫁女礼		4.00	14.82
3	23	《故宫周刊》十五期		1.20	13.62
3	23	茶叶		0.40	13.22
3	23	《东皋子集》及游园		1.26	11.96
3	24	东海看电影		1.00	10.96
3	24	四日来点心、另用		1.76	9.20
3	27	送廉逊娶媳贺礼		2.00	7.20
3	27	还息予代买笔五枝		1.00	6.20
3	27	儿饵		1.00	5.20
3	31	《国语变化潮流图》		0.40	4.80
4	5	本月上半薪	77.50		82.30
4	5	扣去一班		2.58	79.72
4	5	家用珏用		60.00	19.72
4	5	《世界历史大系(3)》		2.71	17.01
4	5	上页转存	17.01		17.01
4	6	吊孙伯南师之丧		4.00	13.01
4	6	保火险(六元与天然合)		4.00	9.01

续表

月	日	摘要	收入额数	支出额数	结存额数
4	6	王小某仕女屏		4.16	4.85
4	6	椒盐核桃		1.00	3.85
4	7	支活存	30.00		33.85
4	7	十天来车力、点心等		5.00	28.85
4	14	线锦靠垫三对		6.00	22.85
4	16	与息予午饭		0.85	22.00
4	16	还珏欠及《申报》费		6.00	16.00
4	17	与调、云等午饭		1.50	14.50
4	17	预支《列国》稿费	140.00		154.50
4	18	先付清订婚酒席戒指		80.00	74.50
4	18	还清儿		35.00	39.50
4	19	珏人赴苏用		30.00	9.50
4	19	连日车力、杂耗等		4.00	5.50
4	19	鸿运楼午饭		2.00	3.50
4	19	《故宫周刊》八期		0.58	2.92
4	20	本月下半薪	77.50		80.42
4	20	家用及珏用		60.00	20.42
4	21	红买司干三听		1.00	19.42
4	21	上页转存	19.42		19.42
4	21	给清儿		1.00	18.42
4	27	连日车力及杂耗		3.00	15.42
4	30	鸿运楼午饭		2.50	12.92

月	日	摘要	收入额数	支出额数	结存额数
4	30	代颉约教《年鉴》连邮		3.66	9.26
4	30	送丙孙弥月		3.00	6.26
4	30	三日来车力、杂耗		1.26	5.00
5	4	本月上半薪(连增时)	85.50		90.50
5	4	家用珏用		60.00	30.50
5	5	香烟三听		1.00	29.50
5	5	理发		0.40	29.10
5	5	大千世界门票及汽车		1.80	27.30
5	9	《日用百科全书》预约		4.05	23.25
5	16	代鞠侯定书(西书)		3.00	20.25
5	16	《故宫》七期、茶叶		0.70	19.55
5	17	衣料		15.00	4.55
5	18	鸿运楼午饭		1.15	3.40
5	19	本月下半薪	85.50		88.90
5	19	家用珏用		60.00	28.90
5	19	陶乐春归汽车		1.40	27.50
5	19	茶叶十斤		9.00	18.50
5	20	上页转存	18.50		18.50
5	20	清儿月费		1.00	17.50
5	22	《世界历史大系(2)》		2.86	14.64
5	22	茶叶四斤		3.60	11.04
5	23	潜车回茶叶六斤	5.40		16.44

月	日	摘要	收入额数	支出额数	结存额数
5	23	珏找我	3.40		19.84
5	23	连日车力等		2.84	17.00
5	25	鸿运楼午饭		1.42	15.85
5	25	禹贡学会暂存	4.00		19.58
5	25	徐见石画小轴一		10.00	9.58
5	26	连日车力、杂耗等		3.00	6.58
5	29	汗衫三件		1.10	5.48
5	30	《词学季刊》第四期		0.32	5.16
6	2	《沪战纪实》版税	3.24		8.40
6	2	鸿运楼饭		1.65	6.75
6	2	补一日输雀		1.00	5.75
6	4	豫丰泰晚酌		3.50	2.25
6	5	本月上半薪	85.50		87.75
6	5	加例假工	5.70		93.45
6	5	家用		60.00	33.45
6	5	窗帘布		2.32	31.13
6	5	上页转存	31.13		31.13
6	5	永年规仪		2.00	29.13
6	5	水作粉墙		2.00	27.13
6	5	镜架		1.00	26.13
6	5	木作做搁板		1.50	24.63
6	5	代收禹贡会费	1.00		25.63

月	日	摘要	收入额数	支出额数	结存额数
6	8	《世界历史大系(七)》		2.83	22.80
6	9	鸿运楼午饭		1.80	21.00
6	9	香烟二听		0.80	20.20
6	9	大鸿运晚餐		4.40	15.80
6	15	借潘儿	10.00		25.80
6	15	还讫马上侯		5.50	20.30
6	15	金才节赏		2.00	18.30
6	16	鸿运楼午饭		1.00	17.30
6	16	吊介泉父丧(补)		2.40	14.90
6	16	字画(补)		6.80	8.10
6	16	补输雀		1.20	6.90
6	16	连日车力		0.90	6.00
6	17	代晴帆买曲子二本		2.00	4.00
6	20	三日车力		0.50	3.50
6	20	本月下半薪	85.50		89.00
6	20	上月转存	89.00		89.00
6	20	家用珏用		65.00	24.00
6	20	还潘华		10.00	14.00
6	20	给清儿		1.00	13.00
6	21	还子良公请分店		3.00	10.00
6	21	还雪山代甫琴礼		2.50	7.50
6	21	香烟、车力		0.30	7.20

月	日	摘要	收入额数	支出额数	结存额数
6	26	同(5)珏(5)借我	10.00		17.20
6	26	文件箱橱一具		9.00	8.20
6	29	《故宫》十二期		0.96	7.24
6	29	补23鸿运楼午饭		1.68	5.56
6	30	十天来车力等杂耗		3.16	2.40
6	30	鸿运楼午饭		1.70	0.70
7	1	冰啤酒		0.40	0.30
7	2	车力等		0.30	0.00
7	5	上年度升工	186.10		186.10
7	5	还同珏		10.00	176.10
7	5	家用		60.00	116.10
7	5	添装电灯		4.00	112.10
7	5	上月《申报》		1.00	111.10
7	5	加贴上月家用		5.00	106.10
7	5	上页转存	106.10		106.10
7	5	冰啤酒一瓶		0.40	105.70
7	6	存珏处		80.00	25.70
7	6	裱画		3.80	21.90
7	6	藤榻		3.00	18.90
7	6	冰啤酒一瓶		0.40	18.50
7	7	冰啤酒一瓶		0.40	18.10
7	7	云南大头菜		0.40	17.70

续表

月	日	摘要	收入额数	支出额数	结存额数
7	10	鸿运楼午饭		1.68	16.02
7	10	冰啤酒二瓶		0.80	15.22
7	10	给润、滋		2.00	13.22
7	17	禹贡会费存	2.00		15.22
7	18	寒暑表二只		1.00	14.22
7	18	半月来啤酒、车力等		5.00	9.22
7	18	鸿运楼午饭		1.68	7.54
7	20	本月上半薪水	87.50		95.04
7	20	家用珏用		70.00	25.04
7	20	给清儿		1.00	24.04
7	21	输雀		1.00	23.04
7	22	赢雀	1.00		24.04
7	24	车力等		1.04	23.00
7	24	上页转存	23.00		23.00
7	26	代鞠侯定科画		8.70	14.30
7	26	鸿运楼午饭		1.00	13.30
7	26	补昨前请诸儿看戏		2.10	11.20
7	26	补输雀		1.00	10.20
7	26	补火腿		0.80	9.40
7	27	《世界历史大系(8)》		2.77	6.63
7	27	连日车资		1.13	5.50
7	29	输雀及儿饵		1.68	3.92

月	日	摘要	收入额数	支出额数	结存额数
7	30	借圣陶	5.00		8.92
7	30	代鞠侯找取西书		4.97	3.95
8	2	鸿运楼午饭		1.25	2.70
8	3	连日车力		0.50	2.20
8	4	七月下半薪	87.50		89.70
8	4	还圣陶		5.00	84.70
8	4	家用珏用		60.00	24.70
8	4	输雀		0.80	23.90
8	4	扣还欠薪第一批		15.00	8.90
8	4	赙袁重恩		2.00	6.90
8	6	鞠侯归垫（多存许）	17.00		23.90
8	6	十路公共汽车		0.50	23.40
8	7	上页转存	23.40		23.40
8	7	《世界历史大系(9)》		2.77	20.63
8	7	珏人交我	200.00		220.63
8	7	出廿四年一月一日期票	104.80		325.43
8	7	加开明股三股		300.00	25.43
8	7	贴期票利息		4.80	20.63
8	7	车夫支		1.00	19.63
8	7	添菜		0.80	18.83
8	9	送童氏汽车		1.20	17.63
8	9	《故宫》十二期		0.96	16.67

续表

月	日	摘要	收入额数	支出额数	结存额数
8	11	《文中子考信录》		0.32	16.35
8	11	青萍园晚餐		1.75	14.60
8	16	车夫半月工找清		4.00	10.60
8	16	香烟、添菜		1.00	9.60
8	16	《申报》一月		1.00	8.60
8	18	揭失(汽水二元)		4.00	4.60
8	20	本月上半薪	87.50		92.10
8	20	扣还第二批欠薪		15.00	77.10
8	20	家用珏用		70.00	7.10
8	21	早点		0.25	6.85
8	30	借珏人	7.50		14.35